U0006476

女人與女孩的原罪

以滿口髒話、粗魯行為訴諸憤怒，是女性可以擁有的嗎？

莫娜・艾塔哈維
Mona Eltahawy 著

閻翊均 譯

THE SEVEN NECESSARY SINS FOR WOMEN AND GIRLS: A MANIFESTO FOR DISRUPTING, DISOBEYING AND DEFYING PATRIARCHY

CONTENTS

莫娜．艾塔哈維的其他作品

•
•
•

《頭巾與處女膜：為什麼中東需要一場性革命》

（*Headscarves and Hymens:*

Why the Middle East Needs a Sexual Revolution）

請讓你的心充滿反抗，

使父權無法植入你心中。

請讓你的心充滿自由，

使法西斯主義無法箝制你的想像力。

各界好評

「莫娜．艾塔哈維的《女人與女孩的原罪》是一部令人震驚、勇敢、極其不陰柔又生逢其時的作品。盛行各地的『我也是』（MeToo）運動，對父權主義喊出最根本也最深入的一句『到此為止』。閱讀此書將使你獲得自由，而跟著本書展開行動，將使我們全都獲得自由。」

——葛蘿莉亞．斯泰納姆（Gloria Steinem），作家暨女性主義者

「莫娜．艾塔哈維提醒了我，我還年輕時將之稱做女性的自由主義：她是為了你的自由而來，為每一位女人與女孩的自由而來，從努納福特到納米比亞。《女人與女孩的原罪》是一本宣言之書，勉勵並提倡女人心懷更多自信、進行更清晰的思考、更瞭解自己的價值觀與權利，並擁有更多愉悅與喜樂。這本書充滿榮耀的、積極的、橫衝直撞的文句，而這些文句將會啟發更多相似的文句，因為好的事物向來具有感染力。」

——芮貝卡．索尼特（Rebecca Solnit），《男人向我說教》（*Men Explain Things to Me*）作者

「由當代最重要的女性主義者之一所寫的《女人與女孩的原罪》是一份煽動性的尖刻宣言。莫娜・艾塔哈維帶著堅持與熱忱書寫世界各地的女人，她高聲呼喊著要我們放下自我質疑與羞愧心態——這個社會從我們的孩提時代開始教導我們的種種特質——要我們注意到她對父權主義的戰壕。她寫下了這本激勵人心又無比勇敢的書，吸引了我們的目光。」

——**洪理達（Leta Hong Fincher），《背叛老大哥：覺醒的中國女性主義》（*Betraying Big Brother: The Feminist Awakening in China*）作者**

「《女人與女孩的原罪》是希望眾人有所行動的強烈呼喚，是脫離父權壓迫的獨立宣言。這本書致敬了我們過去曾是的那個女孩，與我們原本可以成為的那個女孩。莫娜・艾塔哈維以活潑風趣的文筆與高度的聰明才智撰寫本書，她既懷抱著強烈的憤怒，又具有豁達的胸襟。你將會在書頁中一次又一次地看見自己，並看見你能成為怎麼樣的人。這本書棒透了。」

——**瑪薩・曼吉斯特（Maaza Mengiste），《暗影之王》（*The Shadow King*）作者**

「享譽世界的女性主義者暨無政府主義者莫娜・艾塔哈維回來了，她用無比直接又極高智商的寫作方式，寫下了這本來自未來的女性主義者指南。在那個未來裡，我們全都獲得了自由。《女人與女孩的原罪》適合那些從不等待他人准許的人。」

——**瑪爾娃．席洛（Marwa Helal），**

《入侵種》（*Invasive species*）作者

推薦序

復仇女神的熊熊怒火——燒盡眼淚、淨化集體苦難

作者／許菁芳

莫娜・艾塔哈維是那種濃度最高的expresso咖啡，早上一杯非常醒腦，但喝太多，她也會讓你劇烈頭痛。

乍看之下，艾塔哈維是令人困惑的存在——這也是她引以為傲的特質。她是穆斯林，也是女性主義者，她不戴頭巾，一頭黑捲髮有時染成鮮豔的紅色，有時剪成時尚平頭，戴上顯眼又亮麗的飾品，讓人無法忽視她的存在。事實上，她的生平正是不斷地跨界與超越，這讓她在所有情境下都成為醒目的存在：出生於埃及，七歲時隨著攻讀醫學博士的雙親來到英國，十五歲又移居沙烏地阿拉伯，再回到埃及完成大學與碩士學位。她在一九九〇年代擔任記者，為路透社（Reuters News Agency）駐開羅與耶路撒冷，也為眾多主流媒體供稿。艾塔

哈維於千禧年之交遷居紐約，持續經營阿拉伯語媒體，以國際新聞為女性倡議。二〇一一年，她於開羅報導抗議事件時被埃及當局逮捕，受到肢體以及性暴力，導致她雙手骨折。她的第一本書於二〇一五年出版，《頭巾與處女膜：為什麼中東需要一場性革命》探討阿拉伯社會的厭女情結。為什麼「他們」信奉伊斯蘭教的男人如此痛恨「我們」女人？這是艾塔哈維銳利而不留情面的提問。

艾塔哈維是位復仇女神。她的情緒與力量滿點，經常讓人覺得很不舒服——而正應該如此。壓迫、傷害與歧視本來就不是一件溫暖美好的事情。女人的復仇，累世業力絕非兒戲，曾經有多少女人被打落地獄，這股來自地獄的力量就有多強大。任何人都應該感到害怕。

父權結構真實存在。所有現代社會當中都存在一整套不斷強化男性支配、認同男性，且以男性的喜好利益為中心的思想與制度——而壓迫女性是父權得以延續的核心。千百年來，女人所經驗的傷害都是真實的。在傷害獲得肯認之前，在製造傷害的體制被終結之前，傷害就在那裡。人們沒有辦法透過逃避真實獲得和平，更遑論自由。

《女人與女孩的原罪》是艾塔哈維的第二本書，談論七種女人應該掌握而精通的力量。艾塔哈維對女人們大聲疾呼：去掌握你的憤怒，去爭取人們的注意力，自在地說髒話，放膽追求權力與發展你的野心，必要的時候使用暴力報復男人，並且享受、擁抱你的欲望。女人不應該再好聲好氣，終結父權就是現在！

在書中，艾塔哈維反覆描繪她所見證的傷害，並反覆論述女人可以裝備的武器。這些論述誠實得令人傻眼：她贊成女人使用必要的暴力，她邀請女人破口大罵。書中引述法學者安妮・法蘭克斯（Mary Anne Franks）的話，提倡女人使用暴力以達到「暴力重分配」的目標：

為了使男人與女人之間的暴力行為達到最佳水平，女人必須提高對男人使用暴力的意願與能力。

雖然男人與女人雙方都有能力，實際上也真的會對彼此使用暴力，但相較於女人針對男人的暴力，男人針對女人的暴力更常見，更無法合理化也更具破壞性……男人不害怕對女人施加暴力後會遭到反擊，女人則害怕對男人施加暴力後會遭到反擊。

我們應該更加容忍女性的暴力與侵略行為……無論單獨個案有多麼令人遺憾，女性的報復力量所創造的恐懼與不確定性，都有助於達到「重新分配整體暴力」的這個目標。

艾塔哈維也認為女人必須拒絕文明禮節的馴化。因為「禮貌」服務的對象，從來都不是女人。所謂髒話，是弄髒了誰的耳朵，而髒了的女人又礙著了誰？父權想要規範的不只是女性的身體，也包括女人可以使用的語言，透過讚揚端莊有禮的女性，女性的行為與表現被框架在特定範圍裡。艾塔哈維尖銳地指出，為什麼女人不能公開說「操」、「幹」、「屄」、「穴」、「陰道」呢？這些不都是女人的身體經驗嗎？

父權堅持要控制女人的嘴與陰道，甚至於控制進出這些孔洞的所有事物。父權主義堅持只有它可以管制這些孔洞。〔甚至，〕父權主義把冒犯他人與猥褻他人的權力都留給它自己。

艾塔哈維痛罵：我有權擁有我的陰道，我的屄。我不禮貌。我拒絕端莊，我操你媽的給我滾。（我必須承認，作為女人，讀到這裡我忍不住叫好鼓掌。）

艾塔哈維如怒目金剛，她的氣燄高張，她所推崇的卻都是真理。她之所以鼓勵女人享有野心、掌握關注，是因為她相信女人值得享有生命，女人本來就是重要的存在。違抗父權對女人設下的限制與打壓，是還原女人本來就擁有的無限可能性。艾塔哈維分析「野心」與「關注」兩大概念，指出女人做自己，就是對父權主義最大的攻擊與破壞：

女人所能做到的所有事情中，最具破壞性的就是在談論自己生命時，表現得像是你的生命真的很重要。因為事實上，你的生命就是重要的。

關注和野心是一對表親。前者相信「我值得關注」，後者宣告「我能更超越」。這兩種舉動都是在挑戰父權主義……我以為我是誰？人們告訴我我能成為怎麼樣的人，但我相信我是一個遠超過這些限制的人。

我可以想像艾塔哈維以及她所提倡的觀點，不僅引人側目，也會引發張牙舞爪的厭惡。那是因為我們並不習慣正視女人真實的力量。我們太習慣推崇陽剛與理性，貶低陰柔與直覺；當有人展現出劇烈的情緒時，我們感到不安，隨之而來的是害怕以及壓抑。尤其是女人表達出劇烈的情緒時，人們總是千方百計地急著撲滅她，勸導有之，疏通有之，汙名有之。但是我們從未想過另一種回應的方式，是肯定苦難已經發生，而如實地接納所有情緒——是的，女人經驗傷害，巨大的惡行，這是不對的，而女人的憤怒與痛苦是正常的。痛快地罵吧，揮打吧，哭吧！這裡沒有人也沒有神可以undo女人所經歷的所有苦難，我們能做的是接受。踏踏實實地接受了，甚至，要扎扎實實地復仇了，後面才可能出現真實的原諒。人們會感到害怕，是因為人們心知肚明她有道理。有力量的東西才會引發焦慮與恐懼，眼淚與叫囂本身是沒有力量的，但驅動眼淚與聲量的苦難與怒火，因真實存在而力量無窮。

只要我們還有人轉過頭去不聽不看，就永遠都還會有被掩埋的受難者需要呼喊。每有一分不舒服被承接，就有一分苦痛被釋放。

艾塔哈維的聲音振聾發聵，喚醒沉睡的人，掀了裝睡的人。她是個毫不退縮、毫不客氣的復仇女神，隨時可以擊殺所有膽敢侵犯女人的人。這本書是鮮紅的火焰自在流動，燒盡所有她文字所及之處，在明亮炙熱的情緒裡，女人所有的集體苦難、創傷現身，而得淨化。

引言　挑戰、反抗並瓦解父權主義

我寫下這本書時的滿腔怒火多到足以拿去給一艘火箭當燃料。我在揍翻了一位性侵害❶我的男人並沉浸在自豪感中的時候，我就知道我必須寫下這本書。我變成了這樣的一名女人：她直視男人的眼睛，帶著我的滿腔怒火與男人的視線交會，直到他們的恐懼告訴我，他們很清楚最好別惹我，這女人是誰？我想更瞭解她。我花了許多年的時間清除身上的羞愧感，增添怒火。我花了許多年對著父權主義奮力揮拳頭，好像父權主義是個掛在觸及範圍之外、裝滿了糖果的皮納塔（piñata）派對遊戲一樣。這種行為很頑固，但我頑強而激烈的態度成了我的梯子。這本書就是如何粉碎那個皮納塔派對遊戲的指南。

一九八二年時，我還是個十五歲的女孩，我在那年實踐了伊斯蘭教的第五個支柱「朝

❶性侵害「sexual assault」在美國各州的法律定義略有差異，一般而言，指的是未經當事人同意（consent）對其實施與性相關的行為，並不單指強暴，也包括猥褻、觸摸等行為。

聖」，並在沙烏地阿拉伯麥加的伊斯蘭聖地被性侵兩次。在那之前我從來沒有遇過性侵害，那天我整個人僵住了，眼淚奪眶而出。我當時覺得很羞恥，受到很大的創傷，最關鍵的是，我當時保持沉默。

我花了好多年，才能夠告訴別人我在初次朝聖時遇到了什麼事。我在遇到性侵害時還不知道作家暨詩人奧德麗・洛德（Audre Lorde）的作品，但隨著我的女性主義意識逐漸成長，我開始理解她的那句「**你的沉默不會保護你**」是什麼意思了。[1]所以我開始說話。我第一次分享朝聖故事的對象是幾位來自世界各地的女性，地點在開羅。一位埃及的穆斯林把我帶到一邊，警告我不要在外國人面前分享我遇到的事，因為這麼做會「使穆斯林顯得很難看」。我告訴她，「使穆斯林顯得很難看」的並不是我，而是那些性侵我的男人。

我第二次公開談起我被性侵的經驗，是二〇一三年在埃及一個黃金時段的電視節目上用阿拉伯語描述的。該時段的製作人告訴我，我是第一個在埃及電視上分享這種故事的人。當時那麼做其實犯了很大的禁忌，他很幸運在隨之而來的強烈反彈聲浪之下還能保住這份工作。之後我低調地繼續向穆斯林女性同胞分享我在朝聖時遇到性侵害的經驗，這個故事越傳越廣，越來越多女性說出了：「我也是！」我們在這些年來保持沉默都是基於同一個理由：我們覺得絕不可能有其他人像我們一樣，在如此神聖的地方遭受這種暴力對待。同時，我也在深思熟慮下理解了，那些性侵我的男人濫用了聖地的聖潔性來確保他們的被害人保持沉默。他們知道沒人會相信我。

我想要將我遇到的事情留存成一份永久的紀錄，所以我以我遇到的性侵害為主題寫下了二〇一五年出版的第一本書：《頭巾與處女膜：為什麼中東需要一場性革命》。[2] 來自世界各地的女信徒都寫了信件與訊息告訴我，她們因為讀了我的經歷而哭泣。兩年後，全球的穆斯林再次準備要聚集到麥加朝聖，我在這段期間在推特發了一系列的推文，描述我在朝聖時被性侵害的事件，因為我想警告其他穆斯林女性同胞。在沙烏地阿拉伯負責管理聖地的政府機構，確實保證女性朝聖者不再遭受性騷擾與性侵害之前，我們必須保護彼此。也正是因此，我在二〇一八年二月坐在我的電腦前，再次分享我在一九八二年朝聖時被性侵害兩次的經歷，以支持巴基斯坦女性薩碧卡．可汗（Sabica Khan）在臉書上分享她自己在麥加被性侵的經歷。我詢問有沒有穆斯林女性同胞能在覺得自己夠安全的狀況下，分享她們在朝聖或在穆斯林聖地遇到的性騷擾或性侵害經驗。我在我的貼文裡加了一個標籤：**#清真寺我也是**（#MosqueMeToo）。兩天內，我的推特被轉推與按讚數千次。推文被分享到印度、阿拉伯、土耳其、法國、德國、西班牙與波斯社群。我從來沒見過這麼大量的回應。

一開始，男人們堅持說：「你當初幹嘛不鬧大一點，吸引注意啊？」沒多久後，男人們便進入了徹底的煤氣燈操縱（gaslighting）模式：他們費盡心思想說服我其實我根本沒經歷過我覺得自己經歷過的感受，其他男人則質疑我的人格特質，藉此削弱我提出的過去經歷。我可以把這些回應寫成滿滿一本書，書名就叫做《當你說你被性侵時會聽到的回應》。內容大致如下：

◆你太醜了，沒人要性侵害你。
◆一定是有人付錢要你說這些話的。
◆你只是想要成名而已。
◆你只是想吸引注意力。
◆你想摧毀伊斯蘭教。
◆你想讓穆斯林男人難看。
◆你是個婊子。
◆這是你想像出來的；那裡人很多。
◆你當時為什麼沒有說出來？
◆你一直等到現在才說。為什麼？
◆不然你想怎樣？本來就有很多地方的人會被性侵害。
◆你為什麼不去紐西蘭討論性侵害？
◆你當初應該大喊大叫，吸引別人注意。

接下來五天的時間，來自世界各地的女人向我分享她們在朝聖過程中，和其他聖地經歷過的那些可怕至極的性騷擾與性侵害事件。閱讀這些故事的同時，我發現一九八二年那名小朝聖者心中破碎的地方正逐漸復原，而我原本以為我早已把那些破碎之處修補好了：我過去其實並沒有完整意識到，在穆斯林每天朝向那裡祈禱五次的聖地，原來發生過這麼大量的性侵害事件。說出這些事件的過程，尤其是男人拒絕相信這件事，讓我覺得自己好像站在傾盆大雨中——我能感覺到身體的每一個部位都有雨水不斷流下，同時卻聽見電視上的天氣預報員自信滿滿地說著現在的天氣晴朗乾燥，預計不會有半滴雨水落下。他們迫使我吞下遭受性侵害這件可怕的暴行，但同時他們又要剝奪我與許多人長期以來在精神上的感受，這種種行為迫使我將這種暴行與我曾經歷過的其他暴行連結在一起。我怎麼會遇到這些事情？我怎麼會為了能每天繼續撐下去而忍受它、被迫接受它，我怎麼學會繼續過生活？

在這種種推算之中，我希望我能有一個晚上的時間可以暫時喘口氣，因此在我發布了「#清真寺我也是」推文的五天後，我的愛人和我去了蒙特婁的俱樂部跳舞，暫時沉浸在追隨音樂舞動身體的感官娛樂上，我希望那些從不間斷超過一分鐘的節奏能撫慰我創痛的心。

正是在那裡，在擁擠又熱氣蒸騰的舞池中央，五十歲的我感覺到有一隻手摸上了我的屁股。當下我心中只有兩個想法：「操，你是在跟我開玩笑吧。」以及「到現在還會發生這種事？」我還記得十五歲的我在朝聖的時候，我用布把自己從頭到腳都罩了起來，只露出臉和手。現在，我站在蒙特婁的舞池中，穿的是坦克背心和牛仔褲。衣著根本不重要——無論是頭巾或坦克背心——男人的手依然能找到我。

我受夠了。

一九八二年時，我無法轉過身看清楚性侵害我的人，但這一次我立刻找到了摸我的變態，他立刻開始往旁邊走。我就像陷入自動導航模式一樣馬上跟上他，從後面猛力把他的襯衫往後一拉，力量大到他往後一跌。

他跌倒在地上時，我坐到他身上，對著他的臉揍了一拳又一拳又一拳。揍一下根本不夠。我一邊揍他，一邊對他吼道：「再也不准這樣摸女人！」在我痛揍這個性侵害我的男人時，我能從眼角餘光看到我的愛人正在和旁邊兩個男人說話，在我開始出拳打這個男人時他們本來在跳舞，如今他們準備把我從這名性侵犯身上拉下來。我的愛人後來告訴我，那兩個男人想要制止我揍那個摸了我的男人。「不、不，是那男的性侵害她。」他告訴那兩個男人。我們可以把這兩個男的稱做父權主義的合唱團。「她能自己處理。」

在那一刻，我的思想進入了許久不曾有過的清明狀態。我明確知道自己在做什麼——我在捍衛自己——我也明確知道我為什麼要這麼做。我受夠了男人自以為有權利可以任意對待我的身體。如果就連在最神聖的殿堂中——在我的信仰裡最聖潔的地方——我都無法倖免於掠奪者的魔爪，那麼還有哪裡是安全的？如果就連在最世俗的殿堂中——在酒吧的舞池中——那些掠奪成性的男人依然堅持要性侵害我的話，還有哪裡是安全的？

我的愛人和我走到吧檯去要一些水。一位顯然是俱樂部管理階層的人走過來，請我告訴他發生了什麼事。在我對他解釋說我揍了一位性侵害我的男人之後，他看向我的愛人，然後問我：「你為什麼不讓你老公解決這件事？」

要到何年何月，我的身體才能屬於我自己？

父權主義太過普遍、太過正常化，以至於在談起父權主義時就像在詢問一隻魚「水是什麼？」一樣。父權主義賦予權力給那些性侵女人的男人，並保護他們，又堅持只有其他男人能夠「保護」我們。只要我們的行為遵循父權主義認可的方式，它就會「保護」我們。如果我們反抗它，不用懷疑，它撤回保護的速度將會比你講完「父權主義」這四個字的速度更快。但我不想要被保護。我只想要父權主義停止保護男人、停止賦予男人權力。我不想要被保護，我想要的是自由。

無論你是住在沙烏地阿拉伯這種君主專制的國家，還是住在加拿大或美國這種自由民主的地方，無論你的宗教信仰為何，是無神論者或世俗主義者，無論你的國家是否曾被殖民又或者曾殖民開發其他國家，父權主義都充斥在你的周圍。它控制了我們的社會與機構是如何組織與運作的，它影響女人、非二元性別者（nonbinary）❷和小孩，影響所有比男人更少權力的人。

我出生於埃及，七歲時搬到英國，十五歲時搬到沙烏地阿拉伯，三十歲時以記者的身分在耶路撒冷住了十四個月，與一位美國人結婚後於兩千年搬到美國。我的報導與演講帶著我

❷典型二元性別指的是男性與女性，非二元性別者指的是自我性別認同並非男性或女性的人。

前往美國中部與南部、亞洲、澳洲、歐洲與非洲。父權主義存在於我去過的每一個國家、每一個大陸。身為女人，無論你住的是最好的國家——冰島或旁邊的斯堪地那維亞國家通常名列前茅——或最糟的國家，你都能清楚看見父權主義：沒有任何國家已達到政治平等。許多國家從來沒有過女性的國家領導人。沒有任何國家的男人與女人是同工同酬的。事實上，在每一個國家中，絕大多數的家庭暴力、親密伴侶暴力和性暴力威脅的對象都是女人與女孩，而犯下此類暴力的絕大多數都是男人。有些宗教至今依然拒絕任命女性成為宗教內的聖職人員。在形塑我們的品味與想法的媒體界、藝術界與文化界中，控制一切的大多是男人，男性代表人物多到不成比例。

父權主義遍及世界各個角落。

女性主義也應該同樣遍及世界各個角落。我想要讓父權主義與所有因之受惠的人，都流露出我在蒙特婁遇到的那個男人最後露出的恐懼表情，他在逃離前看了我一眼，想看清楚這個敢於回擊的女人是什麼人。我想要讓父權主義知道女性主義正怒火中燒，它憤怒的是數個世紀以來針對全球各地女人與女孩的犯罪、以「文化」和「傳統」和「事情本來就是這樣」來合理化犯罪，這整個體制用委婉的說法來講就是：「這個世界由男人掌控，目標是讓男人取得好處。」我們必須高聲宣告一種強壯的、帶有攻擊性、沒有歉意的女性主義。這是打擊系統性父權主義的唯一方法。

我也希望女性主義能由非白人與酷兒（queer）❸來領導，他們沒有餘裕**專門**打擊厭女情結（misogyny）。我們必須打擊那些父權主義時常滲入其中的不同壓迫體系：種族偏見主義、偏執心理、恐同症、跨性別恐懼症、階級主義、階級偏見主義、健全主義和老年偏見主義。我們還有很長一段路要走。

我在俱樂部出手揍人時，十分訝異於我在「#清真寺我也是」的緊繃狀態之後想自己照顧自己的決心，在這之後我把這段經歷分享到推特上，用了新的標籤：#我揍了性侵害我的人（#IBeatMyAssaulter）。我花了整個週末冰敷瘀青的指關節，同時傾聽世界各地的女性告訴我屬於她們的「#我揍了性侵害我的人」經歷。這次的狀況正如「#清真寺我也是」一樣，有好多女人傳訊息給我說「我也是」：「我當時在俱樂部／公車站／學校、這個地方、那個地方，而#我揍了性侵害我的人。」這一次的標籤就像「#清真寺我也是」，讓來自世界各地具有相同經驗的女人看見了彼此，理解了「受夠父權主義的狗屁」代表什麼意思。

在女人們傳訊息告訴我她們如何痛揍性侵害犯的實例時，男人們開始對我展現藉由改變準則來為難女人是多麼容易的一件事。在「#清真寺我也是」推文下，男人問我：「你當初幹嘛不鬧大一點，吸引注意啊？」在「#我揍了性侵害我的人」推文下，男人說：「你鬧太大了、你太暴力了，你不覺得你反應過度了嗎？」還有更無恥的，有些男人問：「要是情況

❸性傾向與性別認同不同於典型二元性別的人。

顛倒呢？」說得好像女人習慣在俱樂部抓男人屁股一樣；說得好像數個世紀以來的父權主義沒有賦予男人權力擁有女人的身體並保護男人，好像情況真的有可能顛倒一樣；說得好像暴力與侵害的力量並非有歷史記載以來，都一直是未來也將繼續是掌握在男人的手上一樣。

無論女人怎麼做，她總是會以受害者的身分被責怪。我要傳達的訊息清楚明確：「女人，做出任何妳當下需要做的事。」這是自我防衛。這是在告知父權主義我們將會反擊。這是在警告父權主義，它才應該要害怕我們。

所有因為「#清真寺我也是」與「#我捲了性侵害我的人」推文分享經驗的女人，都理解說出「我也是」的威力。而且，她們很可能也知道如今被稱做「我也是」的全球運動。如同許多革命性的瞬間，「我也是」是倡議者多年耕耘後的最新成果。黑人女性主義者塔拉娜．柏克（Tarana Burke）在二〇〇六年首創「#我也是」標籤，目的是展現性暴力生還者的團結一致。當知名女演員在二〇一七年開始使用此標籤揭露手握大權的製作人對她們進行的性侵害時，「我也是」的曝光度大增，大量平台紛紛協助此標籤在全球各地產生共鳴。

我非常感激柏克支持與擴大生還者的聲量，因為生還者實在太常被過度邊緣化和噤聲了。我感謝那些能鼓起勇氣揭露性侵害她們的人。但我們不能允許社會大眾把掌握權力的白人男性，與他們如何暴力對待知名且擁有特權的白人女性這兩件事，拿去和「我也是」這個標籤合併在一起。我們必須確保「我也是」打破種族、階級、性別、健全能力與信仰的藩籬，正是這些藩籬使社會難以聽見被邊緣化的人們所說的話。這場運動的目的是打擊父權主義，打擊它給予男人權力傷害他人又保護男人的種種方法，而「我也是」位處這場運動的核心。知名女演員分享了她們的「#我也是」經歷，她們的勇氣與名氣把「我也是」推進了全世界的頭條消息中。但「我也是」絕不能就此停滯在她們的小圈子裡，否則我們將會冒著輸掉這場革命運動的風險。如今我們能在這場運動中看見世界各地的同胞，無論是在麥加穿戴頭巾的女孩，或是在蒙特婁跳舞的女人。「我也是」運動的目的是正義，而不是保護權力與權力帶來的特權。

這是革命性的時刻，我們每一天在生活中的每一個面向中，都會遇到並看出父權主義如何賦予男人權力並保護他們：曾被幾個女人指控性侵害，並且也是全球權力最大的國家的總統唐納．川普（Donald Trump）[3]，還有許多其他同樣在形塑政策與法律的政客；形塑文化、音樂與經濟的電影工作者與其他創作者；形塑那些消費新聞與議題的記者；形塑良知並身為神的守門人的牧師、神父、神職人員與神學學者；訓練運動員的運動教練；還有我們終於能稱之為有害陽剛特質（toxic masculinity）的各種日常生活實例，以及這種陽剛特質如何在社會化男人與男孩的過程中，使他們相信他們有權力擁有女人的關注、喜愛與更多情感。

這是革命性的時刻，來自埃及、美國、阿根廷、印度、愛爾蘭、中國、南韓與世界各地的女人都在閱讀、分享與回應這些有關暴力對待、生存與恢復的經驗。這是屬於女人怒火的革命性時刻。男人不能作壁上觀地說：「喔，我不有錢、也沒權力，不是我做的。」就是你——如果你不主動拆除父權主義，那麼你就是在確確實實地從父權中獲得好處。你覺得不舒服嗎？很好，你就是應該覺得不舒服。不舒服能提醒你我們正在質疑那些特權，在這個革命性時刻，我們必須挑戰、反抗並瓦解存活於世界各地的父權主義。

我想藉著「＃清真寺我也是」終結沉默與羞愧，我想讓那些曾在聖地暴露在暴力與傷害下的女人說出：「我的身體也是神聖的。」我想藉著「＃我揍了性侵害我的人」反擊並說出：「只要你敢摸我，我一定他媽的揍爆你。」免於受到性侵害的威脅是我的權利，在受到性侵害時反擊也是我的權利。說到底，挑戰、反抗與瓦解都是我的權利。

十五歲的我和五十歲的我之間橫亙了三十五年。但住在蒙特婁的短短一週就摧毀了這段距離，這一週提醒了我，無論什麼年齡、什麼地點，無論我是在神聖之地或世俗之地，那些經過父權主義社會化的男人都相信他們有權擁有女人的身體。而父權主義不但沒有教導我們如何反擊，甚至積極鼓勵我們默許這種事並陷入恐懼中。

我列出了一份里程碑清單，從「＃清真寺我也是」到「＃我揍了性侵害我的人」，一方面是為了記錄我從十五歲到五十歲之間，有哪些事件形塑了我的革命，另一方面是為了對我學到的事物與我經歷過並從中存活下來的事件表達敬意。

舉例來說，在二〇一一年三月，也就是在埃及革命迫使獨裁統治這個國家三十多年的胡斯尼．穆巴拉克（Hosni Mubarak）下臺後不到一個月，埃及軍方至少對十七位女性社運人士執行了所謂的「處女檢查」，這是一種性侵害。我在這個時間點於《衛報》（*Guardian*）發表報導，描述埃及需要再一次革命，這一次是女性主義的革命，我們要把性別平等放在最重要的位置，藉此反對那些暴力。[4] 這個革命當時沒有發生，至今依然還沒有，但我們的埃及亟需這場革命。八個月後，我在二〇一一年的一場抗議活動中，加入了群眾在自由廣場（Tahrir Square）反抗警察與軍隊的行列，當時埃及的鎮暴警察打了我，把我的左手臂與右手掌打到骨折，他們性侵害我，並威脅要輪暴我。我被埃及內政部單獨監禁了六個小時，接著又被軍事情報部門單獨監禁了六個小時，這段期間他們蒙住我的眼睛審問我。在這十二小時的拘禁期間，他們拒絕為我的骨折提供醫療照顧。我左手臂的骨折必須動手術才能重新排列整齊，接下來的三個月，我的兩隻手都打上了石膏，因此我無法做到許多十分簡單的雜事，包括洗頭和梳頭。在「處女檢查」事件發生以及我被性侵害和拘禁的那段期間，埃及軍情部的領導人是一位名叫阿卜杜勒－法塔赫．塞西（Abdel-Fattah el-Sisi）的男人。他如今是我的出生國家的總統。

賽西和二〇一六年十一月選上美國總統的唐納．川普是感情良好的盟友。川普說賽西是個「很棒的傢伙」。[5] 川普於二〇一七年一月發表就職演說後，我在《紐約時報》（*New York Times*）寫道，川普在就職典禮上明顯表現出的國家主義與威權主義使他成為美國版的賽西。一個月後，埃及的報紙在頭版下了特大號的標題討論我的專欄，上面還有我幾天前雙手都上了石膏的一張照片。標題把我稱做「性倡議者」，報紙的總編輯把整個第二頁——也就是整份報紙最寬的那一頁——用來公開指責我，最後附上我的刺青的照片，宣稱我是一名間諜。那份報紙傳達的訊息很清楚：我們曾打斷你的雙手，我們還能再打斷它們一次。「性倡議者」就是「婊子」的代號，他想利用我為女人爭取性權益的女性主義運動，來使我失去名譽，來羞辱我。

二〇一六年，我受邀到波士尼亞首都塞拉耶佛的文學季上演講。在波士尼亞的最後一天，我決定去幾個景點向該國的戰爭受難者致敬。一位女性主義記者帶我到維舍格勒（Visegrad），那裡有一間飯店和水療中心的原址是強暴集中營，如今業者只顧著吹噓他們那些「有療效的水療」。業者絲毫沒有提及這裡發生過的恐怖罪行，曾有兩百名波士尼亞的穆斯林女人與女孩在這裡受到性奴役。我的這位記者朋友也帶我去了斯雷布雷尼察（Srebrenica），那裡曾發生過塞爾維亞人種族屠殺，他們殺掉了八千名穆斯林男人與男孩。那裡建立了一個理應要建立的紀念館，列出了六千多名已確認身分的被害者姓名。但維舍格勒卻沒有為女人與女孩建立紀念館。男人與男孩有紀念館，女人與女孩什麼都沒有——沒有解說牌、沒有哀悼標誌也沒有人負責。沒有任何塞爾維亞的民兵或軍人因為他們犯下的暴行而被究責。

隔年，也就是二〇一七年，我在盧安達加入了一個成員多為法國人的反種族主義社運團體，要和他們一起為圖西族經歷的大屠殺舉辦紀念儀式。波士尼亞戰爭和盧安達針對圖西族的大屠殺發生的時間相差不遠。我當時是路透社駐點於埃及的記者，那時我從來沒有想過自己會在未來的某天，前往這兩座我只透過電報讀過相關新聞的城市。這兩場戰爭使國際社群感到非常羞恥，因為當時在這兩個地方發生的可怕暴行都清晰可見，也廣為人知，但沒有任何國家為了預防這些暴行而做出行動。而這兩場戰爭也提醒了我們，針對女人的性暴力是戰爭的一部分。強暴一直都是戰爭的武器之一，我們都預期會發生這種事，同時也太過習以為常地接受了這種事。從中倖存下來並直言不諱的勇敢女性，迫使我們面對這個太多人選擇性忽視的恐怖事實。

我在波士尼亞和盧安達造訪了幾個曾發生過駭人暴行的地點後，我的心都碎了。波士尼亞和盧安達的性暴力是系統性父權主義從本質上表現出來的終極形式，但我們必須要把這些暴力連結到埃及在革命沒多久後發生在女性社運人士身上的暴力，也必須連結到二〇一一年我在開羅的穆罕默德·馬哈茂德（Mohamed Mahmoud）街上遇到的暴力。性暴力是父權主義的極端表現形式，但事實上，全世界的女人與女孩都是較平凡形式的父權主義的受害者。若要列出我或其他女人與女孩每天經歷的每一種「比較不極端」的父權主義迫害實例，恐怕窮盡這本書的每一頁也列不完。

這是一個從朝聖開始的故事，而把十五歲的我帶回到出發點的是「原罪」：褻瀆父權主義之神的原罪。基督教勸誡信徒不要犯下七原罪。莫娜的福音書則在此為妳呈現，在挑戰、反抗和瓦解父權主義的過程中，女人與女孩必須要有的七種原罪：憤怒、關注、粗話、野心、權力、暴力與欲望。

我把它們稱做原罪，但它們當然並不是原罪。它們是女人與女孩不應該做或不應該想要的事物。它們是父權主義宣告為「原罪」的事物，因為父權主義要求我們順從其命令而非破壞其命令。

在憤怒的章節中我提出疑問，若女孩從小被教導要像火山一樣，可以為了毀壞父權主義而爆發的話，世界會是什麼樣子。我檢視社會是如何反對與責罵女孩的怒火和發脾氣，以及怒火與發脾氣在反抗父權主義的戰爭中為何重要。我也提出了誰才被允許發怒的疑問，並分析為什麼有些女孩做出的行為是其他人可以做，但她們做了卻會因為種族與階級而被處罰。

在針對關注的探討中，我堅持女人與女孩應該要求獲得關注，因為我們值得被關注，而且我們絕不能迴避關注。在形容女人時，最方便又快速的方法就是指控她「想吸引別人的注意」。我解釋了「大聲宣告我們值得注意」的重要性，也解釋了為什麼如此大聲宣告能瓦解父權主義堅持我們保持「虛心」與「謙遜」的要求。

我們必須說「操」。在粗話的章節中，我堅持粗話具有力量可以瓦解、反抗和挑戰父權主義與其信條。在瞭解為什麼女人禁止說粗話的過程中，我拆解了女孩是如何被社會化、被套上「善良」與「有禮」的約束衣，同時我也指出了父權主義認為我們說粗話比我們遭受的暴行更可怕這件事之中的荒謬之處。

為什麼社會認為「野心」對女人來說是一個「骯髒」的字眼？為什麼父權主義要告訴女孩與女人，公開承認她們想要在某方面比其他人更好是一件錯事？還有，為什麼——當她們**的確**比別人更好，當她們被認定為是**比任何人都好**的專家時，女人就必須放低姿態、必須貶低使她們達到如此成就的專業與野心？

什麼是掌握權力的女人？在權力的章節中，我堅持我們要區分拆解父權主義的權力，以及用來服務父權主義的權力。父權主義常把有限形式的權力當作麵包屑丟給某些女人作為回報，但這種麵包屑常常只會再次複製父權主義創造的階級制度。我們必須拒絕這些麵包屑。我們必須烘焙自己的蛋糕。我們定義權力的方法，必須能夠使我們從父權主義的階級制度中解放出來。

在暴力的章節中，我檢視了女人與女孩在遇到父權主義犯罪時做出反擊的權利。暴力是對抗殖民與占領的合理抵禦形式；長久以來，社會都認同在此種反抗中使用暴力是適當的且必需的。那麼，如果我們今天要抵抗的是一種傷害了全球半數人口的壓迫呢？這本書不是教導妳如何與父權主義和平共處的路線圖。這是一本宣言之書，目的是為了瓦解父權主義並終結其罪行。

最後，在探討欲望的章節中，我強調的是一個看似簡單，實則具有革命性的重要主張：我擁有我的身體。擁有我身體的不是其他人：不是這個國家、街道或家庭，不是教堂、清真寺或廟宇。我深入檢視當我們論及欲望、歡愉和性時，表達與堅持我們的意願有多重要，又會帶來何種權力。在異性戀霸權的教條之外，對性的欲望與表達性特質將使我們取得能夠嚴重威脅父權主義的無秩序狀態與自由狀態。我檢視了同意與決策權的核心為何，以此挑戰父權主義對我們身體的束縛，也檢視了在父權主義堅持唯有它自己本身能命令誰能發生性關係、如何發生性關係，甚至誰能表達自己的欲求與欲望時，酷兒性（queerness）如何顛覆了父權主義的這種堅持。

這一刻是不富有、非白人也不知名的人被聽見的時刻。這一刻是我們必須面對父權主義並認知到我們如何正常化父權主義罪行的時刻，我們也必須面對自己如何和其他形式的壓迫彼此交會，例如種族主義、階級主義、健全主義、恐同症、跨性別恐懼症與偏執心理。我來自許多不同的國家，我曾去過許多不同的地方。在這本書中，我將會分享來自世界各地的聲音與經歷，讓你看見女人與酷兒如何對父權主義大聲喊出一句「操你的」。當南韓的女人花了數個月的時間抗議男人在學校、辦公室、公廁與換衣間，用隱藏式攝影機對女人偷拍時，我們必須**傾聽與學習**。那幾次的抗議變成了南韓規模最大的女性抗議事件，我們最必須傾聽與學習的是她們在標語牌上寫的「憤怒的女人會改變世界」。[6]當阿根廷女性發動大型罷工，抗議針對女性的暴力時，我們應該傾聽與學習，那些暴力行為遍及拉丁美洲，連結了我們免受任何形式暴力威脅的權利，也連結了我們在性欲望方面以及能否安全且合法墮胎方面的身體自主權。當烏干達的女性主義者與酷兒社運人士遊行反對謀殺與誘拐時，我們必須傾聽與學習。當愛爾蘭的女性主義者發動革命，反對國內的天主教教堂針對墮胎權舉行驚人的全國性投票時，我們必須傾聽與學習。當印度的LGBTQ❹社運人士跨越了信仰、種族與種姓階級，站在同一陣線要求最高法院推翻英國殖民時代遺留至今的一條刑法，將同性戀傾向除罪化時，我們必須傾聽與學習。

我們必須傾聽與學習，而且我們必須把這種種抗爭連結在一起，組成全球性的女性主義革命——阿根廷的社運人士稱之為女性主義者國際主義（Feminist Internationalism）。7

我的工作就是拆解充斥在世界每個角落的父權主義。在這個革命性的時刻，我們絕不能浪費時間彼此爭執誰遇到的男人最糟，也絕不能允許來自任何一方的偏執者、種族主義者或厭女者使女性噤聲。能看到人們使用「＃教堂也是」（#ChurchToo）揭露美國的基督教聖地出現的性騷擾與性暴力是一件好事。「＃援助也是」這個標籤揭露的則是在援助組織的男人做出的類似行為，此外，在音樂與媒體產業、學術界與其他領域也都出現了類似的標籤。

我並不天真。我太清楚穆斯林女人處於多麼進退維谷的狀況中了。一方面是伊斯蘭恐懼者與種族主義者不亦樂乎地利用我提出的性侵害證詞，去妖魔化穆斯林男人。另一方面則是穆斯林同胞的「社群」，他們不亦樂乎地捍衛所有穆斯林男人——為了不讓穆斯林男人難看，他們希望我閉上嘴巴，別再提起在朝聖時被性侵害的事情。這兩方都對穆斯林女人的身心狀態漠不關心。

這位擔任美國總統的人曾吹噓說只要你夠有名，女人就會讓你「抓她們的屄」，這名總

❹ LGBTQ泛指非傳統二元性別認同者與非傳統二元性傾向者：L代表女同性戀者（Lesbian）、G代表男同性戀者（Gay）、B代表雙性戀者（Bisexual）、T代表跨性別者（Transgender）、Q代表對性別認同或性傾向感到疑惑者（Question），或稱酷兒（Queer）。

統努力維護基督教福音派白人對他的支持，在這樣的狀況下，曾有他的支持者在危險的錯覺中傳訊息給我說，我使用「#清真寺我也是」揭露的性侵害事件之所以會發生，應該要責怪伊斯蘭教。他們拒絕認知唐納・川普的厭女情結、「#教堂也是」揭發的那幾位曾傷害女性的福音派牧師的厭女情結，以及全球各地所有女人每天必須面對的都是同一種情結。厭女情結殊途同歸，它從父權主義那裡獲得權力與保護。我們必須建立起這樣的連結，如此一來，我們對父權主義的挑戰、反抗與瓦解行動，才能像父權主義本身一樣在全球各地串連起來。

若我們只把「女性主義」和「抵抗」這樣的詞語當作繃帶，在對抗父權主義的異常行為時，用來暫時舒緩女人與女孩的痛苦的話，那麼這些詞語中蘊含的意義將會逐漸流逝。我已經受夠了女人與女孩獲得的只有足以讓我們生存下去的方法，而非反擊的武器。女性主義與反抗應該帶來危險與恐懼，而我們絕不能讓父權主義澆熄這種危險與恐懼。女性主義應該讓父權主義感到恐懼。應該讓父權主義驚覺我們要求的就是父權主義的毀滅。我們需要少一點和父權主義和平共處、訂定條約的路線圖，我們需要更多如何毀滅父權主義的宣言。《女人與女孩的原罪》就是我的宣言。

第一章

憤怒

如果教導女孩把情緒爆發，世界將會是什麼樣子？

我會高聲吶喊／尖叫、嘶吼／
毀壞物品、大力踩下油門／
把你所有的祕密當著你的面告訴你。

安托札克・尚吉（Ntozake Shange），
《致那些考慮過自殺的有色人種女孩／在受夠了彩虹的時候》（*For Colored Girls who Have Considered Suicide / When the Rainbow is Enuf*）[1]

我四歲時住在開羅，某一天，我站在我們家的陽臺上，看見一名男人把車停在樓下的街上，從褲子裡掏出他的老二，對著我招手要我下樓。當時我住在對街的朋友也同樣站在她家陽臺上，正在和我聊天，那男人也對我的朋友做出同樣的舉動。我當時很矮，要站在矮凳上才能從陽臺的欄杆之間看見我朋友。

雖然我當時只是一個孩子，但那名男人讓我怒氣沖天。他怎麼膽敢破壞我們的天馬行空，我們這兩個小女孩正開開心心地相處，完全不在意下方那條通常十分安靜，因此無比適合我們午後站在陽臺聊天的街道。這是我們愉快相處的時刻，他怎麼膽敢中斷我們？

我對著他揮舞我的一隻拖鞋，想把他嚇走。我相信自己可以憑藉怒氣把他給趕跑。我發自內心地相信我的怒氣，我認為熊熊怒火就足以嚇跑一名在我們家的陽臺下停車，並對著兩名小女孩擺動老二的男人。哪有人會做這種事啊？哪有世界會接受這種事啊？

我尊敬那名憤怒的四歲女孩。我尊敬她相信自己有權利不受騷擾、不受打斷，有權利不遇見一名自以為理應獲得女孩的時間與關注的男人。她生來就帶有一簇憤怒的母火，她個性頑強，確知自己有權燃燒所有待她不公的事物。我相信所有女孩都是生來就帶有這一簇憤怒的母火。但在我們長大成為女人的過程中，這簇母火去了哪裡？

如果社會教導女孩她們就是火山，她們的爆發是美麗的景象、是應被看見的權利，也是不容忽視的力量的話，這個世界會是什麼樣子呢？如果我們不再像牧場工人馴服野馬一樣摧毀女孩的野性，如果我們教導女孩成為一個危險的人有多重要又能帶有何種權力的話，這個世界會是什麼樣子呢？

如果我們培養並鼓勵女孩表達怒氣，就像鼓勵她們學習閱讀一樣，把這種行為當作航行於這個世界的必需技能的話，會怎麼樣？如果我們像是相信閱讀與書寫能幫助女孩瞭解這個世界，並在這個世界表達自我一樣，相信表達怒氣也是讓女孩順利生活的必需工具的話，會怎麼樣？想像看看，若有一個女孩可以因為受到不當對待而合理發怒。想像看看，若我們能承認女孩的怒氣是合情合理的，讓女孩理解當有人傷害她時她會被聽見，她的憤怒和誠實一樣重要。想像看看，若我們教導女孩任何人在任何地點遇到了不合理的待遇都是值得發怒的，因而使她培養出對同理心與正義的敏銳感知，使她有能力理解無論不公義之舉影響到的是她自身或他人，不公義都是錯誤的。

這樣的女孩長大後，會成為什麼樣的女人呢？

我們必須教導女孩，她們的憤怒是一種寶貴的武器，能用來挑戰、反抗與瓦解正毆打與扼殺女孩怒氣的父權主義。它將女孩社會化，讓女孩只懂得默許與順從，因為溫馴的女孩長大後將會變成**父權主義的**溫馴步兵。她們在長大的過程中內化了父權主義的規則，因此開始監督那些不服從規則的女人。我們不能讓父權主義將女孩打造成不懂反抗的女人。行為端正、文靜、柔順又平靜：我們拒絕這種教條。

女孩從年紀輕輕時就開始接受社會化與教導，因而在心中牢牢謹記男人與男孩有權獲得我們的關注、喜愛、時間與更多屬於我們的事物。想要獲得母親或成人關注的孩子會打斷成人的對話，使他們轉過頭看向他，接著成人會教導這種孩子不要在大人說話時插嘴；但教導者鮮少用同樣的禮節對待被教導者，在女孩是被教導者時尤其明顯。我不但憤怒那名男人具有露陰癖，也同樣憤怒他打斷了我和我朋友的愉快時光。

我喜愛站在矮凳上從陽臺看出去的其中一個原因，是因為能看見一位住在這條寧靜街道對面的成人。那是一位女人，她住在我朋友住的那棟建築，名字叫莫娜（是一個名字和我一樣的大人）。我母親告訴我，每天都會有一輛吉普車來載莫娜到附近的軍方單位去工作，她做的是和軍人有關的管理工作。我會充滿敬畏地觀察身穿嚴謹卡其色制服的莫娜。我對軍服的敬畏始於成人莫娜，也終於成人莫娜，因為我長大後成為反軍國主義的成人，但對於四歲的我而言，名字和我一樣又住在對街的成人莫娜，看起來簡直就像是全世界最重要的一個人。天啊，他們特地開一輛吉普車來這裡載她耶！在我的想像中，絕不會有人像那個對我和朋友甩老二的男人一樣，用那麼粗魯又充滿掠奪性的態度打斷她說話。但在我長大後，我不但理解了所有軍服背後的危險性，也不再天真地以為這個世界能允許女人過上不被打斷、不受傷害的人生。

當時我的年紀太小，並不知道父權主義和因之獲得權力與保護的厭女情結，從不會因為女性的年紀是大是小而赦免任何人。

如今回過頭來看，那天下午發生的事竟成為我未來許多經歷的樣板。在我們家的陽臺站在我的小凳子上，俯視街道原本是一件充滿樂趣、友誼與驚奇的事情，但那名露出整個老

二、招手要我和朋友下樓找他的男人卻玷汙了這整件事。我對那名男人懷抱的怒氣是最自然、最合理的反應，當時我從沒受過汙染與壓抑。我的道德羅盤上的指標完美地指向了真正的北邊：莫娜與其福祉。我知道我值得經歷更好的事情。許多年過後，我在一篇公開發表的文章（以阿拉伯語寫成，發表在埃及報紙上）中，把這個事件含括在我多次被男人性侵害的經驗中，一名男人寄電子郵件問我：「你四歲時是有什麼特別的地方，特別到有人要對你暴露私處？」說得好像有人對我露出老二是一種對我的讚美一樣。說得好像真的有四歲女孩可以「特別」到能夠保證一定有男人對她暴露私處一樣。

如果女人與女孩是自由的，那麼女人與女孩無論是在什麼地方遇到父權主義的壓迫，都必定能點燃無盡怒火，使那位說出「你四歲時是有什麼特別的地方，特別到有人要對你暴露私處？」的來信者感到害怕，也使那名在我四歲時暴露私處的男人感到害怕。但在現實世界中，是父權主義使**我們**感到害怕，父權主義要求我們提供永無止境的耐心、柔順與服從，同時對我們的合理憤怒嗤之以鼻，說那是一種病。

我在接下來的數十年間長大成為成人莫娜，學習到許多男人能打斷女人與施暴的方式。如果讓我用顏料標示所有男人在未經我同意下撫摸、抓握或用各種形式接觸過的身體部位，那麼我的胸部、胯下和背部將會覆滿油彩。但直至今日，最讓我生氣的依然是那個在我和朋友面前暴露私處的男人。

在和朋友聊天時遇到男人對她們暴露私處時的四歲女孩，與朝聖時兩度被性侵害的女孩之間有一條界線，每當我試圖追溯這條界線時，我常會覺得不解，那個生氣的女孩到底去了哪裡。十五歲的我不再像四歲的我一樣立刻充滿憤怒，而是羞愧地淚流滿面。我如今不再責怪身為受害者的自己。我理解每個人在遇到創痛與傷害時的反應都不一樣，而動彈不得也是其中一種反應。我想知道的是我的怒氣消失到哪裡去了——以及怒氣為何會消失。

全球各地的女孩從極小的時候就開始學習她們其實容易受傷又脆弱。家長、朋友與老師一起屠殺女孩們的力量，掐熄她們憤怒的母火，情況已嚴重到研究顯示女孩在十歲時就相信自己的確容易受傷又脆弱。此一發現來自全球青少年早期研究（Global Early Adolescent Study），他們調查世界各地的孩童抱持的性別期待，在比利時、玻利維亞、布吉納法索、中國、剛果共和國、厄瓜多、埃及、印度、肯亞、馬拉威、奈及利亞、蘇格蘭、南非、美國與越南，針對十歲至十四歲的孩子蒐集資料。[2]我把這十五個國家全都列出來，是因為我們有必要知道，無論是在哥倫布、開羅或加爾各答，無論是「在我們這裡」或「在他們那裡」，父權主義都會一視同仁地鎮壓所有女孩，使她們變得順從。儘管這些國家在財務、宗教信仰、職業以及各種變數上都有極大的差異，但這份為期六年的研究卻顯示了令人沮喪的一致性。

約翰．霍普金斯大學（The Johns Hopkins University）的教授暨全球青少年早期研究的領導人羅伯．布魯姆（Robert Blum）告訴《時代雜誌》（*Times*）：「我們發現孩子在年紀還很小的時候——從最保守的社會到最自由的社會都一樣——就會迅速內化這種迷思：女孩子很脆弱，男孩子則強壯又獨立。」[3]

男孩們吸收的刻板印象是他們強壯又獨立，人們鼓勵他們走出門去冒險，與此同時，人們告訴女孩要待在家裡做家事。女孩在接受社會化的過程中理解到——再次提醒，我們說的是年輕到令人震驚的十歲女孩——她們最重要的資產是她們的外表。事實上，只要你細細觀察女孩是如何從「相信自己是個超級英雄」的孩子，快速變成一名陷入了無止境道歉循環的女孩，每句話都以「抱歉，但是……」開頭的女孩，願意為了自己占據了男孩們很開心獲得的位置而道歉，甚至會為了自己的呼吸而道歉的女孩，那麼，就算沒有那份研究報告你也一樣能看出這到底是怎麼一回事。

我還是個青少年時，不知道該如何描述我經歷的性侵害。沒有任何我認識的人曾和我分享過類似的恐懼感。我們家才剛搬到沙烏地阿拉伯，那是我這輩子第一次穿上那件將我從頭蓋到腳、女性朝聖時必須穿的白色衣物。我遇到侵犯的時候，正在伊斯蘭教的聖地實踐伊斯蘭教的第五個支柱，這件事對我來說簡直難以置信。誰會相信我會在如此神聖的地點遇到這麼糟糕的事情呢？我決定最好還是保持沉默。性侵害我的那兩個男人很清楚，不會有人相信我。雖然我顯然沒有做出半點值得羞愧的事，但我依然感到羞愧。我心中有某個部分崩壞了，我花了好多年的時間才發現了這一點。

我在朝聖的途中把自己從頭頂到腳趾都遮蓋起來了，但這麼做並沒有保護我。然而在那之後，我只想要在男人面前藏起我的身體。因此，我開始以非常熱切的心態穿戴頭巾。

全球青少年早期研究的資料顯示，世界各地都教導女孩，她們的身體既是資產也是目標。她們若想免受性侵害的威脅，就必須把身體遮掩起來，遠離男孩，說得好像被性侵害是女孩的錯一樣。青少年的我發現把身體遮掩起來是保護自己的一種策略。這種事並不少見。在埃及，連年紀只有六歲的女孩都必須穿戴頭巾作為學校制服的一部分，在美國，女孩會因為裙子太短或因為她們的衣服使男孩或男教師「分心」而被送回家。無論是在美國還是埃及——事實上，任何地方都一樣——都沒有人把約束的目標轉向男孩。為什麼我們要教導女孩「安全」是她們自己應該負起的責任，教導她們被性侵害與否的原因是她們穿什麼或不穿什麼？為什麼不是本應負責的男孩負起這種責任？我們原本就應該從男孩的年紀還很小的時候，就教導他們不要性侵害女孩，如此一來，他們長大之後無論女孩穿什麼衣服，他們都不會去性侵害女孩。

你不會在這本書中讀到「父權主義對男人與男孩也一樣有害」這樣的論述。父權當然也對男人與男孩有害，已經有許多其他書籍詳細闡述了這個論點，並驅策男人為了他們自己的益處和女性合力瓦解父權主義。我拒絕聚焦於此事，也不會懇求那些從壓迫我的陣營中獲得利益的男人，和我們一起對抗好幾個世紀以來的系統性壓迫，這種壓迫不但對女人、女孩以及所有非異性戀、非保守派以及多數不富有的男人都造成傷害，更會殺死他們。全球性的研究發現，男孩在成長的過程中相信他們生來就擁有自由，在成為男人之後就能盡情行使這樣的自由，而這樣的信念促使男人做出了種種魯莽的舉動，例如吸毒和危險駕駛。儘管如此，父權主義的社會化過程對女孩造成的危害依然大於男孩：十六歲的女孩感到抑鬱的機率比男孩高兩倍（出自《精神醫學與神經科學期刊》〔*Journal of Psychiatry and Neuroscience*〕），[4]女人更有可能在未成年時步入婚姻（出自人權觀察組織〔Human Rights Watch〕），[5]且女人感染人類免疫缺陷病毒的比例高於男人（出自聯合國愛滋病規劃署〔Joint United Nations Programme on HIV and AIDS〕）。[6]

正是這樣的限制與恐懼，正是父權主義的雙重標準養育方式，在女孩長大的過程中驅逐了她們的憤怒。當女孩學著如何靠著退讓保護自己的同時，男孩學的正好相反。雖然我們教導女孩屈服顯然是為了她們好，但依照研究學者所言，在她們腦中植入這種順從的概念，會使她們「付出極大的代價」。學者執行該研究的每一個國家教導女孩的都是「霸權迷思」，使她們相信女孩是容易受傷又脆弱的，男孩則是強壯又獨立的，在這種環境中，一個小女孩的怒火有多少機會能獲勝呢？研究學者強調說，這些不是生物學上的差異。這些是社會常規，這就是父權主義。

男孩鮮少因為穿著問題而從學校被送回家。他們沒有在社會化的過程中覺得自己的外表是最重要的資產，也沒有人教導他們，若他們因為外表而被性侵害的話，那是他們自己的錯。他們無須因為使女孩或女性教師「分心」而負責。這種教育模式蘊含的異性戀偏見有多嚴重？我們是在注重誰的凝視？學校的服儀規則又是圍繞著誰的凝視而制訂的？

我花了更多年的時間，認識了更多女性主義者——也在我穿戴頭巾的九年間經歷了更多次未經我同意的撫摸、抓握與觸碰——才終於堅定不移地確認了性侵害和穿著毫無關聯，性侵害只和那些侵害你的掠食動物有關。

而在這之中特別殘酷的一件事，是社會越來越常告訴女孩「你能做到任何事」以及「女孩也有權力」，但與此同時，父權主義依然原封不動地存在著，在西方社會中這種狀況尤為嚴重。事實就是，女孩並非真的能做到任何事。而且她們必須知道原因：父權主義。只要父權主義繼續存在，無論我們告訴女孩多少次這種標語，她們都一樣無法擁有權力，一樣無法做到她們想做的事。正如全球青少年早期研究清楚闡明的，非西方社會的女孩們被教導要遵守父權主義的社會常規，但西方社會也一樣，假裝西方社會的女孩免受父權主義的社會常規限制是一點用處也沒有的。那種假裝只是一種讓人心裡比較舒服的幻覺，我們利用這種幻覺保持距離，閉上眼睛，不去看見事實上父權主義已滲透進全世界的每個角落。這是全世界每個角落的女孩都必須面對的狗屎處境，不是只會發生「在他們那裡」的事。

在通常被描述為「傳統」或「保守」的社會中，有些人會躲在宗教與文化的掩護之下，試圖合理化父權主義體制帶來的攻擊，但這麼做是非常殘忍的。同樣殘忍的作為還包括了把女人與女孩拋棄在她們無權拒絕也無權影響決定的文化中、拋棄在她們無權拒絕也無權詮釋的宗教中，在許多實例中，這些文化與宗教直接要求她們崇拜男性：從崇拜男性神祇，到崇拜她們的父親、她們的丈夫——這些都是男性權威者。

如果我們想拯救住在世界各地的女孩，如果我們想培養她們心中那簇為她們引導方向的憤怒母火，那麼女性主義者就必須如同父權主義一樣變得遍及全球，讓人們司空見慣。但這種遍及全球的女性主義必須使父權主義感到害怕，這種女性主義必須以憤怒為燃油，以憤怒作為力量的基石。**憤怒是將理想中的女性主義化形成實體的橋梁**，憤怒將「操，為什麼會發生這種事？」一變成「操，不能再有這種事了。」

我們必須教導女孩如何自由。我們必須教導女孩她們有權在生活中無須恐懼被打斷、被侵害、被汙辱或遭受其他傷害。我們必須教導女孩尋求冒險，成為獨立的人。而且，我們必須教導男孩自我約束。雖然我痛恨那個詞語，也痛恨限制任何人的自由，但如果男孩學習到的自由指的是他們能透過傷害女性獲得權利的話——他們學到的確實就是這種自由——那麼我們就是在用錯誤的觀念養育男孩。我們必須教導男孩，女孩並不欠男孩任何時間、關注、喜愛等事物，女孩的身體屬於女孩自己，侵害或傷害女孩是錯誤的。我們應該全面消除這種錯誤。

必須尊重「文化」和「宗教」的女性主義，指的其實是在脅迫之下尊敬父權主義兩大支柱的女性主義，而父權主義矗立起這兩大支柱，是為了把女人、女孩、非二元性別者與酷兒都固定在他們應屬的「位置」，也就是對異性戀男性卑躬屈膝的地位。我們需要的是強壯的、帶有攻擊性、沒有歉意的女性主義，是挑戰、反抗並瓦解父權主義的女性主義，而不是配合、照顧並遵從父權主義的女性主義。

我們必須理解女人具有哪些普世權利，進而理解普世女性主義，就像我們理解《世界人權宣言》（*The Universal Declaration*）一樣。《世界人權宣言》是一份宣告全人類都應享有基本權利與基礎自由的國際文件，聯合國大會在一九四八年十二月十日通過此文件，這是世界各國首次針對有關於不可剝奪人權的普遍宣言達成共識。每個地方都有父權主義在擊潰女孩。但依據你住的地點、種族、階級背景與你的性傾向有所不同，你必須對抗的壓迫有可能遠不止厭女而已。世界各地的女孩都必須面對父權的攻擊，但當父權主義和其他種類的壓迫結為連理時，狀況將會變得特別慘烈。你的位置越是邊緣，父權主義與其他隨之而來的壓迫對你的攻擊就越是兇狠。在美國有所謂的性別化種族偏見（gendered racism），舉例來說，指控歌手勞．凱利（R. Kelly）性侵害的人大多都被忽視了，因為她們都是黑人女性。當知名的特權階級白人女性指控電影製作人哈維．溫斯坦（Harvey Weinstein）性侵害時，她們接受了許多採訪，還有人邀請她們撰寫評論文章——這樣的舉動需要莫大的勇氣，我非常尊敬這些願意站出來發聲的女人——但勞．凱利的被害者有許多青少女，幾乎沒有媒體找過她們。現今有許多草根社運人士一直努力想增進有色人種女人與女孩的權益，例如在二〇〇六年首創「#我也是」的塔拉娜．柏克，在溫斯坦醜聞爆發並有許多人挪用她創始的標籤後，柏克變得更加家喻戶曉。可是人們常忽略性別化種族偏見。

根據喬治城貧困與不平等法律中心（Georgetown Law's Center on Poverty and Inequality）在二〇一七年發表的一篇研究，早在五歲時，美國的年幼黑人女孩在接受學校紀律管教時，就已經被學校認為比較不像小孩，比較接近成人。[7] 所有女孩都會因為他人認為她的行為「不女性化」而受處罰，但種族主義社會還會忽略與欺壓黑人女孩，否認她們的童年，並在她們因為受欺壓而做出合理的憤怒反應時處罰她們。

「如果我們的政府系統（例如學校和青少年司法系統）把黑人女孩視為比較世故、比較不天真的小孩，那麼這樣的系統就有可能會透過抹殺童年等方式使她們受到不公平的對待。」該報告的主要撰寫人暨貧困與不平等法律中心執行理事芮貝卡・艾布斯坦（Rebecca Epstein）告訴美國有線新聞網（Cable News Network，ＣＮＮ）。[8]

當你受到種族主義與厭女情結的雙重打擊時，你做出回應時難道能不帶著憤怒之情嗎？在身為實業家、作者與公眾講者的奧薇瑟・馬可哈提尼（Owethu Makhatini）出版的文集《女性主義是：南非人說出真相》（*Feminism Is: South Africans Speak Their Truth*）裡，其中一篇文章「許多該生氣的事：提倡黑人女性感到憤怒的正當性」，解釋了生活在種族主義與厭女社會的女性，發現她們身處何種束縛中。[9]

「我花了很長的時間努力抗爭，不去成為憤怒的黑人女性，但如今我走到了這裡。我現在怒不可遏。我一直以來都否認了我的憤怒。我一直以來都以我的憤怒為恥。我一直以來都覺得自己是個怪物，跌跌撞撞地想找到方法掩蓋我的毒牙。我一直以來都深深把我的怒氣藏在心底深處，允許它吞噬我。我已經緊緊皺起眉，純淨而獸性的憤怒帶來的淚水在我眼光中打轉，使我的雙頰灼燙。」[10]

但她堅持，那種憤怒是重要的，是自由的。

「我憤怒是因為我在乎。我憤怒是因為我想要成為自由的人，我想要感到自由。我在乎這個世界是如何努力擊垮我的人民與我。我想要把一切都搞垮。我想要在一切事物上縱火，讓一切重來一遍。」馬可哈提尼寫道。

隨著父權主義把觸角延伸到越來越多種壓迫之中，女孩能憤怒的空間變得越來越窄小。因此，在遇到不公義之舉時做出合理且正確的反應變成了一種特權。請想像一下美國的穆斯林女孩會遇到的狀況：這一邊是伊斯蘭恐懼者與種族主義者，他們絕不會是女性主義者，一點也不在意穆斯林女人與女孩的福祉。另一邊是你的社群，他們如此急切地想捍衛社群中的男性，以至於輕而易舉地忽視了真實存在的厭女情結。這兩方都想說明——如果你夠幸運的話，或許他們也會允許你說明——你腦海中在想什麼或沒有在想什麼。若說父權主義把穆斯林女人被描繪成總是穿著黑紗的無聲之人的話，那麼穆斯林女孩則是幾乎不會被注意到的人。他們把五歲的黑人女孩當作比實際年齡更成熟、更年長的孩子來對待，在因為同一種行為被處罰時，黑人女孩受的責罰會比白人女孩更嚴厲。我們要知道，父權主義不希望穆斯林女孩擁有任何聲音，更不用說表現出淘氣的、踰矩的、不女性化的行為。她們必須是沉默的、順從的。特權是能夠累加的：男性、白人、美國人等。缺乏特權也一樣是能夠累加的。黑人穆斯林女孩被困在壓迫的三連擊之下：**厭女情結**、**種族主義**、**伊斯蘭恐懼症**。她們要對誰表達她們因不被看見與不被聽到，或因進退維谷而產生的憤怒？

只要你仔細觀察，只要你離開權力中心，也就是離開每個國家預設國民具有的身分，你一定會發現最邊緣化的身分都是女孩。因此，一個女孩擁有的特權越少——例如種族、階級、性特質、宗教、能力——她能憤怒的權利就越少。

舉例來說：在我出生的國家埃及，最邊緣化的女孩會是基督教社群的窮困女孩，基督教徒在埃及占了總人口的百分之十，同時受到國家與社會的歧視，還會有伊斯蘭武裝分子攻擊他們，其中曾有多次攻擊導致死亡。

在印度尋找最邊緣化的社群時，你找到的將會是該地穆斯林弱勢團體與達利特（Dalit）社群，達利特是印度主要宗教印度教中地位最低的種姓階級。來自這兩個社群的女孩沒有餘裕能氣憤或對不公義發怒。

我們可以從針對曾任美國體操隊隊醫和密西根州立大學醫師的賴瑞．納薩爾（Larry Nassar）提起的性侵害審判中，看見父權主義如何使女孩本身與其話語變得一文不值，這是有史以來最龐大的起訴案之一，從二〇一五年開始，共有超過一百五十名女人與女孩站出來指控該醫師性侵害。其中一段最令人動容的證詞來自證人凱爾．史蒂芬斯（Kyle Stephens）。

根據《華盛頓郵報》（*Washington Post*）的報導，凱爾在十二歲時告訴父母，納薩爾從她六歲開始性侵害她，但她的父母被納薩爾說服，認為凱爾在撒謊，他們不但不相信她，還要求她向那名掠食者道歉。[11]史蒂芬斯認為她父親之所以會在二〇一六年自殺，有一部分的原因來自於不相信女兒的罪惡感。新聞報導一次又一次地告訴我們，許多父母都不相信納薩爾是性侵害自己女兒的掠食者。

請試著想像，這種事會如何傷害那些女孩對真相與正義的觀感，以及她們對信任的感受。這些她們最親近的人、本應保護她們的人，竟然正是選擇了相信掠食者而不相信她們的人，請試著想像，她們覺得自己被背叛的感受。

這些女性在成年之後和納薩爾對質，她們的證詞令人心碎，常會有被害人的父母在法庭上跟著一起哭泣。她們的憤怒，以及父母站在加害者那一方否定她們的背叛感，讓我想到埃及女性主義者娜娃・愛・沙達威（Nawal El Saadawi），她描寫自己在六歲時被切除陰蒂的過程——也正是凱爾・史蒂芬斯開始被納薩爾性侵害的年紀。「我只能哭，接著大喊著要母親來救我。但這整件事中最可怕的打擊是，當我環顧四周時，我發現我母親就站在我身邊……就在許許多多陌生人之中，和他們聊天又對他們微笑，好像他們沒有在數秒鐘之前參與了屠戮她女兒的行為一樣。」愛・沙達威寫道。[12]

我們能從中看見父權主義如何用不同的形式帶領家長「屠戮」女兒。

法官以性侵害罪名判處納薩爾四十至一百七十五年有期徒刑。但當父權主義不但賦予掠食者權力並保護他們數年時間，還說服了父母相信掠食者而非自己的女兒時，有誰會因此受罰？女孩要如何從這種背叛中康復？當種族偏見父權主義因為受害者是女孩，是黑人，就忽視了手握權力的知名男性性侵害青少女多年的事實，並讓美國社會的性別和種族偏見，把最猛烈的殘忍攻擊都加諸於黑人女孩身上時，有誰會因此受罰？當父權主義用「文化」也偶爾用宗教當藉口，堅持要割掉全世界數十萬女孩的健康身體部位，只為了控制女性的性特質時，有誰會因此受罰？

「或許你現在已經懂了，但我要告訴你，小女孩不會永遠那麼小，」凱爾．史蒂芬斯告訴賴瑞．納薩爾。「她們會長大成強壯的女人，回來毀掉你的一切。」13

我想要一個家長們都相信小女孩的世界。我想要一個小女孩不用等到自己成為女人才能毀掉掠食者的一切的世界。那種世界會是什麼樣子呢？

在納薩爾審判期間，女人們說出了她們經歷的多年創傷與背叛，與此同時，女性主義者暨作者娥蘇拉．勒瑰恩（Ursula K. Le Guin）過世了。她在一九八六年於布林莫爾女子學院（Bryn Mawr）發表的畢業演講是我們的路線圖，讓我們看見若人們相信女孩，女孩也相信自己有力量能毀滅掠食者時，世界會是什麼樣子。

「我們是火山。當身為女性的我們把我們的經歷當作我們的真理，當作人類的真理，所有的地圖都會改變。會有新的山脈出現。這就是我想要的——我想聽見你們爆發。你們是年輕的聖海倫火山，不知道自己之中蘊含何種力量——我想要聽見你們的聲音。」勒瑰恩對準備要畢業的年輕女人們說道。14

我們不該教導女孩她們脆弱又容易受傷，我們必須教導女孩認識她們具有何種權力。我們不該教導她們為了自身安全躲避這個世界，我們必須教導她們隨心所欲地大聲說話、站出來、惹麻煩、不守規矩與發怒，讓這個世界知道忽視女孩的聲音有多危險。我們必須教導女孩爆發！女孩天生就擁有許多憤怒，但我們卻把那些憤怒給壓扁了。我們教導女孩要彬彬有禮、舉止合宜，以及不要引人注目。我們告訴女孩說話不要大聲，也不要說太多。我們送女孩去上芭蕾舞班，但送她們去上武術班的頻率實在太低。如果在經歷了這些對待之後，她們依然努力說出她們希望不受性侵害威脅，那麼她們將會遇到更糟糕的消音：她們自己的父母不相信她們，或者她們的父母也是毀傷女孩的一分子，又在表面上說這是在保護女兒免受性侵害。

我想要把憤怒裝在奶瓶裡哺育所有女嬰，強健她們的骨骼與肌肉。我想要她在從孩子長成年輕女人的路上收縮肌肉，感覺到體內的力量逐漸增強。

若想要擊敗父權主義，我們必須及早開始。我們需要教導女孩的課程，必須包括憤怒的重要性，以及如何用不同的方式表達與運用憤怒。我們必須讓女孩知道，這世界上有許多憤怒的女人與酷兒，他們表達自己的憤怒，他們既不禮貌也不屈從，他們會驕傲地大鬧一場。以「女孩的怒氣」為主題的課程會是什麼樣子呢？

我的課程將包括瓊・喬登（June Jordan）的〈我的權利之詩〉（Poem About My Rights），她在這首詩作中以出色又美麗的文字解釋了性暴力為何必定和國家的暴力與權力有關，因此也必定和家庭的暴力與權力有關。[15]喬登在這首詩裡毫無停頓地從厭女談到種族主義、膚色主義、殖民主義、占領與戰爭，她讓我們看見壓迫的系統如何共同運作，以及我們在分析這些傷害時必須如何建立連結，藉此瞭解父權主義與其招募的各種壓迫勢力並非彼此獨立，它們並不是分別存在於各自的區塊中。

這首詩是一堂專家課程，我們可以從中學到如何連結個人與政治、身體與世界、家庭的不公義、社會的不公義與國家的不公義。這首詩能完美解釋我所謂的「厭女情結三連擊」（Trifecta of Misogyny）。正如我堅持我們應該把勞．凱利的性侵害被害人、賴瑞．納薩爾的性侵害被害人以及女性生殖器割除（female genital mutilation，FGM）的被害人連結在一起，這麼一來，我們才能看清父權主義的所作所為，以及父權如何把觸角伸向忽視黑人女孩的種族主義，伸向世界各地將FGM正當化的文化與宗教——還有我的母國埃及的伊斯蘭教與基督教——因此，我們也必須連結起這些國家、街道（社會）與家園（家庭）共同壓迫全球女人與女孩的各種方法。這就是厭女情結三連擊。

瓊．喬登在詩末正式告知所有人——告知國家、街道與家園：

我不是錯誤的。我的名字不叫錯誤。

我們必須教導女孩，她們因為遭受不當對待、傷害或輕視而感到憤怒不是錯誤的。我們必須讓她們知道，當女人確知自己的怒火合情合理時是什麼樣子。喬登是黑人、雙性戀詩人、女性主義者也是社運人士，她的憤怒母火熊熊燃燒，耀眼又令人驚嘆。她理解種族、性別與性特質之間的關聯，堅持要我們也同樣理解這種關聯。她的詩，還有她的專欄與文章都在迫使我們看見，對於社群而言——無論是個體社群還是政治社群——那些分別影響我們每一個人的壓迫系統是如何透過階級、國家與帝國的壓迫彼此連結在一起。那就是遍及全球的女性主義。那就是我們必須在撫養女孩長大時告訴她們的女性主義：這個女性主義可以把我們遭受不公義對待時爆發的怒火——以及我們發怒的權利——連結到他人遭受政府的不公義對待時我們爆發的怒火——無論做出此事的是我們的政府還是他們的政府皆然。瓊．喬登告訴我們，國家、街道與家園：把出現在任何地方的壓迫連結在一起。

就像勒瑰恩曾在畢業典禮上發表激動人心的演講一樣，喬登也同樣在另一個女子學院，巴納德學院（Barnard College）上臺演說過，這場演說提醒了我們，那些表現出怒氣並強調憤怒有何力量的年長女人有多重要，她們為了更年輕的女人，以複雜又充滿力量的方式讓我們看見怒氣是女性主義者合理的行為，直至今日她們依然在領導我們、撼動我們。勒瑰恩提醒她的年輕女性聽眾打破沉默是顛覆性的行為，並鼓勵她們看見自己的力量——鼓勵她們爆發！喬登則鼓勵她的聽眾把發生在國家、街道與家園中的壓迫連結在一起，認知到這些壓迫是讓我們保持沉默的有力工具，並將我們的憤怒導向所有相互連結的不公義。

面對極其不寬容的觀念時產生的激烈衝突帶領我穿越內戰革命，來到了我們對越南戰爭的反抗，接著進入了性別、性慾與性政治的領地。而那些抗爭聚集起來，帶領我從布魯克林來到密西西比、南非、尼加拉瓜、以色列、巴勒斯坦、黎巴嫩和北愛爾蘭，每一次交戰的洗禮，都讓我更清楚地看見那些表面上截然不同的勝利之間具有的關鍵連結，看見那些表面上截然不同的痛苦、截然不同的敗仗之間的關鍵連結。[16]

我們有許多方法能反抗相互連結的不公義之事，喬登把這些方法連結起來，告訴聽眾她不得不分析「危及女性生存並遍及全世界的荒謬事件」，不得不提問：女性主義的革命出現在哪裡？

「我的意思是，為什麼我們在全世界都會遇到這種狀況？我們要到什麼時候才會起身抗拒我們遭受的邊緣化，抗拒我們只有表面不服從的狀態，取回我們的地位、取回我們『並非可汰換人種』的力量——我指的確確實實是力量：我們能用來改變自己人生與他人人生的能力，一種可以證實的能力。」

喬登在號召年輕女性——就像勒瑰恩一樣——號召她們看見她們擁有的力量。她在號召全球各地一起發動女性主義革命，對抗全球的父權主義：這就是我們必須傳達給女孩與年輕女人的訊息。在這麼做的同時我們也是在向她們示範，在父權主義決心要澆熄我們的憤怒母火時，我們要如何維持母火繼續燃燒。

「我從觀察者演變成受害者，又演變成社運人士，成為社運人士後我懷抱著滿腔熱忱，想方設法地抗拒任何形式的暴政。」喬登說道。

而「抗拒任何形式的暴政」的核心就是憤怒。一九八九年，喬登在《進步》（*Progressive*）雜誌的專欄寫道：「我認為若我們想要重新獲得並擴展我們的生命所需要的自由，唯一的方法就是擁抱憤怒的公義性。」[17]這就是我們必須教導女孩的事——她們的憤怒的公義性。這是女性主義革命的燃油。

我在本章花了很大的篇幅強調培育女孩的憤怒有多重要，因為「為什麼女人沒有更憤怒？」或「為什麼女人停止憤怒了？」這些問題使我挫折。我們應該要問的是「女孩與生俱來的憤怒去哪裡了？我們要如何培育這種憤怒？」開始教導女人如何生氣是很困難的事，比較簡單的是支持女孩表達她們與生俱來的憤怒，她們完全有權利針對生活的每一個層面都會大量出現的父權主義掠奪發怒。父權主義與其教誨消滅了許多事物，憤怒也是其中之一。

憤怒對女孩來說非常重要，因為事實證明，若我們只想著要等待父權主義自我糾正、做出對的事、做出有道德的事的話，是撐不了太久的。憤怒只是我們向父權主義宣布「我們已經受夠等待了」的第一步。

如果我們還要繼續擁護那種慢吞吞的、一點也嚇不倒男人或尊重「文化」和「傳統」的女性主義的話，我們將永遠也無法顛覆我們強迫女孩學習的常規，那種常規教導她們要受到束縛、要恐懼，並熄滅她們的憤怒母火。不想使男人恐懼的女性主義，是永遠也無法對父權主義提出挑戰的。只有投注精力在支持父權主義、支持針對女性的各種壓迫的男人才會恐懼女性主義。如果我們想要結束這種系統性壓迫的想法會讓男人恐懼的話，那就讓他們恐懼吧！但他們的恐懼已經說明了問題所在。他們恐懼的是失去特權、權限，以及他們能夠繼續傷害與貶低女人與女孩的權利。

在你強調培育女孩的憤怒有多重要時，會發生一些有趣且揭露內情的事情。突然之間，人們——通常是男人們——開始擔心你是在鼓勵暴力，說你是在告訴女孩模仿男孩等等。「憤怒會毀滅事物。」他們堅持道。「應該教女孩親切體貼。這個世界已經有太多憤怒了，別再增加憤怒了。」幾乎就像他們認為男孩有專利可以生氣，而且生氣只能以暴力的形式表現出來。幾乎就像他們在說的其實是：「沒錯，讓男孩變得無人能敵。然後教導女孩如何變得完全不引人注意。」這樣的反應絕對表明了父權主義有多麼害怕女孩生氣的力量。而我正是希望我們能教導女孩這件事：**她們的憤怒使父權主義感到害怕**。這樣的話，就讓它害怕吧！

當我們開始討論要鼓勵並培養女孩的憤怒時，父權主義便開始擔心了，因為它想要否認女孩在遇到不公義之事時必須有反應。父權主義知道當我們培養女孩的憤怒，她們就會要父權主義負起責任，那些女孩長大後將會變成要求清算的女人。它不想要清算，而我們必須要求清算。

父權主義比較喜歡自我清算的女孩，這樣的女孩沒有學會向外瞄準不公義之事發散怒氣，她們本該這樣做的，但她們學會的卻是把怒氣瞄準自己。因此，這些女孩無法運用憤怒毀滅父權主義與其不公義，最後是憤怒毀滅了這些女孩。女孩們不懂得如何在被貶低與被傷害後把憤怒向外投射在父權主義上，她們學習到的是要把怒氣、傷心與羞愧全都投射在自己身上，這種事終究會削弱與消耗女孩。換句話說，女孩耗費太多精力在精神層面與自己對抗，以至於無法對抗外在的父權主義。女孩的成長過程中充滿自我痛恨與創傷，只剩下一點點精力能試著讓任何人感到害怕，更不用說嚇倒父權主義了。這些女孩的狀態是傷心，而非憤怒。而傷心是嚇不倒父權主義的。

以「女孩的怒氣」為主題的課程必須加上副標：「如何嚇倒父權主義」。而課程的頌歌不會是〈可憐的我啊〉（Woe is me），而應該是〈害怕我吧，操〉（Fuking fear me）。

在二〇一七年「#我也是」再次興起之後，每一次有人揭露又有一個手握權力的知名男人性侵害或傷害了女人，就會有數千名女人在社群網站上分享令人心痛的個人經歷。分享這些經歷需要的是勇氣，閱讀這些經歷需要的是恢復力，因為這些經歷常會觸發讀者曾經歷過的傷痛經驗。但我希望這些經歷出現時能伴隨著更多怒氣，而非伴隨著傷心與羞愧。一次又一次，就好像我們女人要切開靜脈，讓這些最令人作嘔的故事汩汩流出一樣，常會有男人質疑這種事，這種男人只會嘲笑或懷疑，只會在沒人有興趣時大發議論，不知道何謂傾聽。我希望有更多女人在作證時表達出自己的怒火，而非表達她們對父權主義的擔憂。我希望女人在作證時能少傷心一點、少羞愧一點，對父權主義更加憤怒。

在二〇一八年夏季的一場演唱會上，我感覺到年輕女人的力量正把她們的憤怒轉向外在世界，向父權主義宣告：「操，我受夠了。」帶領她們獲得如此純粹怒氣的，是歌手海爾希（Halsey），她是女星中少數利用她的平台公開表達對男女兩性渴望的明星。舉例來說，她和另一位公開自己是雙性戀的歌手合錄了一首二重唱，主題是在女人之間的情感關係。

演唱會就像公理會教堂的禱告或朝聖一樣，允許我們消失在於眾人之中。音樂產業的粉絲和金錢的主要來源是青少女。她們常被描述成行為失控或歇斯底里。所有與女孩有關的事物都會被嘲笑——從她們喜歡的顏色、她們聽的音樂到她們喜愛的書。父權主義用「像女生」來嘲笑男孩：你跑步像女生、別再哭得像個女生等等，藉此使男孩們保持一致。為了達到這個目的，權力鮮少與女孩有關。想想女孩對音樂抱持的熱忱背後的力量吧。因為披頭四狂熱或任何巨星而暈倒的女孩，通常會被男性主導的音樂媒體產業描述為「歇斯底里」、「驚叫」或「尖叫」，我們可以把那些貶抑詞換成「憤怒」與「力量」。這就是海爾希在我參加的演唱會中演唱〈龍捲風〉（Hurricane）時引導出來的情緒。她調動年輕女性的憤怒與力量，簡直就是引導者。演唱會顯得光彩奪目。

海爾希曾說過〈龍捲風〉是她在十九歲時和其他人合寫的歌，歌詞描述的是一名年輕女人，「指的是她（那名年輕女人）不會受到迫害。她不屬於別人，只屬於自己。」[18]在演唱會上，海爾希帶領聽眾一起唱起這首歌的副歌「我是龍捲風」——並在歌詞裡加上了「操」。

數百名女孩與性別酷兒青少年（海爾希吸引的大多是年輕聽眾和酷兒聽眾）一遍又一遍地喊叫著：「我是個操他的龍捲風！我是個操他的龍捲風！」這就是革命！他們的回音使牆壁顫抖。在演唱會大廳聚集起來的力量與憤怒在那一晚衝破了限制，把父權主義撕成碎片。女孩知道她們擁有什麼樣的力量。她們天生就知道這一點。這就是為什麼父權主義要在社會化女孩的過程中消除怒氣，要澆熄她們的憤怒母火。

在海爾希發布〈龍捲風〉這首歌的三十七年前，和海爾希同樣是雙族裔的波麗・斯泰利（Poly Styrene）[5]成立了名叫「X射線鏡片」（X-Ray Spex）的龐克樂團，在十九歲發表了第一首歌。那是一場多麼壯觀的革命。她唱道：「有些人覺得小女孩應該被看見而不被聽見。」

完整聽完〈喔束縛！去你的！〉（Oh Bondage! Up Yours!）這首歌之後，你還能告訴我你不準備摧毀父權主義嗎？那首歌蘊含的力量與憤怒絕對足以把父權撕成碎片。如果你覺得開頭的歌詞只不過是在開玩笑地玩弄「女孩是用糖、香料和各種美好事物組成」的刻板印象，如果你覺得那種刻板印象是一件只曾在過去限制女孩要表現得女性化的約束衣，如今早就過時了，都是古早歷史的話，那麼我很遺憾，你並沒有注意到女孩在現今社會中的處境有多悲慘，世界各地都一樣。

一九七六年，九歲的我在倫敦發現了音樂可以屬於我自己，這一切都要感謝那臺小小的黃色電晶體收音機，讓我能把耳朵貼在上面好幾個小時。雖然收音機很小，但卻不會屏蔽掉灌入我耳中的「連續三分半鐘的憤怒搖擺」，也就是龐克音樂。我把收音機調到播放最新熱播歌曲的電臺，在一九七〇年代末期流行的音樂包括了迪斯可舞曲、搖滾樂以及越來越多的龐克音樂。龐克音樂傳遞的怒火與凶猛總是能讓我感到興奮。那種赤裸、原始的憤怒把矛頭指向各種事物——有可能是專制、家長、敵對樂團或主唱大吼的任何事情——我被迷得神魂顛倒。我當時年紀太小，不能去俱樂部或參加演唱會，但我知道那些灌進我耳中的憤怒具有多大的力量。

但多數對著我的耳朵狂吼的聲音都來自男人。他們的喊叫與咆哮在我還很小的時候就教導我誰有權生氣。更糟的是，他們也在我很小的時候教導我，就算是在反對建制、反對權力結構的場域中，站出來大罵的依然是男人，而他們只會痛罵到剛好能夠為自己爭取到權益為止，而且他們不罵父權主義。這當然不是龐克音樂中獨有的現象。反種族主義運動中也一直存在著同樣的問題，他們對抗白人至上主義，但不去挑戰父權至上主義，對抗威權國家的社運人士也一樣，他們不會挑戰父權中的極權主義，同樣的例子還有很多。嘻哈與其他形式的音樂也都處於同樣的狀態。我在十歲左右時聽見的音樂讓我初次發現，男人為了權力去挑戰其他男人，是為了保障屬於他們自己的那份權利，而不是為了全人類的平等或公義。他們鮮少會，甚至有些人根本從來沒有對抗過父權主義，因為他們知道父權主義能讓他們受惠。

由於女性龐克歌手的數量遠比她們的男性同儕還要少非常多，所以當時曾對著我的耳朵吶喊的女龐克歌手，全都成為我心中的指標性人物與英雄。每一種音樂類型都曾缺乏女性。每一個世代的女人都曾發現實在太少女人寫出或唱出她們的童年或青年時期的頌歌。但是真正幫助音樂產業存活下來的，是青少女的廣大消費市場。消費者，很多。創作者，沒有多

---

❺ Poly Styrene，將此藝名的姓和名連在一起後會變成聚苯乙烯（polystyrene）。

少。我童年時代的女龐克歌手提醒了我，是誰在培育女孩的憤怒母火。她們寫的歌、她們的衣著風格、她們唱歌時將矛頭指向父權主義、資本主義、種族主義與消費者主義的方式，以及最大膽的是，她們拒絕遵循父權要她們漂亮、禮貌和乖巧的要求。她們拆毀大門，挑戰男性主導的音樂產業，又嘲笑和反駁音樂媒體。我知道每一個世代都有屬於他們的女歌手作為指標人物，會表現出怒火與反叛。我讚美她們所有人。但我真是太愛波麗・斯泰利了，她比我大十歲，在一九五七年出生，母親是蘇格蘭-愛爾蘭裔，父親是索馬利亞裔，將她取名為瑪麗安娜・喬安・愛略特-沙德（Marianne Joan Elliott-Said）。

以「女孩的怒氣」為主題的課程必須讓女孩知道，她們的怒氣完全有權利存在。這個課程必須維護她們的怒氣母火，讓火燒得猛烈明亮。這個課程必須有許多擁有憤怒並打了勝仗的女人。女孩必須看見，憤怒是最自然也最合理的一種力量。我們必須以憤怒作為燃油，挑戰父權主義，也挑戰它為了確保我們受厭女情結以及更進一步的邊緣化所迫害，而編織出來的密密麻麻的壓迫之網。憤怒是反抗的骨幹。憤怒是我們真正需要，並且在許多時候渴望的一種力量。

我常回過頭閱讀黑人女同志詩人暨女性主義知識分子奧德麗・洛德的文章〈使用憤怒：女人對種族主義的反應〉（*The Uses of Anger: Women Responding to Racism*），她在文章中宣布：「每一位女人都儲藏了大量的憤怒，這些憤怒可以用來對付那些把憤怒轉變為實體的個體壓迫者與公共團體壓迫者。只要精確地瞄準好，憤怒將會變成推動進步與改變的強大力量來源。」[19]

我為女性主義革命位於全球各地的聽眾寫下這本書。美國並非女性主義者宇宙的核心。但美國卻表現得好像它是所有宇宙的核心，而且全世界都非常關心它。我從二〇〇〇年開始住在美國，我發現許多白種美國人會在談到性別議題時屈從否認。許多白種美國人會信心滿滿地告訴你女人「在那裡過得像狗屎」——也就是任何一個美國之外的地方，通常他們會把火力集中在穆斯林人口占多數的國家——緊接著又告訴你「你能住在這裡應該要謝天謝地」。這樣的否認只會添加父權主義的力量，並傷害那些最容易受父權主義與其同陣線盟友所影響的人：有色人種女人、勞工階級與貧困的女人、肢體障礙的女人、酷兒與其他跨性別女人。許多白種美國女人都懷有一種不合理的過度自信，在談到女性主義的成就與女性主義為她們帶來哪些保護時尤其如此。世界各地的女性鮮少有人像白種美國女人一樣，對於女性主義的成就有如此幻想。這種過分自信的性格，是白種美國女人在川普當選之後大發雷霆的原因之一。她們當時在哪裡？終於點燃白人女性怒火的是川普當選——憤怒的人不包含投票給他的那百分之四十七的女性[20]——而不是數十年來的厭女情結、種族主義、偏執心理與其他種類的歧視，這件事本身就提醒了我們，白種美國女人擁有多少特權、受到多少保護，她們沒有經歷點燃黑人女性與女孩怒火的種種不公義，這些不公義使黑人女性遭受懲罰，落入刻板印象中。那些白種女人允許她們的種族勝過性別，相信她們對白人至上主義的乖巧、順從與忠誠，能保護她們不至於像我們這些女性一樣遭受父權主義的野蠻對待。她們就是我所說的「父權主義的步兵」。白種女人是擁有最多特權能表達憤怒的女人，但她們也是最少表達憤怒的女人，因為她們受到保護，不像我們這些其他女人一樣經歷了那麼多能引燃怒火的事。等到白種女人終於找到她們的怒氣時，她們將之視為一場革命，但事實上，她們只是終於趕上了我們這些其他女人身處其中的怒火革命罷了。

當黑人女性警告我們——從一九九一年指控美國最高法院提名大法官克萊倫斯．湯姆士（Clarence Thomas）性騷擾她，卻不被相信的安妮塔．西爾（Anita Hill），到二〇〇六年開始堅持我們必須說出「＃我也是」來支持力量最小的女人與女孩對抗父權主義的塔拉娜．柏克——美國沒有在傾聽，因為白人至上主義掌握大權。當白種美國女人終於感覺到父權主義造成的危害並開始注意的時候。是時候了——早就已經是時候了——白種美國女人該清楚意識到，無論她們默許多少事情，都不會保護她們不受父權主義傷害。

我們已經忍受了太久，男人總是用發明來汙辱人的字眼罵我們，同時也特意用這些字眼暗示我們太過生氣，所以不需要把我們當成一回事：女性主義納粹、刻薄、女性主義瘋子、賤人、巫婆。我們必須告訴他們，沒錯，我就是這樣的人。沒錯，我就是個憤怒的女人，而憤怒的女人也就是自由的女人。

第二章

關注

女人與女孩應該要求獲得關注的權利，甚至被稱為「關注婊」。

不請自來的男性性關注，與控制女性身體的衝動有密切關聯。

——維姬・托瓦爾（Virgie Tovar），《你有權利保持肥胖》（*You Have the Right to Remain Fat*）[1]

「你以為你是誰？」

啊，就是這句話！對我的耳朵來說不太算是美妙的音樂，但卻是要我為**你的耳朵**演奏交響樂的訊號。如今每當聽到這種話，我就覺得好像聽到指揮家站在他的指揮臺上，拿著指揮棒對著面前的樂譜點、點、點，準備要讓他的交響樂團用音符、和聲、獨奏與漸強的樂聲填滿整個音樂大廳。我也曾經被這些字句緊緊纏繞住，這就是父權主義套索想做到的事。但現在，這種話語不再使我感到羞愧，不再是父權主義用來把關我的自尊與能力的武器，如今這些文字只會開啟「我、我、我」的交響曲，我則變成了演奏名家，而且我知道我值得登上舞台，也知道我的表演好到能迫使你聆聽。

我演奏的「我、我、我」交響曲聽起來如何呢？聽起來就像我正在占領這裡的空間，填滿整個音樂廳。聽起來就像我正在說這是我靠自己獲得的空間，你將會聆聽。聽起來就像我在大吼：我值得演奏這首交響樂！聽起來就像在說我是重要的，我必須說的話也是重要的。

一名女人所能做到的所有事情中，最具破壞性的一件就是在談論自己的生命時，表現得像是你的生命真的很重要。它的確很重要。如果憤怒是大膽告訴父權主義，我們受夠了等待它自我修正的第一宗「原罪」，如果憤怒滿載著力量，那麼正如奧德麗．洛德所說的，當我們專注並精確地運用憤怒時，憤怒將會創造進步與改變，接下來，關注——要求關注、控制關注、掌握關注——則會用大聲疾呼「我也算數。」對父權主義提出挑戰。

當父權主義要求你必須保持「虛心」與「謙遜」時，說出「我也算數。」就是一種革命。當父權主義在關注的二十四小時循環分配表中，把二十三小時又五十五分鐘當作男人與生俱來的財產時，說出「我也算數」就是一種革命。我們女人可以別再想那些十五分鐘的出名時刻了——十五分鐘簡直太慷慨了！女人光是希望自己獲得的關注多過配額五分鐘，就會變成一個大問題。

關注就是權力。你在指揮關注的同時，你就是在指揮權力，因此父權主義用「婊子」這個詞攪混了關注周圍的渾水。這個充滿羞辱意味的字詞被父權主義用來說服女人，想要關注等於想要一件令人感到羞辱的東西，就像性一樣。

關注和性不一樣的地方在於，異性戀霸權的父權主義會告訴男人，給出關注的通常是男人，接受關注的通常是女人。另一方面，男人接受歡愉，而女人給予歡愉。因此，當女人太「隨便」地交出性，她就會被標示為「婊子」，當她獲得「太多」關注時，她也一樣是個婊子——是個「關注婊」（attention whore）。不管怎樣都是婊子。關注和性都一樣會被父權主義用來對付你。或許這是因為你想要的是「錯的」那種關注，又或許是因為你做的每件事都「只是為了引起注意」。不管怎樣都是婊子。

若不是因為我獲得了許多關注，而且也控制這些關注的話，我現在說不定已經死了。

我過去曾在一年之內因為基本相同的理由，在不同的國家被逮捕兩次。那是因為我無論在哪裡，都是父權主義的敵人。我走到哪裡都帶著針對父權主義的女性主義鬥志，就像一個可以隨身攜帶的革命一樣。我在每一天、每一分鐘都用這種鬥志作為燃油，當我把鬥志的矛頭指向各種東西時，就是在革命。除了厭女之外，我也對抗威權主義、種族主義、偏執心理，以及支撐父權主義各種其他形式的壓迫與不公義。你可以把父權想像成一隻章魚，牠的每一隻觸手都各自代表了牠能用來穿越我們的世界的一種壓迫。和父權主義戰鬥時，我們必須保持同樣的靈巧與多才多藝。

父權主義並不是遺世獨立的存在。它不會只在每週一、四運作，其他時間休息，把繩索交到其他種壓迫的手上，等到它準備好要再一次用越來越多的觸角勒死我們時，才把繩索拿回來。父權主義會同時使用好幾種壓迫，因此，若我們想要自由的話，我們必須同時瞄準這些壓迫。

我那兩次被逮捕時，正在反抗父權主義運用的好幾隻觸角。我第一次被捕的時候——二〇一一年十一月的開羅——我其實本來不應該在那裡。在那之前我去了摩洛哥的研討會演講，我本來已經決定行程，之後要飛往布魯塞爾，在歐洲議會上發表有關女人與革命的演說。但我沒有去，我買了前往開羅的機票，成為參與一場革命的女人。我在摩洛哥時，抗爭在開羅自由廣場旁的穆罕默德．馬哈茂德街上爆發。這次的革命開始於該年年初一月二十五日，從那時候開始，我一直都利用推特這一類的社群媒體和新聞網站密切關注埃及發生的事件。我參與後被逮捕的那場抗議之所以會開始，是因為軍人和警察對和平靜坐抗議的帳篷縱火，那些靜坐的人在那裡抗議，是因為他們在該年一月二十五日那場吸引了數百萬埃及人上街的革命中失去了他們所愛的人。這場大型暴動迫使埃及掌權了三十年的獨裁者穆巴拉克在二月十一日下臺。在舉辦選舉之前，埃及由十九個將軍組成的軍政府接管。軍政府幾乎沒有要求任何人為了革命期間（從一月二十五日到二月十一日）被殺死的八百多名埃及人負責
——穆巴拉克政府和警察都沒有受到究責。

我看到狙擊手瞄準抗爭者的眼睛，我看到照片裡保安部隊的人把抗爭者的屍體丟在一堆堆的垃圾上，這些資訊使我怒不可遏。我看到年紀只有十二歲的男孩也參與抗爭，他們的母親用麥克筆把電話號碼寫在他們的手臂上，如此一來若他們被殺掉了，殯儀館就知道該打電話給誰，這讓我知道我必須參加這場抗爭。我看到一個女人發的推文時哭了，她說抗爭途中有一位年老的男性看到她時，要她回去自由廣場，老人對她說：「你看起來受過很好的教育。我老了，很快就要死了，但埃及將會需要你和你的能力。你不要冒險。」

所以當我在開羅和一位社運朋友一起抵達抗爭前線，被便衣的保安部隊俘獲，被隨後到來的鎮暴警察毆打並逮捕的時候，我知道這就是我該來的地方，因為我相信那場抗爭，我加入抗爭是為了榮耀那些曾失敗過、曾受傷過的抗爭者。

鎮暴警察包圍住我——他們有三、四個人——用警棍打我，然後把我拖到一個真空區，位置介於我們用來標示前線的臨時障礙物與保安部隊的前線之間。他們在真空區性侵我，罵我是個婊子，然後把我拖到他們的指導長官面前，那名指導長官威脅他們要輪暴我。我被內政部拘留了六個小時，接著被帶到軍情部門，再被拘留六個小時，這段期間他們把我的眼睛蒙起來審問我。在我被拘留的十二小時間，我要求他們為毆打導致的傷害提供醫療照顧，他

們拒絕了。等到我終於被釋放並回到自由廣場旁的飯店時，一位追蹤我的推特的女人說她可以帶我去醫院。醫院的放射線檢查顯示，鎮暴警察打斷了我左前臂和右手的骨頭。

我的兩隻手從手腕到肩膀都上了石膏，醫師告訴我石膏要維持六個禮拜，讓斷裂的地方能夠復原。從急診室出來後，我的幾個朋友帶我去吃飯，由於我的兩隻手都上了石膏，我連最簡單的動作都做不到，所以他們必須親手餵我並拿玻璃杯餵我喝水。

但我很幸運。我還活著——儘管骨折又被性侵害——而且被放出來了。如果我不是我的話，很有可能已經死了，或還被關在內政部裡。在鎮暴警察打我的過程中，我把智慧型手機弄丟了，也就是說我基本上和其他人失聯了好幾個小時。我被拘留在內政部的期間，一位我不認識的社運人士曾到內政部和警察協商。我請他幫我登入我的推特，當時我的帳號大約有五千名追蹤者。我發了推文：「被打，被逮捕，內政部。」我才剛發完推文，那位社運人士的手機就立刻沒電了。我後來才知道在我發完推文後，《衛報》和半島電視臺（Al Jazeera）立刻就報導了我的狀況和推文，美國國務院轉發我的推文，告訴我他們收到消息了，他們會找到我，接著在十五分鐘之內，「#釋放莫娜」（#FreeMona）的標籤傳遍了全球。

我的名聲救了我一命。如果我只是個默默無名的女人，我很有可能真的會被輪暴或殺掉。我在醫院治療過傷口後，便帶著我打了石膏的雙手與傷口的X光片，上了埃及最受歡迎的電視節目之一，描述警察是怎麼對待我的，也藉此揭露警察是怎麼對待抗爭者的。我也和來自世界各地的媒體記者陳述這件事。我特別強調我很有可能是因為「知名作家」這個身分，才倖免於其他不知名抗爭者遭受的可怕命運。

接下來就輪到「關注偵查大隊」登場囉。

有些人指控我「自己找上警察」，如此一來他們才會傷害我，如此一來我才能上電視。聽到這個觀點讓我覺得特別荒謬，因為我早就已經為了分享我針對一大堆議題的專家經驗而上電視好幾次了。在埃及發生革命的那十八天中，我上了許多電視與廣播節目，針對埃及的事件做出評論與分析。早在二〇一一年我就曾出現在媒體上，談論在歐洲與美國生活的穆斯林、沙烏地阿拉伯的女人權利，並在新聞上評論美國軍方在伊拉克戰爭中逮捕薩達姆・海珊（Saddam Hussein）、法國禁止蒙面，以及在丹麥報紙上出現了先知穆罕默德的卡通圖像後，言論自由應扮演什麼樣的角色等議題。我不需要為了上電視而讓自己忍受因為手臂骨折而必須動手術所帶來的痛苦。或許更糟的是有人指責我：**你獨占自己的傷口就是為了要成名**。那句話尤其讓我生氣，因為它提醒了我，你這麼做就是該死，不這麼做也是該死。女人常常不會在受到性侵害後報警，或許是因為羞愧或不被社會習俗接受，或許是因為我們報警時世界各地的警察都不會認真處理，有時就算他們真的認真處理了，強暴與性侵害案件的開庭審判、起訴或定罪的比例都很低。接著，我們又因為不說出自己受到性侵或等太久才講而受到譴責。開羅的一個女性主義組織告訴我，在我被打、性侵害與拘留的那場抗議中，至少還有十二名女性也受到了幾乎一模一樣的性侵害，但當時她們全都沒有提起自己遇到的事情，有些人是因為覺得羞恥，有些人則是因為家庭要她們保持沉默。然而當我在媒體上揭露了埃及政府的警察對我做的事，並提醒觀眾，那些特權與「名氣」沒我大的女人遭受的待遇更糟時——我在許多採訪中說過，如果我是個默默無名的、勞動階級的或貧困的埃及女人的話，我不知道自己會不會活下來——人們責罵我「獨占我的傷口就是為了要成名」。

我第二次被捕發生在二〇一二年九月的紐約，當時我對著一個在我看來充滿種族主義及伊斯蘭恐懼的反伊斯蘭廣告噴漆。廣告上寫著：「在文明人與野蠻人的戰爭中，支持文明人、支持以色列，擊敗回教聖戰。」[2]最讓我憤怒的是廣告把以色列描述成「文明的」選項，而反方的伊斯蘭則是「野蠻的」。我被拘留到隔天，受傳訊到法官面前，對方提議認罪協商，我拒絕了；接著我開始等待開庭，直到兩年後首席法官為了維護公義而撤銷指控。我的抗議是公民不服從的一種形式，我認為若想使我們的社會變得無法接受種族主義，公民不服從將會是必要之舉。我的抗議也是在提醒他人，當你在反抗父權主義用來捕捉你的觸角時，你可以利用你累積的名氣、平臺與關注作為籌碼與之抗衡。

在我對著紐約地鐵的廣告噴漆的幾天前，我得知該廣告的贊助商是一群被南方貧困法律中心（Southern Poverty Law Center）列為支持伊斯蘭恐懼症與種族主義的仇恨團體。我得知每一個廣告要價六千美元，還有，雖然運輸管理單位不想要在地鐵站張貼此廣告，但法官判定這些廣告是應受保護的言論。

有些人在推特等平臺上創造了立場相反的廣告，有些人則考慮要拿著立場相反的標語站在廣告旁邊抗議。我的思考脈絡如下：我沒有多餘的六千美元收入可以投資在立場相反的廣告上。那些種族主義團體口袋可真是深呢！我有的——這也可以說是我的「財富」——是我長期累積的關注，我覺得相較於特權較少的人，我有義務在抗爭時付出更多努力。舉例來說，我是美國公民，也就是說如果我在抗議時或任何時候被捕，我擁有的權利都多過於永久居民或無證移民。在廣告噴漆這次的逮捕中，我充分利用了我的特權。此外，由於我考慮到贊助該偏執廣告的是一個霸凌穆斯林的反穆斯林仇恨團體，也由於我是穆斯林後裔，所以我想要公眾看到我的反擊：尤其是以一個女性主義者的身分反擊，因為在媒體報導中，受到冒犯而抗議的穆斯林有太多都是男性了。我抗議那個廣告，是因為它的措辭令我怒火中燒，廣告裡給了兩個選擇，以色列和回教聖戰，這兩個我都不選，因為把「野蠻」和「文明」這兩個詞彙並排在一起的用法，根本就是老套的種族主義狗哨政治，專門用來對付原住民、黑人和所有白人至上主義者想要將之去人類化，以方便他們能合理暴力對待的人種。

但我不想要只是站在廣告旁邊，拿著立場相反的標語抗議。這麼做太彬彬有禮了。種族主義者和有偏見的人沒有禮貌可言，我拒絕在與他們對戰時保持禮貌。另外，我選擇在廣告上用粉紅色的噴漆噴出「種族主義」這個詞，藉此嘲弄粉紅色的象徵意義：人們因為這個顏色與女孩有關而誣衊它，人們認為這個顏色沒有威脅性，因此我想要在我的非暴力公民不服從中使用這個顏色。到最後，我只噴出了一團團的粉紅色，因為我在開始用噴漆的瞬間發現，這一大罐東西實在是太難控制了！

我被起訴的罪名是毀壞財物、塗鴉和持有塗鴉物品。我被指控是個「故意毀壞財物者」。種族主義與偏見心理的廣告被認為是應該受保護的言論，而我的抗議——我認為這應該也是受保護的言論——卻被認為是故意毀壞財物。我以我的抗議感到自豪，讓我重新選擇的話，我一樣會這麼做。有些人在大聲疾呼言論自由的同時，譴責我的抗議行動與其他人同樣針對該廣告進行的抗議與醜化行動，自從唐納．川普選上總統後，我們可以很明顯地看出，這批人拒絕承認白人至上主義與伊斯蘭恐懼症，是如何操控並武器化言論自由的重要性，藉此替他們自己的仇恨心態與偏執心理添柴加薪。保護言論自由很重要，但這些人把保護言論自由與保護他們的種族主義與偏執心理這兩件事混在一起了。我們必須抗議這件事，將之變成一件社會不接受的事。

我被釋放二十二個小時之後，父權主義立刻做出了回應。

有人指責我「想要」被逮捕以吸引關注。我的確想要被逮捕、我想要強調抗議種族主義的重要性，並讓種族主義變成社會無法接受的觀念。但當有人指控我是為了獲得媒體關注而「表演」塗鴉時，我忍不住哈哈大笑。再次重申，我不需要為了上電視而被捕。我原本就常在不同的媒體上接受採訪，有許多記者與編輯都很關注我在專欄與社群網站上說的話，也關注我透過文字或行動強調的各種議題。正如同我不需要讓警察把我打到手骨折來獲取關注或名聲一樣，我也不需要透過被逮捕獲得關注或名聲。

在我對著廣告噴漆時，剛巧有一家報紙的攝影組在地鐵站。他們拍下了我被逮捕的過程，影片立刻在網路上瘋傳開來。影片瘋傳的部分**原因**在於我原本就已經很有名了。而我很高興我是個有名的人，我想要全世界的人都知道有人正強烈反對那個充滿種族歧視與偏執心態的廣告，我不是唯一一個在那天因為抗議廣告而被捕的人。還有其他人因為撕下廣告或損傷廣告外觀而被短暫拘留（整個地鐵系統有好幾個同樣的廣告）。當我聽到來自美國各州與世界各地的人團結起來，並告訴我我的抗議與被捕讓他們受到啟發，讓他們願意用更大的聲量在公眾場合表達對種族歧視的反對時，我很高興我當時「為了獲得關注而這麼做」。

正如我在開羅遭受性侵害後，靠著我累積的關注救了自己一命，帶動了一陣要求釋放我的網路聲量一樣，關注也同樣在我在紐約市被捕後幫助了我。一位名叫史丹利．科恩（Stanley Cohen）的人支持我的抗議行動，他在之後兩年成為代表我的公益律師，直到該指控撤銷為止。科恩告訴我，他會來找我並在我被傳訊時成為我的律師，是因為占領運動（Occupy Movement）的幾個社運人士透過推特得知我被逮捕，他們把這件事告訴他，請他幫助我。我很感謝他的幫助，也很感謝他慷慨地貢獻時間，維護我抗議種族歧視與偏執心理的權利。科恩是一位資深社運人士，他很清楚在我們為各種原因抗爭時，獲得關注有多麼重要。

所以在我推動「#清真寺我也是」的標籤時，我一點也不意外人們又一次指責我「是為了獲得關注才這麼做」，我不和他們爭論這件事。我為什麼不該為了獲得關注而這麼做？我的主張很重要，它們值得受關注。

我會獲得比配額五分鐘還要多的關注時間。關注不會弄髒我想傳遞的訊息——關注讓這些訊息**能夠**傳遞出去。事實上，若我希望我的訊息能盡可能地擴及到最多聽眾的耳朵裡，我就必須擁有關注。身為作家與社運人士，我需要人們關注我的話語和我抗爭的動機。關注在開羅救了我一命——怎麼，父權主義，夠諷刺吧？在紐約市時，也是關注幫我獲得律師代表。父權主義，看招！

關注是獎賞、負擔、嘲笑、汙點、指控。關注是父權主義掛在女人面前的一根肉骨頭：如果我們想要太多關注，我們就是婊子，如果我們在父權主義要求我們必須被關注時不想要關注，父權將會偷偷跟蹤我們，然後用關注毆打我們。我們無論如何都不會贏。

因此，我們應該拒絕參與父權的這套遊戲。我們應該挑戰並顛覆父權主義對關注定下的規則。無論你是女政客、女模特兒、女小說家、女收銀員或女的任何身分，人們過於頻繁地認為女人一醒來之後，腦子裡就只裝著一件事：我要如何吸引其他人關注我？因此，想要貶低一名太＿＿＿的女性時（你可以自行填補空格：大聲、愛挑戰、叛逆、愛搞破壞），最快也最險惡的方法，就是指責她「是為了獲得關注才這麼做」。

我們可以看到，在二〇一七年，加州民主黨眾議員費德莉卡．威爾森（Frederica Wilson）說，總統唐納．川普告訴一位丈夫在尼日從軍並於出任務時身亡的寡婦：「他入伍時就知道有什麼風險了，但我猜你大概還是會難過啦。」這時關注偵查大隊——又名父權主義——的整套流程又熊熊燃燒起來。川普指控威爾森是在說謊。[3] 保守派媒體說威爾森是在

「迫切地尋求關注」。福斯新聞網則有一位心理學家發表了一篇評論，指責威爾森從以前到現在都在尋求關注。4

這種處理方式能達成許多目標。首先，此方法把目標放在處罰站出來發聲的女性，當我們在「尋求關注」且直接挑戰父權主義時尤其容易被當成目標。在這個事件中，威爾森揭露了總統的鐵石心腸。第二，此處理方法意在削弱我們原本的觀點：先是因為我們發聲而羞辱我們，接著削弱我們的知識權威。第三，因為威爾森是黑人女性，她被批判的力道會更猛烈。酷兒黑人女性主義者莫雅・貝利（Moya Bailey）創造了「厭黑女」（misogynoir）一詞，用來描述黑人女性同時是厭女情結與種族主義這兩種偏見的受害者。5 威爾森眾議員不只挑戰了父權主義，她也挑戰了白人至上主義，這兩種歧視同時體現在唐納・川普身上。

二〇一七年，實境電視節目明星暨模特兒安柏・羅斯（Amber Rose）在推特上發了一張照片，照片中她戴著太陽眼鏡、身穿比基尼上衣、一件大衣，此外什麼都沒穿，她用這張照片推廣她每年舉辦的安柏・羅斯蕩婦遊行慶典（SlutWalk Festival），該遊行的目的是提高社會對性別平等與性暴力的覺察。照片上傳後，英國電視名人皮爾斯・摩根（Piers Morgan）變成了有史以來最落入俗套的一位關注偵察探員。他對羅斯蕩婦羞辱（slut-shame），用推特寫道：「女人想要在生命中獲得成功的唯一方式，就是把自己的裸照上傳給數百萬個陌生人觀賞——沒有啦，才沒有真正的女性主義者這麼說過。」接著又對羅斯直男說教（mansplain）：「這不是女性主義。這是尋求關注主義（attentionseekingism）。」6

再次重申：一名白種男人自以為有責任要把一名黑人女性帶去她該去的位置，這名男人相信自己有權處罰那名女人，因為那名女人膽敢用她自己覺得適合的方式要求注意力，膽敢用挑戰他乃至挑戰父權主義認可的方式要求注意力。摩根的回應也提醒了我們蕩婦遊行為什麼會開始，以及為什麼女人在獲得了父權主義下令不准獲得的關注時必須被懲罰。二〇一一年，《多倫多星報》（*Toronto Star*）報導有一名多倫多警察說：「女人應該避免穿得像個蕩婦，這樣她們才不會變成受害人。」[7]

女人在「為了獲得關注（而做了某某行為）」時，非常容易被批評並被認為有罪，因為父權認為女人在二十四小時新聞循環裡，只隱含五分鐘的時間。

為了證明這段敘述為真，讓我們一起看看我們聽見的女人的聲音有多麼少。

二〇一七年女性媒體中心（Women's Media Center，ＷＭＣ）發表的報告顯示，在美國前二十名的新聞媒體中，女性記者報導的新聞數量一直低於男性記者。[8] ＷＭＣ在發表年度〈美國媒體女性現況〉（The Status of Women in the U.S. Media）報告時，一併公布了〈分割的二〇一七年〉（Divided 2017）統計資料，該資料指出電視界的性別差距特別顯而易見：在美國廣播公司、哥倫比亞廣播公司和美國國家廣播電視公司中，男人報導新聞的數量是女人的三倍。ＷＭＣ在二〇一六年連續監控新聞媒體三個月，他們發現女性的主播、現場記者與通訊記者的數量事實上比去年還要少，該組織在二〇一五年發表的數據是百分之三十二，二〇一六年則下跌到百分之二十五點二。ＷＭＣ的報導指出，傳統報紙、線上新聞與通訊社也同樣有性別差異。這些內容令人讀來心情沮喪。

廣播：整體而言，播報新聞的男性占比百分之七十四點八，女性占比百分之二十五點二。

報紙：整體而言，報導出版新聞的男性占比百分之六十一點九，女性占比百分之三十八點一。沒有一家出版媒體達到性別平等。

線上新聞：署名者為男性占比五十三點九。

通訊社：在兩家主要通訊社中，男性報導的新聞占比百分之六十二點四。女性報導的新聞占比百分之三十七點六。

我說的配額五分鐘真的不是在開玩笑啊！

電影業界的性別差異也同樣糟糕，無論是幕前幕後同樣如此。南加州大學安能堡傳播與報導學院（University of Southern California's Annenberg School Communication and Journalism）的一份研究，分析了二〇〇七年至二〇一七年之間獲利最高的一千一百部電影，發現女人、弱勢族群、LGBTQ社群與障礙者社群很少在大螢幕中被看見或聽見。[9] 根據《綜藝雜誌》（*Variety*）報導，更糟的是：「男人在電影中獲得開口說話的角色的機率比女人高兩倍，二〇〇九年在電影中開口說話的女性角色數量比二〇〇八年更低。」[10]

在安能堡的研究所調查的電影中，共有四萬八千七百五十七個角色，其中只有百分之三十點六是開口說話的女性角色，這些數據提醒了我們，父權主義是如何普遍地重男輕女。但讓我們看看在那段女性應有的五分鐘裡，當我們遇到種族、行為能力與性特質這幾個因子時，會發生什麼事：在百分之三十點六分配給女性開口說話的角色中，只有百分之二十九點三來自代表人數遠遠不夠的種族或民族，百分之二點五具有行為能力障礙，少於百分之一是LGBTQ社群的成員。

我們時時刻刻都必須認知到，父權主義總是和其他壓迫系統纏繞在一起，藉此創造出對它有利的階級制度並邊緣化特定族群。在二〇一七年的前百大電影中，有四十三部電影沒有黑人或非裔美國人女性角色，六十五部沒有亞洲人或亞裔美國人女性角色，六十四部電影沒有一個拉丁裔女人。[11]七十八部電影沒有出現行為能力障礙的女性角色，九十四部電影沒有一個女性的同性戀、雙性戀或跨性別角色。在關注的階級制度中，跨性別是邊緣化最嚴重、最少被看見的社群：根據安能堡的研究顯示，在二〇一四年至二〇一七年的四百部電影中，只有一個跨性別角色。

電影之所以無法反映現實中的多樣性，其中一個原因在於製作電影的人缺乏多樣性。安能堡針對二〇〇七年至二〇一七年收益最高的前一千一百部電影的研究顯示，他們調查的一千兩百二十三位導演中，只有百分之四點三是女性，只有百分之五點二是黑人或非裔美國人，只有百分之三點一是亞洲人或亞裔美國人。但我相信現實中的不平等現象絕對比那些數據顯示的更嚴重。

父權主義把關注當作獎賞，賞給那些它選定為值得的人：白人、瘦的人、順性別者、陰柔的人及身心健全者。在討論「關注」的時候，我們應該意識到這場遊戲中的獎勵層面。父權主義關注那些符合傳統美學標準的人。傳統會依據你所住的地區有所不同，舉例來說，全球各地有許多地方因為白種歐洲人殖民權力留下的殘存影響力，也因為好萊塢電影（如同安能堡的研究所討論的）在當代變得更盛行，白人至上主義得以使這些地區的人默認皮膚白才是對的，白人女性審美的歐洲中心論述遂成為主流。

反之亦然，父權主義掌握關注後，可以藉由不「給予」關注懲罰人。胖女人不能得到關注。女性化的女人可以得到關注。對跨性別的女人而言，關注既可以是獎勵，也可以是危及生命的威脅。跨性別女人必須承受「符合女性化」的壓力——她們要通過、要符合傳統定義的美麗，如此一來她們才能獲得「對的」那種關注、獲得仰慕作為獎賞，若她們無法符合傳統定義，她們將會獲得充滿質疑與暴力的關注作為懲罰。美國非白種跨性別女人的平均壽命是三十五歲。[12]跨性別女人「通過」的傳統審美標準越少，她們就會遭受越多暴力。根據父權主義與其順性別的審美標準，女人距離皮膚白皙與體型纖瘦越遠，她就越不「美麗」，也就越不值得關注。關注既是獎賞也是懲罰，父權主義就是這麼控制我們的。

如果我們不再等待父權主義依照它的標準，把關注賞賜給值得關注的人的話，這個世界會是什麼樣子呢？如果我們要求、掌握並創造關注，而不再等待父權「賞賜」關注給我們的話，世界會是什麼樣子？

再重申一次，一名女人所能做到的所有事情中，最具破壞性的一件就是在談論自己生命時，表現得像是你的生命真的很重要。因為事實上，你的生命就是重要的。我們必須以該破壞性為名，也必須為了挑戰父權主義，向世界大聲宣告：「我值得被關注」、「我要求被關注」以及「我的生命很重要，我的觀點很重要，它們值得被關注。」我們必須理解身為「關注婊」的重要性與力量。

用我們的故事掌握關注具有多少革命性？「要求關注」的力量是愛爾蘭女人在二〇一八年發動一場革命的主要動力，這種力量推動她們的國人投票廢止了愛爾蘭憲法中經過複決的第八修正案。這場成功的公投讓愛爾蘭的墮胎法改革有機會實踐，原本愛爾蘭的墮胎法規十分嚴格，每年都有許多女人因為愛爾蘭政府不允許她們墮胎而花錢到英國進行醫療墮胎，還有一些女人需要墮胎才能保住性命，但最後卻因為政府不允許而死亡。愛爾蘭的人民在投票廢止第八修正案的同時，也廢止了一九八三年加入的一條憲法，該法條認為「未出生的嬰兒」和懷孕的女人有同等的生命權。愛爾蘭國營的愛爾蘭廣播電視（Raidió Teilifís Éireann）所做的出口民調中有一個問題是：「哪一件事對你的投票有最大的影響？」

◆百分之四十三的人認為是他們在媒體上看到的女性個人經歷。

◆百分之三十四的人說是他們認識的人經歷過的事。

◆百分之十的人說是宣傳的海報和傳單。
◆百分之七的人認為是和公投推動人的面對面互動。
◆百分之二十四說是「其他因素」。13

換句話說，關注讓他們打贏了這一戰，關鍵在於相信女人的故事很重要並且值得關注，相信愛爾蘭女性的經歷值得他們的國家的關注。簡單來說：女人也算數。

說出「**我也算數。**」帶來的革命性力量，對於身為埃及人的我來說感受特別強烈。我的母國從一九五二年開始接受軍政府統治。沒有任何革命能在一夜之間成功，二〇一一年一月二十五日的那場革命也不例外。我認為埃及人發動該革命的其中一個影響因素，是年輕人比以前更有能力說出「我也算數。」——這是部落格與社群媒體帶來的好處。埃及的人民對政治、文化與經濟沒有任何決定權，這個國家嚴格箝制了言論與集會的自由，這裡的老人——這裡的老人讀做「老男人」——穿著軍服或便裝四處奔走，掌控一切，在這個國家說出「我也算數。」能帶給人民的是革命性的刺激。我並不是在說部落格或社群媒體是革命發生的原因，也不是在說這是個眾人誤稱為「臉書革命」的事件。革命需要勇氣、需要冒險，也需要我們實踐行動。被壓迫的人民需要認知到自己有權利存在，拒絕不公義與反抗暴政，他們需要認知到他們有能力這麼做，也有權利說出「我也算數，我值得更好的處境。」埃及的年輕人在部落格和社群媒體上說出這些話，並找到其他想法相近的人——那些說出「我也算數。」與「我值得更好的處境。」的人——他們尤其瞭解在埃及這個群體獲得的利益大過個體利益的環境中，他們這些個體具有何種力量。他們也發現了許多人一起說出「我也算數。」與「我值得更好的處境。」時帶出的集體力量。當個體與集體互相連接，準備好為了起義而冒險實踐行動時，革命便會自行現身。

我也是如此看待女性在要求並掌握注意力時會帶出的個體力量與集體力量。另一方面，這也正是為什麼女人對於「為了獲得關注而這麼做」感到羞愧的原因。父權主義很清楚「我也算數。」與「我值得更好的處境。」具有何種潛力。就像埃及的軍政府獨裁體制一樣，父權主義也很清楚當女人從彼此身上看見與學會「我也算數。」並因此團結一致時，會帶來多大的集體力量。

當我開始使用「#清真寺我也是」鼓勵穆斯林女性同胞分享她們在朝聖或清真寺的聖地時，遇到了哪些性侵害與性騷擾經驗時，關注偵察大隊立刻提高警覺。有些人說我不「值得」關注——說得好像被性侵害是恭維一樣——同時也有人告訴我，我之所以會討論我受到性侵害這件事是因為我想要關注。從**你是個說謊的醜婊子。哪有人會想要性侵害你啊？**迅速轉換到**你只是想吸引關注**，這就是典型的父權主義。

無論女人是在哪裡以何種方式受到性騷擾和性侵害，無論她是誰、穿什麼，無論她受到性侵害的地點是聖地或世俗場所，眾人都很有可能會說她只是想要吸引關注。說得好像敘述創傷能帶給我們一大堆好處、不朽的名聲和財富一樣，但事實上我們必須忍受的是：質疑、譴責、批判和攻訐。

父權主義壓迫我們的方式正如同以前軍政府統治埃及的方式，瞭解這一點能幫助我們確實看出用社群媒體代替主流媒體／傳統媒體背後的革命潛力。女人、非二元性別者和酷兒群體可以把社群媒體當作集體與個體的平臺，在上面說出「我也算數。」與「我值得被關注。」社群媒體也可以創造出適合的空間，讓女人與非二元性別者得以用前所未有的方式找到彼此。只要粗略地瀏覽在網路上掌握眾人關注的女人，我們就能清楚知道這對於父權主義來說是多大的叛逆，知道父權有能力把關注變成肉骨頭獎賞我們或懲罰我們。有些女人提出了過去不存在的言論，她們讓我們知道說出「照我的意願注意我」的重要性，這些女人馬上就會因為敢於說出「我也算數。」而被當作自戀狂大肆嘲笑，甚至有可能因此被懲罰。

二〇一八年，有四名知名的伊拉克女性在六週內被謀殺或在奇怪的情境中死亡——Instagram明星塔拉．法雷斯（Tara Fares）、女權社運人士蘇雅德．阿里（Su'ad al-Ali）、著名美妝師蘿沙．哈桑（Rasha al-Hassan）和整容醫師拉菲．亞斯利（Rafif al-Yassiri）。請特別注意她們的相似之處：**關注與美**。[14]

法雷斯在自己的車中被槍擊死亡後，她的朋友伊絲瑞．阿貝迪（Israa al-Obaidi）離開了伊拉克。阿貝迪是一名模特兒，也是Instagram用戶，根據德國之聲（Deutsche Welle）的報導，她因為「膽敢在保守國家引人注目」而受到了死亡威脅。[15]

「伊拉克的女人因為自由而成為目標。」阿貝迪告訴德國之聲。「有一些人不想讓女人自由發言、穿她們想穿的衣服和工作，因為我們現在變成了社會中的重要角色，我們的聲音被聽見了。」

伊拉克還沒有從二〇〇三年的美國侵略與後續戰爭造成的破壞中恢復，但無論是在戰爭時期或和平時期，無論政治系統與宗教信仰為何，這件事都清楚明瞭：父權主義無所不在。父權主義助長與保護的厭女情結在戰爭時顯得格外嚴重，人們以強暴與性暴力作為武器，將女人的身體變成了代理戰場，在戰爭中，人們設立「法律與秩序」的嚴峻規則，藉此控制戰爭與衝突帶來的混亂，而受這些規則影響最深的往往都是女人。這四名伊拉克女性之所以會被當成目標並被懲罰，是因為她們膽敢掌控關注並相信「我也算數」，若其他女人也想要做出這種事，看看這四名女人就會知道她們將有何下場。我們可以從這四名女性被殺的事件中看出，掌控關注的女人對父權主義來說具有多大的威脅。

法雷斯的謀殺案非常容易讓人聯想到二〇一六年被謀殺的巴基斯坦社群媒體明星坎迪爾・巴洛琪（Qandeel Baloch）。這位二十六歲名人的弟弟，公開承認他很「自豪」他下藥並勒死了巴洛琪。[16]很顯然地，他不喜歡巴洛琪因為名氣而獲得關注，不過諷刺的是，他卻對自己在承認殺死姐姐之後獲得的媒體關注甘之如飴。這是一種關注，那也是一種關注。

法新社（Agence France Presse，AFP）的巴基斯坦通訊記者伊薩姆・艾哈邁德（Issam Ahmed）對坎迪爾表達了深切的敬意，他精準描述了坎迪爾的高調行為背後的顛覆性與危險性，他寫道：「我們可以看到坎迪爾做的事是與眾不同的：她不是在尋找鎂光燈的焦點，她是掌握了焦點，並將所有焦點都轉向巴基斯坦。」[17]

這就是掌握關注能帶來的革命性力量。沒錯，你可能會因此被殺，因為這件事深深威脅了父權主義控制你的權利。暫且不論巴基斯坦在女權方面有哪些進步，其中包括他們曾有過一位遇刺身亡的女總理班娜姬・布托（Benazir Bhutto）——再次重申，這就是掌控注意力的女人付出的代價——艾哈邁德寫道：「這種似乎朝著性別平等前進的進展，掩蓋了**男人正試圖徹底控制一切，而女人每天都被迫忍受這些控制，從她們如何穿衣與說話，到她們何時能進入公共場所與專業領域**。（粗體為本書作者加註）」艾哈邁德的文字幾乎完全吻合伊絲瑞・阿貝迪在談論伊拉克知名女性成為目標時的言論。掌握關注再將之完全轉向巴基斯坦或伊拉克或任何地方，這件事有何意義？這件事的意義在於揭露父權主義的偽善，讓人們看見父權主義決定了誰可以和誰不可以要求關注。

為什麼像坎迪爾這種掌握關注的女人代表的革命意義如此巨大，以至於連她們的支持者與看似理所當然的盟友都要批評與貶低她們？艾哈邁德注意到，有些巴基斯坦的自由主義者把坎迪爾歸類為「追求關注的大牌女人」，因為他們認為坎迪爾「太過脫離正常行為，以至於這些可笑的行為毫無意義，只對她自己有利。」坎迪爾過去時常談起她聽一些巴基斯坦的年輕女人說受到了她的鼓勵，所以這些人說的「只對她自己有利」到底是什麼意思？為什麼女人必須為了讓他人認為她值得長期累積的關注，而完全符合她生活環境能接受的正常規範？毫無疑問地，那些「自由主義者」是在滔滔不絕地宣揚父權主義路線，把關注分散到父權認為值得獲得關注獎賞的女人身上。

我同意艾哈邁德的論述：「在巴基斯坦的真實生活中，〔坎迪爾〕願意擁抱性特質並挑戰社會常規這件事是一種大膽、強烈的政治宣言。」沒錯，我認為如果你的「社群」已經準備好接納你的話，那就代表你已經太遲了！坎迪爾的革命潛力就是這麼單純，正如艾哈邁德所寫的：「一種高聲疾呼、自豪又挑釁的女性主義，它從不徵詢任何人的同意。」這就是使她成為威脅的原因，正是這種威脅促使她弟弟如此驕傲地勒死她。

坎迪爾．巴洛琪體現了在對抗父權主義的戰爭中獲取關注的重要性與危險性。過去有很長一段時間（在許多地方至今依然如此），男人說話時，我們只能聆聽，我們沒有能力也沒有平臺能回嘴。如今我們能夠回嘴，也有平臺能回嘴了。坎迪爾．巴洛琪的弟弟在她上傳了她與一位伊斯蘭教資深神職人員的自拍之後，馬上就把她給殺了，那張自拍照激起媒體的瘋狂炒作，導致那名神職人員丟掉公職。根據伊薩姆．艾哈邁德的描述，坎迪爾上傳那張她戴著神職人員帽子的自拍照，是在用她的方法「嘲弄那名神職人員的偽善，同時嘲弄整個巴基斯坦的神職人員的偽善。」

「他是伊斯蘭這個名稱上的一個汙點。他憑什麼自稱為信仰的守護者？」坎迪爾曾這麼對艾哈邁德形容那名神職人員。

根據CNN的報導，坎迪爾的弟弟說，這些自拍照引起的特殊爭議，激怒了他們家附近的保守農村社群，「這件事結束了，」他說道，「我在她和穆夫提（mufti）❻爆出那個醜聞時就計畫好了，一直在等適當時機。」[18]媒體的炒作導致社會大眾揭露了坎迪爾・巴洛琪的真名，她們家庭的社群因而要求她的弟弟做出反應，換句話說就是讓她噤聲。

說出「我也算數。」很危險，嘲弄父權主義指定的守護者的重要性也很危險。坎迪爾「沒有意識到她越線了」，巴基斯坦搖滾樂團巴布醬（Bumbu Sauce）的主唱謝里亞爾・穆夫提（Shehryar Mufti）告訴《衛報》。「挑戰社會或父權主義這一類的抽象概念是一回事，把政府背書的一名神職人員稱做徹頭徹尾的卑劣之人又完全是另外一回事了。」[19]

這條「線」在哪裡？又是誰畫出來的？在女人對抗社群的競爭中，人們常使用關注對付婦女並維持社群的權力。如果她掌握太多關注，她一定會被帶回線的後方。如果她說了社群認為是「錯誤」或「危險」的話語，她就必須被拉回來。所謂的社群是什麼？社群代表的是誰的利益？

太多時候，「社群」都等同於男人與父權主義特權，太多時候，社群中自封為領導人的男性也正是那群決定哪些行為「太超過」的人。「社群」這個字詞與其背後的概念，非常類似「文化」這個字詞與其背後的概念。這兩件事都是統治眾人——請把眾人讀做「女人」——的流行手段，社會用這種手段告訴眾人，他們絕不可以這麼做或那麼做，因為這是「文

❻ 精通回教法典的學者。

化」的一部分，又或者因為這是「社群」的想法。是誰在決定何謂文化？是誰在為社群發話？答案是男人**與**男人。這是最簡單的答案。更複雜一點的答案是男人**與**男人與社會建構（social construct），社會建構是一種系統——一種父權——它能賦予男人權力並保護男人，同時在社會化女人的過程中使女人吸收父權的命令，把父權當作文化與社群全心接納。如果女人創造了文化與社群，他們將指責我們「太超過了」。

我們必須保護被視為社群離群值的那些人，因為社群把這些人棄置於邊緣地帶，而革命只可能起始於邊緣地帶。革命不會起始於中間地帶。中間地帶太舒適，也投入太多資源在現況中了。中間地帶處於父權主義的完全控制下，父權主義用它的壓迫觸角加固了這種控制。這就是為什麼關注對於那些處在邊緣的人來說很重要，我們必須反抗「社群」想使我們全都保持一致的努力。父權主義堅稱坎迪爾的下場是一個教訓，藉此重申它有權處罰那些不值得關注卻又獲得關注的人。坎迪爾·巴洛琪的死是一個可怕的提醒，讓我們不要忘記那些膽敢掌握關注的人付出了什麼代價。為了向她致敬，我們必須掌握關注，將之當作我們對抗父權主義的革命武器之一。它教導我們的是假謙遜。我們必須用挑戰的態度宣告我們值得關注。我們必須知道父權主義在使用這種虛假的稀缺性讓我們彼此鬥爭。擁有平臺的女人必須替那些沒有平臺的女人增加流量。我們必須理解父權主義一直在使我們互相鬥爭，我們必須抵抗它為了毀滅「關注婊」而進行的鞭撻。**我們必須全都成為關注婊**。

自我表現對於那些被父權主義邊緣化的人來說很重要：胖女人、跨性別女人、行為能力障礙女人、非二元性別者以及酷兒社群，父權總是以視而不見來懲罰他們。父權主義認為所有女人都不值得受關注。

維姬．托瓦爾在她的著作《你有權利保持肥胖》中提醒我們，父權主義主要使用的審美標準控制了女人的體型，並藉此控制她們的人生。父權把關注賞賜給那些他視為「美麗」的人，同時處罰那些他視為不值得關注卻又獲得關注的人。[20]

「在成長的過程中，我花了好多年被同儕教導何謂肥胖恐懼症，接著又讓媒體摧毀了我的自我感知。」托瓦爾寫道。

在我耀眼又愚蠢的個性背後，其實我只是渴望再也不會感覺自己是個局外人。我最棒的特質就是怪異、專橫、戲劇化又好奇。但這些特質會引來注意，而注意代表的就是情感上的危險。我只是一個受過傷害、不斷尋求認可的女孩，絲毫不覺得自己擁有何種魔法。有太多和我同齡的男孩教導我，我是個一文不值的人。理由是他們覺得我並不誘人，他們認為這是一種應該被懲罰的冒犯行徑。

自問你沒有注意到哪些人，接著去理解為什麼你沒有注意到他們，最後去理解關注對他們來說有多重要。我們可以用關注武裝自己，對抗父權主義想強加在我們身上的視而不見。社群媒體變成了這場戰爭的平臺，有跨性別女人與男人用帳號分享他們的經歷，有肥胖的社運人士擁護女人正向地把身體當作工具，去對抗自己遇到的壓迫，特別是要她們向纖瘦屈服的壓迫，這些社運人士也反抗父權主義獎賞某些身體並懲罰其他身體的方法。她們很流行的一個句子是「操你媽的審美標準」（effyourbeautystandards）。用這種方式爭取注意代表什麼意義？在父權主義認為你不應該被看見時說出「看著我」代表什麼意義？代表我們讓父權主義的權力變得毫無意義。我們不需要父權主義的祝福，我們原本的樣子就值得關注，我們本來就應該得到關注。

在埃及鎮暴警察打斷了我的左手臂和右手之後，我因為想被看見，所以把頭髮染成紅色。我想要說：「操你媽的，你沒有殺掉我！我還在這裡，我不怕，我不躲起來，你不可能忽視這頭紅髮。」接著我從紐約市搬回開羅。一位朋友建議我染回黑髮，這樣我在開羅才不會那麼顯眼，但這正是我想要達到的目標：變得顯眼。

十六歲時，我因為想要自由而發誓要成為記者。我的家庭在一九八二年從英國搬到沙烏地阿拉伯，我覺得自己好像被關進了牢裡，罪名是身為青少女，刑罰是終生監禁。我相信成為記者是逃脫的方法。記者的行動範圍很廣，記者的生活一定會跟我在埃及吉達的苦難生活完全相反。

我遵守了自己的誓言。我的確成為記者。在十年的期間，我在埃及、利比亞、敘利亞、沙烏地阿拉伯、以色列、巴勒斯坦和中國做過報導。我很驕傲我在無數個媒體上發表過的各種報導。但當我在二〇〇〇年搬到美國時，報導這個工作已經沒有我在十六歲時想的那麼廣闊了。在二〇〇一年九月十一日的攻擊之後，眾人都在談論穆斯林，但只有極少數——甚至可能完全沒有——穆斯林女人為自己發聲，我對於報導別人的觀點比較不感興趣，我想要把我的觀點告訴世界——我想要使用「我」這個字。因此，我發誓要成為社論作家。

我遵守了自己的誓言。我在評論專欄中開始說出「我」之後，很快地再次面臨一場（象徵性的）審判，我被指控的雙重罪名是膽大妄為到覺得「我」也算數，以及「我」值得擁有意見。我有罪是因為我是女性作家，被判處終身背負著最簡便好用的女性專屬稱號：尋求關注的女人。若在女人受審判期間，關注偵察大隊的心情特別充滿詩意的話，稱號就會變成「關注婊」。

在我的每週專欄中說出「我」代表我必須被懲罰。過去我也曾害怕新聞網站上的網友評論。他們常指控我是找「男朋友」來指導我的專欄或替我寫專欄的，因為，誰能想像得到會有女人說出「我也算數」呢？

想要成為女性主義者，你必須擁有強韌的自我。你心中必須充滿巨大的信念，相信自己有權被看見與被聽見，如此一來你才能成為對抗父權主義的戰士——因為這是一場戰爭。父權主義解除了我們的武裝，使我們無法為這場戰爭做好準備，最有效的方式之一就是奪走我們獲得關注的權利：掌握關注、要求關注、控制關注。父權主義把我們稱做「關注婊」，想要用「婊」這個字嚇唬我們，讓我們成為假謙遜的人。「我是個婊子。」好了，我說出口了。說吧，接著掌握關注。

第三章

粗話

罵髒話具有力量，代表能隨心所欲地使用語言。

山姆大叔（Uncle Sam，US），我想知道你把我們那些操你的稅金拿去幹嘛了……因為我來自紐約，那裡的街道從沒乾淨過。我們被票選為全美國最髒的城市，一直到現在那些該死的火車上都還有老鼠。我很清楚你沒有把錢花在該死的監獄裡，因為你們在頭五個月大概只給X鬼兩件內衣和一件連身囚服……你到底把我們那些操你的錢搞到哪裡去了？我想要知道答案，我想要發票，我想要所有東西。

——卡蒂・B（Cardi B）[1]

我的名字是莫娜・艾塔哈維，我要在此說出我的信仰宣言：我操你的父權主義。

無論何時，只要我站上演講臺演講，我都會用這段信仰宣言作開頭。無論我是在巴基斯坦拉合爾的專題討論上對著一千名聽眾討論女性主義；在愛爾蘭都柏林和社運人士與政客一起參加高峰會，努力終結針對女人與孩子的暴力；在南非約翰尼斯堡舉辦的多世代南非女性主義者之夜中的其中一個段落站上臺；或者是在美國紐約市的餐會上對著醫學院的學生說話，我的宣言從來都沒有改變。

我大可以說「瓦解父權主義」、「擊敗父權主義」，或使用其他好幾種足以傳遞急迫性的動詞，但我沒有那麼做。我是個作家，我知道語言如何運作。我知道聽眾——以及讀者——會對我使用的語言產生何種反應。我確確實實知道我在做什麼。而我說「我操你的父權主義」，是因為我是個女人，是個有色人種女人，是個穆斯林女人，而我不應該說「操」。

在我的經驗中，幾乎沒有任何事物的力量能比得上一名站在講臺上的女性，絲毫不帶歉意地說出髒話了。因為過去根本沒有多少女人——更不用說有色人種女人或穆斯林女人或勞動階級女人等等——曾被邀請到講臺上。在那些上了講臺的女人中，又有多少個在開始說話時依然表現得好像她們在請求批准？我已經數不清多少次在專題討論時，聽見女人在開場白時說得好像我們有權說話是個無理的要求，好像我們的貢獻是一種負擔，好像我們的想法必須排在第二或第三，甚至在我們正討論的話題中也是如此。你聽過多少次有女人用「我不是這個領域的專家，但是……」這段話來忽視或貶低自己評論的權利？你聽過多少次女人在說話時被打斷、插話或代為發言？

我們必須認知到，父權主義用無所不在的各種方法把女人社會化成喜歡縮小自己——體型方面與智力方面皆然——並且延伸到語言方面，控制我們可以與不可以說什麼。這不只是在爭奪發言時間。這不只是管制女人的自我。這是在管制女人的語言。

這種管制的核心，有一個概念像是守衛一樣舉著警棍，隨時準備要痛打我們，這個概念看起來簡單得不可思議：禮貌。

唐納・川普當選時，許多白種美國人被迫意識到他們過去不知道——自願性不知道或無知性不知道——的真相。他之所以會當選，種族主義絕對是不可否認的推力，但依然有分析師與專家堅持他當選是因為「痛苦的勞動階級」（這句話意指：白人勞動階級）以及「經濟焦慮」，說得好像勞動階級的有色人種對於痛苦和經濟焦慮都免疫一樣。許多白種美國人宣稱：「我認識的美國不是這樣」，他們會這麼說正是因為他們過去一直拒絕或從來沒有面對過種族主義，而川普在表達種族主義與偏執心理時毫無羞恥心的態度，終於迫使其中部分美國人看清這件事。我們這些不是白人又經歷過嚴重種族主義的人老早就認識這個美國了。否認和煤氣燈操縱——後者是一種心理暴力，目標是讓人懷疑自己的想法、信念和觀點——都火力全開。與此同時，電視上的發言人、政客、媒體和其他人，不斷努力責怪種族主義以外的一切事物導致川普在民調成功。此外，我們這些堅持不用各種婉轉用語稱呼種族主義的人還被他們強烈要求我們不能稱呼種族主義者是種族主義者，他們教育我們在和川普的支持者爭論時要有禮貌。為了團結、言論自由與康復，禮貌變成了一件至高無上的事情。對於任何一種禮貌的迷戀有時甚至超越了黨派，民主黨女國會議員南希．波洛西（Nancy Pelosi）與共和黨男國會議員史帝夫．史卡利斯（Steve Scalise）——兩人都是白人——曾一起批評民主黨的黑人女國會議員瑪克辛．沃特斯（Maxine Waters），因為她鼓勵支持者只要在公眾場合看到川普的行政官員就進行抗議。2

但禮貌對誰來講是至高無上的？禮貌服務的對象是誰？

種族主義並不禮貌，種族主義沒有禮數。但這裡依然有一群人異口同聲地堅持我們在討論川普和他的支持者時要有禮貌。這群異口同聲堅持大家要有禮貌的人當然是白人。因為對於沒有經歷過種族主義的白人來說，種族主義只是一個可以用來辯論的概念、理論、構想，而不是一個我們必須忍受並在其中倖存的現實，我操。

那些堅持我們要在面對極端對立方時要有禮貌的人，鮮少受到川普所代表的不禮貌所影響。他們擁有的權力大過我們多數人。我們必須認知到我們並不是在一個平等的環境下彼此對抗。當我面對的人拒絕承認我具有完整人性時，我拒絕以禮相待。

指出種族主義的不禮貌之處，向來比指出父權主義的不禮貌之處要簡單得多。只有那些不被川普時代的嚴重種族主義影響的人，才有餘裕擁有禮貌這種東西，同樣的道理，只有那些不被父權主義影響的人才有同樣的餘裕擁有這種禮貌。當我面對的人或事物拒絕承認女人或女孩具有完整人性時，我也拒絕以禮相待。這是一場戰爭。為了達到這個目的，粗話帶來的震驚與冒犯效果都是必需的，也是重要的。

汙穢的、可恥的、下流的、粗俗的。你若膽敢惹掌權者與其啟蒙者不高興，他們就會用上述這些字詞形容你——就算是他們邀請你這麼做的也一樣。

以喜劇演員蜜雪兒・沃爾夫（Michelle Wolf）為例，她在二〇一八年四月受邀至白宮記者晚宴擔任主持人與表演者，並在晚宴上針對華府政客與媒體進行了跨黨派的嚴厲批判。（值得注意的是，臉皮薄到惡名昭彰的川普總統沒有參加。）她用了一些髒話替自己的演說增添滋味，也提及了性行為與生殖器，之後那些理應沉迷於言論自由的保守派與理應支持言論自由的記者都覺得心理不舒服，他們一起批判了沃爾夫一番。他們的偽善行徑顯而易見。

「我有時候覺得他們在看著女人時心裡想的是：『喔，她一定很親切。』如果你看過我的任何一齣喜劇的話，你就會知道我不親切——一點也不。」沃爾夫在那次晚宴後告訴美國公共廣播電台（National Public Radio，NPR）。[3]「我覺得他們至今依然對女人在他們面前會如何表現有一個先入為主的印象，而我不符合那個印象。」

在川普——這名徹底踐踏了「禮貌」此一概念的男人——擔任總統的年代，人們依然期待女人表現得彬彬有禮、嫻靜莊重，這種期待充滿啟發性。其中一種批評聲浪指出她並不符合晚宴參與者的胃口：「她知道她的演說——至少一部分的演說——很可能會激起晚宴參與者的不滿。會在說出口後引起大量爭議。**這才是重點。**」CNN特約編輯克利斯・契利薩（Chris Cillizza）寫道。[4]

在這個時代，「抵抗」（resistance）這個字詞受到審查與閹割，而「粗俗」的沃爾夫很清楚文字的力量，她運用文字一拳擊倒了那些習慣於舒適生活的群眾。正如契利薩所說：「她想在晚宴上引爆一顆汽油彈，也確實做到了。而且她一點也不覺得抱歉。」

這就是粗話的力量——也是為什麼拒絕避免粗話對女人來講很重要的原因。

川普曾吹噓說他的名氣讓他可以「抓〔女人的〕屄」。他用過很多字眼描述女人，那些女人包括了記者、政壇對手或電視主持人。他竭盡所能地用「禮貌」的相反態度對待黑人女性，在一個黑人女性受暴力影響的比例過高、醫療疏失格外容易使黑人女性受到傷害的國家，川普表現出直接明瞭的厭黑女症。[5]直至今日還有人期待女人的表現應該要符合眾人的胃口，真是令人大驚失色呢。

粗話是瓦解父權主義與其規則的必要工具，粗話是一種語言上的公民不服從。談到運用話語瓦解父權當權者這件事，鮮少有人能及得上烏干達學者暨女性主義者史黛拉・尼安琪（Stella Nyanzi），她是馬凱雷雷大學（Makerere University）的流行病學者，具有性與酷兒研究的哲學博士學位。她很清楚文字具有何種彈性，也很清楚文字有能力摧毀掌權者與其運用財富和特權交織成的網絡。她說自己是「酷兒歡笑主義者」（queer laughist），根據《衛報》的報導，她在一個將同性戀視為違法的國家捍衛LGBTQ的權益，該國的第一夫人——人稱珍妮特媽媽（Mama Janet）——「被指控和極端美國福音派基督徒合作，在烏干達散布恐同訊息，而她宣稱自己這麼做只是因為她受到神的指派。」[6]

尼安琪這位社運人士會到學校教導女孩與男孩如何使用月經衛生產品，根據非政府組織「發展非洲」（Build Africa）的計算，烏干達至少有百分之三十的女孩在月經來時缺課。[7]衛生棉在烏干達是進口產品，對許多家庭而言都太過昂貴。發展非洲所說的那些女孩中，有百分之九十的女孩都說她們在生理期間用布條當作衛生棉。

身為女性主義者，尼安琪曾為了她任職的大學結束她的職缺而裸體抗議，她在一個眾人期待女性要「溫柔又安靜」的國家裡公開談論性，記者芭芭拉·亞蒙格（Barbara Among）告訴加拿大《環球郵報》（*Globe and Mail*），在烏干達，她們只能和母親或阿姨討論性與月經。[8]

換句話說，尼安琪是為了受父權主義傷害最重的人，策略性地使用粗話打擊父權主義。一九八六年開始執政至今的烏干達總統約韋里·穆塞維尼（Yoweri Museveni）沒有實現他的其中一個選舉承諾：提供衛生棉給烏干達的女學生。當時尼安琪在臉書上針對這件事寫道：「這是屁股才會做的事：屁股會顫抖、搖晃、拉屎和放屁。穆塞維尼就是個屁股……烏干達人應該要震驚於我們竟然允許這個屁股繼續領導我們的國家。」[9]

直至當時為止，「屁股」應該是她用來汙辱穆塞維尼的所有字眼中最不具有咒罵意涵的一個字了，但她在二〇一七年卻被關進了戒備森嚴的監獄中五個禮拜，表面上的原因正是那則貼文。然而，許多人懷疑她之所以會被關進監獄其實比較可能是因為她批評了「珍妮特媽媽」，也就是本名珍妮特·卡塔哈·穆塞維尼（Janet Kataaha Museveni）的第一夫人，珍妮特媽媽在國會上以教育部部長這個身分——這是她丈夫給她的職位——說國家沒有錢買月經衛生用品。

「和這個女人一起睡的男人有錢可以買數百萬發子彈、有錢進行金額數十億的賄賂，也有錢往投票箱裡塞進多不勝數的選票，但這個女人卻沒辦法要求他為了可憐的女學生，把衛生棉排在預算的優先項目，這女人的心腸到底有多惡毒？」尼安琪在臉書上發問。10

尼安琪是英雄。她堅持要靠著清楚明確地談論社會禁忌的主題——可以是總統的屁股、性、性特質、酷兒性——來違反父權主義制訂的規則，全世界都應該要以她的堅持作為研究主題開設深造班，教導女孩如何拒絕遵守「禮貌」的規範。說到底，這些規範到底是誰制訂的呢？

「烏干達被英國殖名與基督教化……我們從小就被教導要成為好女孩，面對權威者要有教養、有禮貌、說好聽話。這裡的女人不該被聽見，她們閉上嘴巴、不說話，她們應該要打扮得漂漂亮亮給人家看。」尼安琪在二〇一七年對《環球郵報》完美地解釋了「禮貌」的由來，以及為什麼在顛覆「禮貌」這個父權基座時，粗話會是個有力的工具。11

在英國與其他帝國的殖民影響下，被殖民者被迫接受白種人的基督教價值——這套狹隘的價值告訴我們哪些事是「得體」與「值得尊重」的，哪些則否。受殖民的烏干達社運人士表現出來的「激進粗魯行徑」完全違反了這套價值。

在《社會歷史期刊》（*Journal of Social Uganda*）的一篇文章中，歷史學家卡蘿・夏默斯

（Carol Summers）解釋了在一九四〇年代受殖民的阿根廷（尤其在布干達王國〔Kingdom of Buganda〕），社運人士如何透過「辱罵、惡意不實報導、分裂和混亂狀態等粗魯的、公開的知名策略，打破了一貫的殖民友誼、合作與互惠關係。」他們挑戰、反抗並瓦解了統治權——包括英國殖民者的統治權與殖民者當地盟軍的統治權。12

是誰定義了什麼叫做「禮貌」，什麼又叫做「粗魯」？誰會因為維持這些社會規範而獲利？一九四〇年代的答案是英國殖民者——也就是那個年代的男性權威者——以及他們推動的權力網。

若我們想把尼安琪刻意使用的粗話拿來烏干達的歷史脈絡中做比對——若我們想瞭解粗魯在過去與現在具有何種破壞力——我們必須特別留意，之所以「混亂、激進又惹人厭的」烏干達叛軍所表現的粗魯行徑「不只是青少年的不成熟舉動」，而是因為這些行為「根植於眾人對社會習俗背後意涵的理解，他們建立了一套破壞習俗的策略，致力於建立新的公共社會式行為，取代過去的精英式私人網絡。」

換句話說，我們必須瞭解那些人是如何運用禮貌、端莊、規矩與類似的事物支撐權威——父權主義、白人特質與其他形式的特權——並瞭解他們之所以迫使我們變成順從的人，是因為這就是他們維護權威的手段。無論我們是被迫對種族主義禮貌或是對父權主義禮貌，這兩件事的目的都是一樣的：維護種族主義的權力，維護父權主義的權力。

讓我們暫停一分鐘，反思一下：一名女人和她的臉書貼文怎麼會威脅到一個當政了三十多年的男人呢？

鮮少會有實力強大的棘手敵人把這麼大量的反對意見，集中在關心人口結構中被忽視得最嚴重的群體上：她關心的是女孩的福祉，尤其是貧困的女孩。世界各地的貧困女孩都正因為月經而缺課。聯合國兒童基金會（The United Nations Children's Fund，UNICEF）更進一步指出，根據估算，烏干達約有百分之六十的女孩，因為學校沒有廁所和盥洗設施能幫助她們處理經期而缺課，援助機構國際培幼會（Plan International）則表示，烏干達有數百名女孩在開始出現月經後，父母便不再讓她們上學，並因此進入兒童婚姻。[13]很顯然地，這並不是只有烏干達才會出現的問題，但尼安琪決定先從她所在的國家開始抗爭。

根據《衛報》報導，尼安琪一開始因為她的數則臉書貼文而被犯罪偵察局傳喚時，她要求支持者和她一起去，也請她們帶著要寄給烏干達女孩的衛生棉。[14]尼安琪在調查官員的面前，在一個本應只能悄聲談論月經的國家中，反叛地發起了「衛生棉給烏干達女孩」（Pads4GirlsUG）的群眾募資活動，她希望能藉此募集足夠資金為一百萬名女孩提供衛生棉。來自烏干達國內與國外的捐款，使募資在兩週後達到目標金額。在募資結束後，尼安琪在在二〇一七年四月被逮捕並關進監獄，主因不只是她在兩個月前於臉書上傳了那篇「一個屁股」的貼文。或許尼安琪會被如此處罰的另一部分原因，在於她填補了國家遺漏的缺口。威權主義者堅持唯有他們可以提供資源給貧困人口，就算他們已經宣布沒有足夠的錢可以提供他們原本承諾的資源，就算那些威權主義者可以享受他們累積了三十多年的財富，就算他們拒絕其他人在政治或經濟上提供不同的解決方法，無論如何，能夠提供資源的都只有威權主義者。不管怎麼說，尼安琪顯然是因為她在語言與行為上的「粗魯」而受到嚴厲懲罰。

人權觀察組織非洲分部的副部長瑪莉亞．伯奈特（Maria Burnett）表示，穆塞維尼想要懲罰尼安琪，進而威脅她的支持者，穆塞維尼已經被恐同症與威權主義給團團困住了。「毫無疑問地，他們用這種手法逮捕她是為了嚇唬她、她的家人和支持她的社群，這些支持者大部分來自烏干達人權、女人與LGBTI❼社會運動。」15

政府依照二〇一一年電腦使用不當法案起訴尼安琪「冒犯性傳播」以及對總統進行「網路騷擾」。她向法庭申辯無罪，但法官駁回保釋，判處她要在戒備森嚴的監獄裡關滿五週的刑期。

雖然尼安琪的行為激進又粗魯，但她堅信法官與法庭都會理解她的言行舉止。她有一位朋友是知名的烏干達LGBT社運人士，名叫卡紗．賈桂林．納巴傑瑟拉（Kasha Jacqueline Nabagesera），她在臉書上貼文說尼安琪告訴法官：「冒犯性傳播？是誰被冒犯？烏干達還要因為恐懼而保持沉默多久？我是學者、詩人、作家，我用寫作比喻。我曾經說過總統是個無能者、強暴犯、一個悲哀的屁股。他對選民謊稱他會提供衛生棉，烏干達人才應該因為他是

❼以雙性人（intersex）置換LGBTQ中的酷兒（queer）。

如此沒有信譽的人而受到冒犯。被冒犯的是我們，不是他。」16

她在二〇一七年被逮捕後保釋出獄，烏干達檢察官依據一套幾乎已經沒人使用的殖民時期法規，堅持要尼安琪接受精神測試——他們這麼做當然是因為只有瘋女人才膽敢用這種方式羞辱總統。「他們只是想要宣布她是個白癡，這麼一來，他們就可以將原本合法的表達形式無效化，再把她送進精神病院。」尼安琪的律師暨人權自由非政府組織「第四章烏干達」（Chapter Four Uganda）的領導人尼可拉斯・阿皮尤（Nicholas Opiyo）說道。17

到底是什麼東西讓穆塞維尼覺得受到這麼大的威脅？為什麼尼安琪的臉書貼文和她針對珍妮特媽媽的惱人發言會如此困擾穆塞維尼？

「在過去，穆塞維尼的主要對手通常都是當屆政府、武裝叛軍或躲在匿名帳戶後面的社群媒體社運人士，還有一些在選舉期間向他提出挑戰的政客同儕。」哈蓋伊・馬茲科（Haggai Matsiko）寫道。18「絕大多數是男人，而且穆塞維尼每次都能靠著他牢牢掌握的國家資源勝過那些人使用的武器。」

但這時尼安琪出現了，她告訴《環球郵報》，語言是她在非暴力抗爭時使用的「軟彈藥」。「我們還有其他手段能選擇嗎？」尼安琪問道，「我們沒有槍械也沒有錢。但我依然可以寫作、思考、汙辱和謾罵。」19

獨裁者、男性權威者和父權主義都要求順從、藐視破壞，並特別容易被無禮惹怒。事實上，他們認為所有與究責相關的要求都是一種沒禮貌的行為。我們怎麼膽敢質疑他們？我們怎麼膽敢期待公義？我們怎麼膽敢不顫抖、不害怕，膽敢表現出其他情緒？我們怎麼膽敢因為任何理由告訴他們：我操你的滾開？我們沒有義務尊敬掌權者。尼安琪怎麼膽敢指出一名獨裁者為了吸引窮困者的選票，而在競選期間開出空頭支票？尼安琪怎麼膽敢要求一名要求他人屈從並且也習慣他人屈從的獨裁者付起責任？

但就連把總統稱做「一個屁股」也被視為是冒犯人的舉動！就連談論月經——談論從陰道流出來的血——也被視為是冒犯人的舉動！在烏干達與世界各地的許多國家中，月經依然被視為禁忌。不只女孩沒有能力負擔衛生用品，不只她們的學校無法提供足夠的分隔式廁所讓她們處理月經，不只她們國家的總統以競選時的空頭支票壟斷了月經貧困（Period Poverty），而且女孩和女人還應該要閉嘴避談這件事，因為人們認為談論月經是一件粗魯又使人不舒服的事。絕對不可以談論血喔！請留意：在衛生用品的行銷廣告使用藍色液體代替經血。我們絕對不可以讓男人覺得不舒服喔！

哪一個比較冒犯人——尼安琪把她母國的總統稱做「一個屁股」，還是女孩缺課和輟學？這種嚴重的厭女情結當然比文字還要更冒犯人。我們還要考慮到，尼安琪用粗話描述的這位總統，向來認為自己有權使用粗話，他曾警告他的敵人若膽敢惹怒他的話，就是在「摸花豹的屁眼」（玩火自焚）。[20]但是父權主義當然給了他權利否定所有膽敢要他負責的人，尤其是那些愛惹麻煩的討厭女人。

貧困當然比人民對任何國家的總統吐出的汙辱言論還要更暴力，對吧？相較於一個大學教授膽敢觸犯禁忌公開談論月經和性，更冒犯我們的應該是女孩迫於壓力，而和那些說要買衛生用品給她的男孩發生性關係，對吧？

女性主義能嚇壞威權主義。能看到一名女性主義者站出來對抗非洲大陸上執政時間第四長，並且以貪汙與違反人權的行為敗壞政府的領導人，並成為該領導人覺得最難對付的挑戰者之一，實在是非常鼓舞人心。尼安琪利用粗話反抗父親，也就是以總統這個身分出現的父權主義，再挑戰以總統妻子這個身分出現的「一國之母」，珍妮特媽媽。尼安琪以女性主義為貧困女孩與酷兒阿根廷人發聲，對抗女人在社會化過程中順從地接受為命運的暴力，她的作為瓦解了習以為常的父權主義，打亂了它的步調。二〇一八年六月，尼安琪協助組織並領導一場針對女人所遭受的暴力對待——包括殺害、強暴與擄人勒贖——而發起的抗議，這是烏干達歷史上首次因相關議題而發動的抗議。[21]

尼安琪用她的粗話與行動瞄準了各種權力的交會點。她建立了一支盟軍，和盟軍共同致力於妨礙各種壓迫的交會點。在同志驕傲月（Pride Month）的最後一天，女性抗議工作小組（Women's Protest Working Group）發動了烏干達女性遊行，共同參與的還有LGBTQ成員和性工作者社群。

「在遊行的那天晚上，『女性抗議』工作小組的一位成員莉蒂亞．納穆比魯（Lydia Namubiru），在電視採訪中被問及他們為什麼會允許LGBTQ群體參加遊行並擁有發言的平臺？」記者賈柯琳．凱米吉沙（Jackline Kemigisa）寫道。「納穆比魯平靜地回答，事實上邀請她參加這次抗議的正是一位烏干達的性工作者，也是一位公開出櫃的同性戀。她說這些被邊緣化的群體如今站在女權戰爭的最前線。」[22]

同性戀與性工作者在烏干達都同樣受到歧視，前者的懲罰最重為無期徒刑，後者則是七年有期徒刑。雖然遊行過後出現了一些恐同的強烈反對聲浪，但凱米吉沙說，烏干達女權運動有能力把多樣化的群體聚集起來，在線上與線下吸引社會大眾注意尚未結案的女性兇殺案與傷害案，目前為止，這應該被視為一場勝利。哪一個比較冒犯人？女性的處境不安全而政府和警方毫不在意？還是酷兒與性工作者參與一場大聲說出「受夠了」的遊行？

「因此，我們應該慶祝這場遊行的多元組成及其對差異的讚美，正如烏干達女性的社會運動，應該從基礎的行動主義轉變成激進的女性主義。」凱米吉沙寫道。[23]

這正是史黛拉・尼安琪推動的那種激進主義。二〇一八年，她與其他人共同發起並引導了這場女性遊行，要求警方採取行動，處理那些針對女性並越來越嚴重的暴力行為，在三個月後，也就是同年的九月，尼安琪再次使用粗話批評穆塞維尼總統——以及他已故的母親——並因此再次鋃鐺入獄。這可說是預料之內的發展。

就在穆塞維尼選擇作為官方生日的那一天——九月十五日——尼安琪在臉書上發了一首六小節的詩，她在詩中說她真希望穆塞維尼的母親——尼安琪直接以名字稱呼她，這件事本身也是一個禁忌——當初在生出穆塞維尼時就用產道毒死他。「你應該在出生時死亡，你這骯髒又背信的獨裁者。」尼安琪用這句話作為詩的結尾。她上傳了如何前往她家的指示，邀請穆塞維尼來逮捕她、毆打她。

「這首詩超越了她過去和穆塞維尼打消耗戰時做過的任何行為。」評論家瑪莉・塞盧馬加（Mary Serumaga）在她的文章中寫道，該文章分析了在二〇一八年六月女性遊行結束之後，直到該年九月尼安琪上傳那首希望國家的獨裁者能在出生時死亡的詩之前，這段期間發生的事件。24

女性主義並不是在一個獨立存在的空間裡運作的。反抗穆塞維尼統治的聲量越來越高，也越來越清晰可見，尼安琪只是其中的一部分。這些反抗勢力也包括了部分烏干達國會成員，他們被穆塞維尼的維安部隊殘酷折磨，其中一個人為了生命安全放棄繼續抗爭，另一個人手上的皮膚與耳朵都被割除了。

這就是社會大眾比較能瞭解的暴力形式。那種暴力能獲得頭條報導，抓住媒體的注意力。而我們這些女性主義者一直都在努力想做到的，是讓我們的社會知道，當我們看到女人與女孩遭受暴力時，就應該像看到你的手與耳朵被割除時一樣憤怒，讓他們知道這些暴力值得這樣的怒火。尼安琪參加了反對穆塞維尼政權的抗議活動，也支持那些被穆塞維尼維安部隊挑出來的社運人士與國會議員。這種時候的挑戰永遠都一樣：在尼安琪與其他烏干達女人上街抗議針對女人的暴力時，那些不曾參加「女性主義運動」的社運人士會不會一起站出來？女性遊行也包含了LGBTQ與性工作者社群，這是因為尼安琪和其他同樣參與這場運動的女性主義者決定要聯合父權主義的受害者，越多越好，集結這些力量操翻父權主義。世界各地的挑戰永遠都一樣：那些眾人認為只有「政治」議程的政客和社運人士會不會把性別平等也納入議程中？他們會像女人支持他們一樣，回過頭來支持女人嗎？人們總是認為那些為了拿到更大塊政治派餅的男人在戰鬥中經歷的辛苦掙扎比較「偉大」，而女性主義者在對抗父權主義時經歷的辛苦掙扎則是「家務事」或「個人事件」。原因想當然耳，就是父權主義。那些男人和其他男人鬥爭，就是為了分得更大塊的父權主義派餅。尼安琪為女性主義付出的努力（其中也包括了LGBTQ與性工作者社群），是為了砸爛父權主義派餅。

史黛拉．尼安琪在女權的戰爭中特別重要，因為她迫使烏干達人看見那條通往自由主義的道路，是由有色人種的酷兒女性開創的。世界各地都在發生這樣的事。我很確定其他地方也有許多史黛拉．尼安琪，你或許沒聽說過她們，因為有太多新聞都汲汲營營地報導男人為了更多權力和其他男人鬥爭。革命存在於邊緣地帶。在寫下烏干達歷史時，我們必須記得尼安琪大膽又蓄意地發表了那些粗話，這一點在政治上的重要程度，等同於一九四〇年代烏干達的反殖民社運人士刻意表現出來的「激進粗魯行徑」。他們當時是在挑戰、反抗與瓦解英國統治。尼安琪則是在挑戰、反抗與瓦解至今依然存在的另一種統治力量：父權主義。

尼安琪因為她寫的詩而受審判。誰又會讓穆塞維尼和他手下的施虐者接受審判呢？這種不用受懲罰的狀態才應該被視為褻瀆。虐待遠比一首詩的文字還要更冒犯人。割下你手的皮膚與耳朵是比文字更嚴重的傷害！相較於用一首詩稱呼你的國家的統治者是「背信的獨裁者」，更冒犯人的是女人遭受的強暴與謀殺以及接下來警方的冷淡反應。父權主義因為女人發表粗話而懲罰她們，因為父權在使我們成為暴力的受害者後，依然想要我們永遠穿著親切與禮貌的約束衣。

二〇一七年，尼安琪再次因為「冒犯性傳播」以及對總統與其已故母親進行「網路騷擾」而遭到起訴。若被定罪，她將要面對一年的有期徒刑。她拒絕保釋，選擇在審判期間留在監獄裡教導收容人如何使用臉書。在我撰寫本書的期間，尼安琪的審判於二〇一九年三月一日開始。

「陰道」、「屄」和「穴」。身為女人，我們必須忍受其他人拿我們的身體部位當作最猥褻的粗話，然而，若身為女人的我們膽敢使用生殖器官的名稱來咒罵或者只是說出口，我們就會受到嚴厲責罵。父權主義堅持要控制女人的嘴巴與陰道，甚至於控制進出這些孔洞的所有事物。父權主義堅持只有它可以管制這些孔洞。父權主義把冒犯他人與猥褻他人的權力都留給它自己，同樣屬於它的還有隨心所欲替我們的身體部位取名與決定身體性別的權力、使用我們的身體對付我們的權力，以及因為我們膽敢覺得我們的身體部位在稱謂上或實質上，應該屬於我們自己而懲罰我們的權力。

同樣遭受這種對待的還有跨性別、非二元性別與非常規性別（Gender Nonconforming）的社群。我知道並非所有女人都擁有陰道，而陰道也並非只有女性才有。我在此把髒話和女性特徵做連結，是因為父權主義堅持我們應該遵循性別二元論的嚴格規定，在這套規定中，陰道是女性與生俱來的器官。正是在這種嚴格的順性別、異性戀霸權與異性戀世界中，父權必須控制陰道，必須把陰道當作基礎，建構許多眾人認為粗俗的事物，其中也包括咒罵的語言。有些人堅持使用陰道來汙辱人是一種權利，他們禁止女人說粗話，但又使用女人的身體部位來加強粗話的力道，這種人是在順著異性戀霸權行事。這個世界認為「陰道」、「屄」和「穴」這些字詞的本質屬於女性，同時認為這些字詞的本質就是粗話。

我有權擁有我的陰道、我的穴和我的屄。我不禮貌、我拒絕端莊，我堅持我們要告訴順性戀霸權：**我操你的給我滾**。

我在演講時常提醒聽眾，世界各地的男性權威者，尤其是信奉各種信仰的虔誠保守人士，他們全都對我們的陰道著迷得不得了。我想叫這些人——無論是埃及的穆斯林兄弟會，或者在美國我稱做基督教兄弟會（通常我指的是福音派基督徒）的群體，或者那些如同保鏢用熱忱的態度守護最特殊的紅龍一樣，那麼熱忱地控制了宗教的任何一個兄弟會——離我的陰道遠一點，等我想要你們來的時候再過來。

史黛拉・尼安琪把粗話用來直接挑戰父權主義，這種使用方法簡單好懂又刻意。她本就想要汙辱父權、想要冒犯父權。而父權因為她膽敢做這種事而從上空俯衝下來懲罰她。但父權主義在管控女人的言語時，不只控制我們是否刻意使用粗話。父權主義也堅持唯有它能定義什麼東西會冒犯人。父權主義有辦法用最荒謬的方式體現出它對於何謂冒犯、何謂不冒犯的決定權，在二〇一二年六月發生的事件即為一例。密西根州的民主黨眾議員麗莎・布朗（Lisa Brown）在爭論保守派的反墮胎法案時使用了「陰道」一字，眾議院認為她「違反了院內禮儀」，因此禁止她發言。[25]當時有一群渴望能限制或完全禁止順性別女性控制自身生育權的共和黨員提議了一整套法案，該反墮胎法案是其中之一，而在布朗被禁言的例子中，他們甚至限制了女性在自己的身體完整性（bodily integrity）被拿來辯論與投票時，她們不能說出自己的身體部位。

麗莎．布朗到底說了什麼話以至於「違反了院內禮儀」呢？「議長先生，我很榮幸你們全都對我的陰道這麼感興趣，但『不要』就是『不要』。」布朗說，她是三個孩子的母親，由於該法案違反她的猶太教信念而提出反對。這個女人在法律制訂者們討論一個基本上將會控制陰道的提案時，竟然膽敢使用「陰道」這個字，因此這個擁有陰道的女人被判有罪，罪名是違反「眾議院」的禮儀。這就是為什麼我要對禮貌說：我操你的。請記得，禮儀規則是男人創造的，男人利用禮儀控制他們想像中永遠為他們存在、與他們有關的空間。接著，就由女孩把這些禮儀全都毀掉。

這就是為什麼我會說：「我操你的父權主義。」

有一位共和黨的州議員抱怨布朗的語言簡直是徹頭徹尾的謬論。「她說的話很冒犯人。」共和黨州眾議員麥可．卡爾頓（Mike Callton）抱怨道。「那些話冒犯人的程度，高到我甚至不想要在女人面前說出來，我不會在男女混合的場合說那種話。」

父權主義想要控制陰道，同時它也想要控制誰有權利說出「陰道」這個字。不只如此，父權主義還會在我們膽敢反擊時尖聲大喊著「禮儀」。到底是什麼事那麼「冒犯人」，以至於卡爾頓不願意在男女混合的場合中說出口？是「陰道」這個字嗎？又或者是一個擁有陰道的人，告訴那些想要建立陰道控制權的男人說，她正在反擊？還是自主權與決策權說出的「不要」很冒犯人？一個女人怎麼膽敢宣稱自己有自主權！一個女人怎麼膽敢宣稱擁有自己身體的決策權！又或者是因為布朗說的「議長先生，我很榮幸你們全都對我的陰道這麼感興趣，但『不要』就是『不要』。」隱隱含有性的直接表述性（sex implicit）？這句話褻瀆了性嗎？為什麼它會褻瀆性？又或者是因為麗莎．布朗在談及性時提醒了在場的每個人，保守派反對墮胎的原因，與他們聲稱的擔心胎兒較無關聯，關聯較大的應該是控制以及懲罰女性的欲望與性決策權？

以上論述全都是正確解答。這就是為什麼我堅持要說：「我操你的父權主義。」

上述這些論述也發生在搖滾樂團穴暴動（Pussy Riot）引起的一陣「操亂」（clusterfuck）中——沒有任何詞語比操亂更適合用在這個地方了——在二〇一二年二月，支持女性主義的俄羅斯搖滾樂團穴暴動在莫斯科的救世主大教堂裡表演了〈龐克祈禱〉（punk prayer），他們穿戴著鮮豔的衣服與頭套，演唱之餘還在祭壇前假裝膜拜。這首歌重創了一群男性權威者與他們的越界行為，其中也包括了東正教的大主教基利爾一世（Patriarch Kirill I）與總統佛拉迪米爾．普丁（Vladimir Putin）及其威權政體。在穴暴動表演了〈龐克祈禱〉後，三個表演者都因為「宗教仇恨導致的流氓行為」被判處要在勞役營服刑兩年。[26]（法院在其中一個樂團成員上訴後撤銷其判決，她因此被釋放。）

其中一名被關進勞役營的樂團成員是穴暴動的共同創辦人娜達雅．托洛孔尼科娃（Nadya Tolokonnikova）在她的著作《閱讀＆暴動：行動主義的穴暴動指南》（*Read & Riot: A Pussy Riot Guide to Activism*）中提到，有許多世俗男性權威者與宗教男性權威者都不贊同她們在教堂裡的行動。

「隔天，普丁和大主教基利爾一世通了電話。總統府找對人了。穴暴動案件的主要問題在於，龐克祈禱到底讓誰受到的冒犯比較嚴重，是普丁還是父權主義？普丁說：『在俄國憲法中，教堂和國家各自獨立，但在我們心中，在我們的腦海中，它們總是彼此相連。』」托洛孔尼科娃寫道。[27]

她們的表演只持續了四十秒，之後她們就躲開了想要抓住她們的警衛，離開了教堂。兩名團員因為膽敢用充滿粗話的〈龐克祈禱〉挑戰父權主義短短四十秒的時間，就被送上法庭審判，處以有期徒刑的判決，這件事提醒了我們，父權主義、世俗大眾與宗教有多麼害怕女性主義者。

「那只是一段祈禱而已，一段非常特別的祈禱。」托洛孔尼科娃寫道。「我們最重要的獨裁者普丁真的害怕人民。」穴暴動的成員松鼠說道。「更準確地說，他害怕的是穴暴動。他害怕一群年輕、積極、樂觀的女人能毫不畏懼地說出自己的想法。」

托洛孔尼科娃絲毫不以為恥地寫了一本粗俗的書——其中一章的標題是「讓你的政府把屎拉在褲子上」——並在書中放入了整首歌的歌詞，歌曲全名是〈龐克祈禱：聖母啊，把普丁趕走〉（A Punk: Mother of God, Drive Putin Away.）。歌詞本身充滿了樂團成員絲毫不以為恥的粗俗字句，大力抨擊俄國的男性權威者，並譴責恐同症。穴暴動就像史黛拉．尼安琪的社群同盟軍一樣，她們知道那些男性權威者是女性主義者與ＬＧＢＴＱ權益的敵人。

在一支拍攝了穴暴動團員與其反叛表演的紀錄片中，有幾個男人在接受訪問時表明，「冒犯人的」不只是「汙辱」了普丁與俄國東正教會大主教的粗俗歌詞，還有在樂團名稱中出現的「穴」這個字。托洛孔尼科娃的書中自由又舒適地點綴了粗話，這樣的閱讀體驗提醒了我們，掙脫父權主義施加的禮儀腳鐐並獲得自由有多重要。自由既令人驚嘆，也令人屏息。當那些堅持要擁有自由的人，卻在使你社會化的過程中，讓你深信順服是你與生俱來的權利時，自由便是令人害怕的。女人怎麼膽敢把這個國家的極權總統所代表的父權主義，拿去和那些支持總統的俄國東正教堂大主教代表的威權主義做連結；她們怎麼膽敢用代表陰道與混亂的字詞為自己的樂團命名？她們怎麼膽敢用文字強迫男人想像陰道，而且是反抗父權主義的陰道？這些女人怎麼膽敢使用屬於父權主義的詞語——「穴」想當然耳是屬於父權主義的——作為龐克女性主義者名字的一部分，要求父權主義解放穴？

正如托洛孔尼科娃在《閱讀 &暴動》中所描述的，那個穴嚐到了甜美的復仇果實：「人們現在不把那裡稱做救世主大教堂了，他們把那裡稱做穴暴動教堂。」

我會永遠記得，在我的左手臂和右手被埃及鎮暴警察打斷並上了石膏之後，我在紐約市遇到的一位穆斯林女人——事實上，她曾主辦許多活動與討論會並邀請我參加——跟我說了幾句話，大意如下：「我們社群裡有很多人支持你，但如果你不要那麼常說『操』的話，他們會更支持你。」

後來還有一次，一家經常出版我的作品的出版社裡面，有一位編輯要我停止在社群媒體上說「操」。他對於我在推特上使用「我真是操他的半點也不在乎」這句話感到特別困擾。雖然我每次說「操」都沒有特殊理由，而且從來不會錯失飆罵「真是操」的機會，但我在推特上大吼「真是操」之後和編輯見面的那一週，正是我開始推動「＃清真寺我也是」的那一週。我已經被砲轟過「你太醜了沒人會性侵害你」，也有各式各樣的仇恨言論努力想羞辱我，想用煤氣燈操縱讓我質疑自己不該站出來大聲反對性侵害。

我的手打上了石膏，導致我打石膏的暴力行為，應該是比「我們的社群」更嚴重的議題才對吧？我每天遇到的厭女言論應該比我說的「我真是操他的半點也不在乎」還要嚴重才對吧？若這個社群相信它有權管制我的言論，而且我必須自我審查才能獲得社群的接納與支持的話，那麼我一點也不想加入這個社群。同樣的道理，若這家出版社堅持要我這個甚至不是全職員工的人也應該要自我審查的話，那我也不想為這個出版社寫作。

在那位編輯要求我停止在社群媒體上說「操」之後，我開始在推特上使用我創建的「＃我為何說操」（#WhyISayFuck）標籤，討論我對粗話的喜愛與堅持。我很訝異，就算有人指控我說自己被性侵害是說謊，還是有人認為我應該「有禮貌」。在別人罵我「說謊的醜婊子」時，還是有人期待我要表現得「有禮貌」。很顯然地，我在說出「操」這個字時就已經失去了我的「道德地位」。我在推文中寫道，我在講臺上說完了「操你的父權主義」和其他粗話後，有多常遇到女性聽眾告訴我，她們有多愛我這麼自由使用我的語言——她們確實是這麼說的——以及能看到女人如此公然地、如此不覺羞愧地說髒話對她們來說有多重要。我在推特上詢問女人們，粗話對她們來說有何意義。

「我最喜歡的一個童年回憶，是我在回家後正好看到我媽用鍋子砸了流理臺一下，尖聲大喊著『操！』當她注意到我時，她和我四目交接，告訴我『有時候你就是得說操！』」一個女人寫道。[28]

「大家最**痛恨**女人說粗話了，粗話具有力量。」另一個女人說道。[29]

「是當有人期待我能安安靜靜地像個淑女的時候，我會給出的回應。」另一個女人補充道。[30]

一個女人告訴我：「我是來自勞動階級的專業工作者，我要很努力地才能說出『操』。」[31]這訊息提醒了我們，人們如何使用階級、性別、種族與其他壓迫形式的交會點掌控女人的語言。一個女人擁有的權力越少，她就越沒有自由罵髒話。一個女人承受的壓迫種類越多，她的語言就越有禮貌。

這時就輪到卡蒂．B登場了，根據「禮貌」與「端莊」的每一條規則來看，這個女人都不應該出名，更不用說成功了，但事實上，光是她的存在本身就是一顆巨大的鐵球，擊碎了各種壓迫：厭女情結、種族主義和階級偏見。

卡蒂．B的原名是貝爾卡莉斯．阿爾曼扎（Belcalis Almanzar），出生在多明尼加與千里達家庭中。她在二〇一八年以〈波達克黃〉（Bodak Yellow）登上《告示牌》（*Billboard*）雜誌的百大單曲榜榜首，她是一九九八年勞倫．希爾（Lauryn Hill）占據第一名後，第一位以獨唱歌手的身分登上榜首的饒舌女歌手。卡蒂．B曾當過脫衣舞女郎，靠著這個工作的收入離開充滿虐待的關係，念完社區大學，她達到了榜首里程碑時把原本第一名的泰勒絲．絲薇芙特（Taylor Swift）——白皮膚、金頭髮、具有「端正」女性特質的標準女孩——擠下了第一名。這件事在某種程度上解釋了為什麼我們那麼喜歡自稱為「來自布隆克斯，平凡、普通又尋常的女孩」的卡蒂．B。[32]

她在Instagram與如今已不存在的應用程式Vine中累積了極大量的觀眾，這件事提醒了我們，社群媒體是如何成為那些常被「主流」禁止的聲音使用的平臺，所謂的主流有可能是媒體、政治或文化，這些聲音被禁止有可能是因為太超過了——太過粗俗、太過情欲、太過大聲、太過一切。這些聲音常來自被邊緣化的女人——有色人種女人、勞工階級女人、酷兒女人、行為能力障礙女人，以及沒有白皮膚與金頭髮、不具有「端正」女性特質也不是標準女孩的女人。

卡蒂在美國VH1（Video Hits One）有線電視台的真人實境秀《愛&嘻哈》（*Love & Hip Hop*）中拿到了一個角色，自此開始她的音樂事業，很快就獲得了數次提名與獎項，接著又有幾個音樂產業中最大牌的名人肯定了她的力量，他們找卡蒂為自己的單曲搭配演唱，也一個接著一個成為她首張專輯中的客串歌手。如果有人嘲笑她——笑她「沒品味」、笑她的口音、聲音或任何事情——卡蒂．B的成功事蹟立刻就能反過來嘲笑這些詆毀者。如果有人批評她罵粗話，例如有一次她回到高中母校拜訪，在和學生說話時說了髒話——卡蒂會用自己的坦率平息他們的怒火。

有一位Instagram用戶抱怨：「罵髒話也太沒必要了吧。她有夠沒品，根本忘記自己是在跟學生討論教育問題了。」卡蒂立刻幽默地給予回覆。[33]

「當我和那些想要平等對待我、確認他們的品牌是否清楚理解我的總裁們討論我的想法時……你那一口完美的英語是有讓你的事業更成功一點嗎？」[34]不假掩飾、不檢查拼字、不理會文法。

她繼續道：

「我和人們說話時都是帶著熱情打從心底說話的，而**熱忱就會帶來髒話和真誠**。這是一間高中，我和這些孩子講話時不打算表現得像總統，而是要表現得像是能讓他們產生共鳴的朋友。」

父權主義費盡心力地透過「體面政治」（politics of respectability）來審查「真實」。「體面政治」是非裔美國人哈佛教授伊芙琳．布魯克斯．希根巴塔姆（Evelyn Brooks Higginbotham）[35]創造的概念，意指被邊緣化的群體會透過各種方式管制彼此，藉此複製主流價值，使自己被接納。這個工具用來對付邊緣化的女性族群特別有效。

卡蒂的丈夫是三人饒舌團體米格斯（Migos）的其中一員奧夫賽（Offset），在卡蒂生下第一個孩子後，她丈夫在Instagram上傳了這位新手母親的裸照。當有人在社群網站上批判她——其中一名用戶因為她裸體而稱她為「妓女」——卡蒂．B則起身捍衛自己有權當一個不覺得羞愧的「下流爛貨、發神經的爛賤人」。36

「讓我自由。」卡蒂在Instagram的直播影片中告訴批評者。「如果我想要裸露半個屁股，有何不可？我是個曾當過操他媽脫衣舞孃的賤人。如果我想要覺得自己性感，如果我想要你們全都看見我操他媽的身體，為什麼我操他媽的不能這麼做？」

卡蒂繼續講授這個專家課程，告訴人們她曾試圖讓自己符合那些體面政治——讀作：父權主義——的指令，她承認自己曾短暫服從過那些指令，但卻是徒勞無功。

讓我告訴你們……我以前是怎麼試著洗白自己的形象的，好嗎？我不知道你們有沒有注意過，但早在我懷孕之前，我有一陣子都沒穿過容易引人造謠的衣服了。我希望能盡可能地裸露越少肌膚越好。我表演時會穿上緊身衣之類的狗屁衣服，但算不上超級暴露。總之我真的「不」想太性感什麼的，因為我覺得我需要洗白一點。然後我只覺得說，我到底是何必？到底是何必？比如昨天我上傳了自己的半裸照片什麼的，我只覺得，我幹嘛要表現得像個操他媽的天使？我不是個操他媽的天使。我是個操他媽的下流爛貨、發神經的爛賤人。我幹嘛要洗白自己的形象？我幹嘛要表現得像個聖人？我幹嘛要每天都穿腳踝那麼長的裙子？

反正你們還是會說我是個婊子。反正你們還是會說我是個操他媽的脫衣舞孃。反正你們還是會說我是各種狗屁東西。

卡蒂說的是，當你是一個像我一樣的女人時，你不管怎麼嘗試都不會贏。像她那樣的女人不應該回嘴。就算她們回嘴了，她們也不應該被數百萬人聽見。卡蒂．B在Instagram上的追蹤人數超過四百一十萬人。我們看到的是瞇起眼睛，直視父權主義雙眼的卡蒂．B，同時我們也不能忽略，她解釋了自己再也不鳥「洗白形象」這件事後，在影片的結尾，她用許多粗話要求國家告知她的稅金花到哪裡去了。她要求政府負起責任，拒絕體面政治因為她對自己的身體具有決策權而命令她感到羞恥，也拒絕成為「下流爛貨、發神經的爛賤人」之外的任何東西——卡蒂．B本身與她選擇的表達形式都具有很高的存在感，她推翻了「體面」的權力，而體面正如「禮貌」一樣，都是父權主義的權力基石。她的語言、她的身體與她拒絕退縮的態度，都挑戰了那些意在削弱她這種女人的多重壓迫。卡蒂．B不接受他人的貶低。

體面政治拿女人來殺雞儆猴，警告其他女人：小心喔，這可不是你應該欣賞的那種女人。蜜雪兒．沃爾夫是自己主持一檔電視節目的喜劇演員。史黛拉．尼安琪是大學教授。麗莎．布朗是國會議員。娜達雅．托洛孔尼科娃是龐克樂團的女性主義社運人士。卡蒂．B是帶領潮流的音樂家。一位年輕的穆斯林女人寫信告訴我，她讀了我在二〇一五年出版的第一本書《頭巾與處女膜》。[37] 我點進了她寄給我的連結，她寫的文章說她過去很長一段時間都不太敢讀我寫的文章，因為她聽說「莫娜．艾塔哈維講話太大聲、髒話說太多而且行為太超過。」我知道那些描述的本意是汙辱我。我知道那些描述的本意是警告，藉此把讀者嚇走。我也知道許多人的確被嚇走了，但我把這些描述當作讚美。女人應該要「受限制」而不是「太超過」。女人應該要安靜、虛心、謙遜、有禮、親切、有教養、留意別越線。她們應該要步態柔弱，逗留在自己的極限範圍之內。我很驕傲有人用「講話太大聲、髒話說太多而且行為太超過」來描述我。當一個女人「太超過」時，她基本上就是無法控制的，也是不覺得羞恥的，這樣的女人很危險。我尤其驕傲有人用這些描述來形容我的文字。

我視為文學界英雄的其中一人是奇卡娜（Chicana）❽酷兒詩人、作家暨女性主義理論家葛洛莉亞．安卓杜雅（Gloria Anzaldúa）。在她一九八一年所寫的文章〈說方言：給第三世界女性作家的一封信〉（Speaking in Tongues: A Letter to 3rd World Women Writers）❾，安卓杜雅解釋了寫作的重要性：

「寫作是危險的，因為我們害怕寫作能揭發的事物：在三重甚至四重壓迫下的女人懷有的恐懼、憤怒與力量。然而我們的活路也同樣存在於寫作之中，因為寫作的女人擁有力量，而擁有力量的女人能帶來恐懼。」[38]

我們必須使父權主義恐懼我們。我們必須拒絕禮貌，父權主義沒有任何禮貌可言。我們必須拒絕禮貌，種族歧視、厭女情結和跨性別恐懼症都沒有任何禮貌可言。有人說罵粗話前可以事先提出警告，以保護讀者的敏感神經，請問父權主義會為了保護女人與女孩的生命而事先提出警告嗎？也有人說電視與廣播上出現的髒話應該被消音，請問我們要如何消掉父權主義？

如果我們把管控語言，特別是管控女性語言的能量拿來投資在管控父權暴力——這種暴力通常與種族主義有關——帶來的真正傷害的話，世界會是什麼樣子？

有一次我在丹佛機場安檢處排隊，一位白種男人——他是也要過安檢的一位乘客——堅持我應該要「證明」我是美國公民。「操你的！」是我毫不遲疑的回答。另一位白人男性立刻做出了我意料之內的反應，他插嘴說：「別說髒話！」但到底是哪一件事比較冒犯人呢：第一個男人的外國人恐懼症，還是我的髒話？

沒有生孩子的女演員海倫．米蘭（Helen Mirren）曾說過，如果她有女兒的話，她要教女兒的第一句話就是「操你的滾開」，因為女孩在成長過程中總是被眾人期待要表現得有禮貌，但有時禮貌是錯誤的反應。讓我們**教導我們的女孩如何大聲地、驕傲地說出「操」**，無

❽ 意指在美國出生的墨西哥裔女人。

❾ 「說方言」（Speak in Tongues）源自基督教用語，意指用一連串流暢但一般人不理解的聲音說話，在基督教裡指的是對神說話。

須過濾，也無須壓抑。39

我們需要更多無性別的髒話。我下定決心拒絕使用貶低與汙辱女性特質的粗話、拒絕使用與厭女者有關以及順性別女性有關且完全排除跨性別者的身體部位名稱，並拒絕將男性拿來和那些最無助因此也最容易受到言語虐待的女孩做比較——例如：「別哭得像個小女生」——因此我開始使用「小貓，我操你的滾開」這樣的修飾詞。小貓很可愛，又是中性的詞語，而且因為小貓是幼年生物，所以我大多使用這個字眼在社群媒體上貶低那些被我大罵的成年男性。

有數個研究顯示使用粗話的人比那些「禮貌」的人擁有更高的智商，但我罵髒話並不是因為我的智商數值比別人多了一顆金星星。我罵髒話是因為我堅持我隨心所欲地使用語言。我說「操」是因為我可以在我想要擁有這個字的時候擁有這個字。我擁有我的身體，我也擁有我的語言。父權主義堅持要控制我的嘴巴，也堅持要控制我的穴和我的屄。

我操你的父權主義。

第四章

野心

讓全世界的人都閱讀我的文字。

有時候人們對我的反應會是：「噢，我就是不喜歡她。我最討厭她覺得自己很棒這一點。」但他們討厭的不是我覺得自己很棒。我只是不痛恨我自己而已。我一天到晚都在做蠢事，說一些之後會後悔的瘋話，但我不會讓每一件事情都傷害到我。而且我注意到一件很嚇人的事情：有些人真的會在遇到不痛恨自己的女人時感到不自在，這就是為什麼你需要更勇敢一點。

——敏迪·卡靈（Mindy Kaling），
《為何不是我？》（*Why Not Me?*）[1]

二○五○年一月二十日

三個女人即將發表就職演說。

這三個女人在二○一五年於一個名叫推特的社群網站軟體上認識彼此，當時她們關注的一位女性主義者發表了一連串與《硝煙中的玫瑰》（*Born in Flames*）相關的推文，《硝煙中的玫瑰》是一部有關酷兒、無政府主義者與女性主義者的地下電影，在影片中，女人們以直接行動為女權而戰。

唐雅．扎奇（Donya Zaki）六十歲，即將成為埃及第一位女總統。

阿麗姬．穆罕默德（Areej Mohamed）五十五歲，即將成為沙烏地阿拉伯的第一位穆夫提。

歐塔薇雅．赫南達茲（Octavia Hernandez）五十歲，她在初選中打敗了雀兒喜．柯林頓（Chelsea Clinton），即將成為美國女總統，她的前兩任總統也都是女性。美國人已經受夠了政治家族，另一方面——如同在提醒眾人父權主義的冗長保存期限一樣——人們認為七十歲的女人對總統一職來說太老了。

唐雅、阿麗姬和歐塔薇雅一起決定她們要在同一天舉行就職典禮，藉此紀念自從初次在推特上認識彼此之後，使她們繼續前進的團結情誼。

唐雅不但即將成為埃及的第一位女總統，她也是個公開出櫃的雙性戀暨詩人，可說是數十年來過度陽剛的埃及政治最需要的解毒劑。唐雅滿腔熱血地加入了二○一一年的革命，但很快就因為革命變得以男性為中心而感到挫折。她驚恐地看著革命逐漸變成只有軍方與穆斯林兄弟會的政治伊斯蘭主義者參與的政治搶椅子遊戲。

她在二〇一八年加入了地下無政府——女性主義運動「賽克美特姊妹」（Sekhmet's Sisters）。賽克美特是古埃及主掌復仇與性的女神。唐雅如此描述賽克美特：「首先她會踢爆你的頭，接著她會搞壞你的腦袋。」

她下達的第一個總統命令，是在每一個埃及城市為革命姊妹建造紀念碑，向那些在二〇一一年揭露了自己是「處女檢查」受害者的勇敢女人們致敬。

阿麗姬是一名無神論者，但她必須接受沙烏地阿拉伯第一位女性穆夫提的職位，因為她依然相信從內變革。在她七歲的時候，她的一位表親瑪哈在一場大火中喪生，只因為「道德警察」拒絕讓她和同學們在沒有戴上面紗的狀況下離開失火的學校建築。沒有人告訴阿麗姬當時瑪哈遇到了什麼事，但她在二〇一八年找出了答案，在社群網站的幫助下找到並聯絡上地下激進女性主義運動「卡達加之女軍旅」，成為該運動的成員之一。

在二〇一八年，新王最寵愛的兒子先是下令監禁與折磨女權社運分子，沒多久後，他取消了全世界僅存的女性駕駛禁令，這件事使地下軍旅的成員迅速增加。女性主義者一直以來努力爭取的並不只是駕駛禁令，更重要的是監護制度（guardianship system），這是沙烏地阿拉伯父權主義的最基本支柱，在該制度的限制下，女人永遠都被視為未成年人，必須要拿到男性監護人的簽名才能做許多很常見的事。

卡達加之女軍旅在過去多年來都只進行地下行動，隱藏自己的行蹤，原本她們決定要永遠保持這種狀態，畢竟當她們的國家位處全世界最大的石油儲藏地，又花了數十億美元武裝自己不受最強權的國家侵略時，哪裡會有國人在意女人的權益呢？接著，據信有一名曾進入皇室做採訪，並委婉批評沙烏地政權的男性記者，在皇儲的命令下被謀殺並分屍了。世界終於開始留意了。

不過我們要注意的是，阿麗姬與卡達加之女軍旅的同志們是因為一名男人被謀殺才獲得了全世界的注意，而不是因為先前那十五名女學生被殺害。

在這之後，皇室家族開始警覺與防備，軍旅善用了這一點，充滿決心地組織了越來越大膽的公民不服從運動。在數年內，卡達加之女軍旅就推翻了沙烏地皇室家族與那些支持皇室的熱心神職人員。他們在阿拉伯建立了議會制民主，接著聯合政府要求阿麗姬成為穆夫提，因為他們知道一旦沙烏地阿拉伯開始支持女性主義，女性主義就會顛覆所有穆斯林占多數的地區。

阿麗姬的第一個伊斯蘭飭令是允許女人擁有多個配偶——女性主義與多配偶制並行——還不賴。

歐塔薇雅能在女性主義前線獲得好結果，必須要歸功於她和唐雅與阿麗姬的友誼，她從這兩人身上瞭解到她的國家的歷屆政府，一直在維持威權統治以及國內正在發生的事情。

為什麼美國會有那麼多女性總統呢？這都要感謝唐納・川普和二〇一六年投票使他當上

總統的種族主義宗教狂熱者。當唐雅在埃及對抗穆斯林兄弟會時，歐塔薇雅正在美國的白人基督教兄弟會，該兄弟會的成員認為女人是會走路的生育機器，她們的子宮比槍械更需要法規限制。她對於百分之四十七的白人女性選民把票投給川普的結果感到非常憤怒。到底怎麼會有那麼多女人投票給一名曾被十幾名女性指控性侵害的男人？歐塔薇雅、唐雅和阿麗姬關注的女性主義者莫娜・艾塔哈維把這些投票者稱做父權主義的步兵。每當有人問歐塔薇雅「為什麼會有女人想反抗女性主義？」時，她會引用和她同名的推想小說（speculative fiction）作者歐塔薇雅・巴特勒（Octavia Butler）寫過的一句話：「即將淹死的人有時候會因為反抗救援者而死。」[2]

二〇一八年，歐塔薇雅的美國穆斯林朋友告訴她，他們的清真寺被白人至上主義者用燃燒彈燒了。他們很幸運——正好在清真寺被攻擊的一小時前離開了。接著川普便禁止穆斯林從六個國家進入美國。

而後，歐塔薇雅的表親、朋友和同學開始消失，因為美國移民和海關執法局（Immigration and Customs Enforcement，ＩＣＥ）的官員趁著他們在工作場所、在診所、在學校，甚至在法庭作證被配偶暴力對待時把他們帶走。歐塔薇雅知道有色人種的女人在面對厭女情結時，常常必須同時面對種族與階級的壓迫，這使得她們的生活更加艱難。當她聽說有一名來自瓜地馬拉的七歲小女孩在二〇一八年跨越國境時被ＩＣＥ的官員拘禁，並因為脫水與驚嚇而死亡時，歐塔薇雅加入社會運動，目標在於解散法西斯主義的ＩＣＥ。

她發誓要成為總統，要廢除監獄與邊境，要讓美國成為難民的保護國。她的英雄——發起了「黑人的命也是命」（Black Lives Matter），爭取非裔美國人在面對警察的殘酷舉動時應該擁有完整人權的三名酷兒黑人女性——教導過她，革命最重要的就是種族、階級與性別的交叉點。

歐塔薇雅頒布的第一個法令是公開推動哈莉特·塔布曼（Harriet Tubman）地下女性主義鐵路。她們三位朋友在二〇二〇年建立該網絡，提供女性主義者援助——她們幫助那些因為被迫結婚與陷入危險而匆忙逃跑的女孩，也協助需要安全墮胎的女人或需要避難所躲避ICE與暴力男人的女人。

有些人對於唐雅、阿麗姬和歐塔薇雅要同時舉辦就職典禮感到很訝異，說這種想法太過激進。但革命——正如歐塔薇雅·巴特勒描寫的未來革命世界一樣——要求我們想像的是一個尚未存在的世界。而且，說真的，在二〇五〇年出現一個要求終結厭女情結、種族主義和偏執心理的革命運動算是激進嗎？

在就職典禮的結尾，三個女人高聲喊出了同樣的宣言：我操你的全球父權主義！

◇ ◇ ◇

野心之所以是原罪，是因為父權主義希望女人要**受限制**，而擁有野心代表的是**太超過**。

在二〇一五年，我參加了為時一週的美國筆會世界之聲文藝節（PEN America World Voices Festival），我是受邀在開幕晚宴登台演講的十位作家之一。美國筆會要我們想像我們希望看見的未來，於是我貢獻一己之力，寫了上述的二〇五〇年就職典禮情節。我想要在未來看到女人表現得**太超過**。這段情節的重點並不在於一定要想像女人掌權，而是在於想像女人做出我們鮮少看見她們會做的事。這段情節也不只是在描述這些女人獲得了我們鮮少看到她們占據的職位，也是在描述這些女人瓦解了各種堅持女人應該或不應該獲得何種職位、更堅持女人應該或不應該想要何種職位的結構。野心能毀壞束縛，因此擁有野心會使父權主義覺得計畫被打亂。擁有野心就是相信你不會被應該或不應該、可以或不可以給限制。野心就是變得太超過。

當父權主義不斷打擊你、使你受限制時，你將無法變得太超過。我們已在本書前段領教到這件事了。「專橫」、「賤人」、「愛炫耀」、「自私」、「咄咄逼人」。我們可以把等同於「被視為有野心的女人」的形容詞列成一張清單，提醒我們野心是一種原罪。那些形容詞都和「被喜歡」有關：父權主義將女人與女孩社會化成想要「被喜歡」的人。我不想要被喜歡，我想要自由。為了獲得自由，我的野心將會毀滅父權主義。

是誰或什麼事物決定了女人應該是什麼樣子、想要什麼東西和做什麼事？首當其衝的當然是父權主義了。但父權主義同時也和其他壓迫形式攜手合作。對於有色人種女人與來自邊緣群體的女人來說尤其如此。父權主義、種族主義與資本主義攜手合作，描繪出女性應該是什麼樣子。那三種結構壓迫女性，使她們變得受限制。它們合作無間，以至於在這些結構的界線之外，我們幾乎看不到任何野心。其中幾種很常見的野心是成為總裁、擁有大辦公室或變得有錢。大體而言，這些野心描繪的都是中上階層的白種女人的經驗。「擁有一切」的頑強精神似乎永遠也不會消失。「一切」到底是什麼？女人能多自由地從構成「一切」的各種選項中做選擇——工作、家庭、兩者皆有、兩者皆無？自由的程度自然要依照你出生的地點、你擁有多少特權，以及替你的人生增添色彩的壓迫文氏圖（Venn Diagram）有多複雜來決定。

從這一切中解放之後，野心會是什麼？當你是有色人種女人時，野心會是什麼？對於目標不是成為總裁的女人來說，野心會是什麼？對於目標不是變有錢的女人來說，野心會是什麼？從企業成功中解放之後，野心會是什麼？對於貧困的女人來說，野心會是什麼？這些問題的答案總是會帶來更多問題。工作是什麼？成功的定義是什麼？而那些問題又會讓我們看見，人們總是告訴女人有哪些選項或「選擇」是屬於女人的。在想像的地圖中，「工作」的海岸線從哪裡開始，「家庭」的陸塊又在哪裡結束？

若我們想回答那些問題，我們就必定要先認知到父權主義、種族主義和階級主義對許多女人的生活造成了什麼影響。從那些壓迫中解放後，野心會是什麼？

我是家中的長女，我母親也是她家中的長女。我在追溯母系家族時，也是在追溯我從她們那裡繼承而來的野心地圖，我在地圖上加入屬於我自己的高山、森林與瀑布。我母親的母親在讀完高中後結婚，她這輩子懷孕過十四次。其中有十一次懷孕都是足月生產，把我母親和她的十名手足帶到世上。我的母親到埃及開羅上醫學院，在那裡遇見當時同為醫學院學生的父親，他們畢業後便結婚了。我是我們家三個孩子中最年長的。我父親和母親大約在同樣時間拿到了醫學碩士學位（埃及的醫學院和美國不一樣，不需要醫學預科學位〔pre-med degree〕），兩人都獲得了埃及政府獎學金，到倫敦取得了醫學哲學博士學位。

當你的母親已經把「一切」都做到了之後，你的目標應該是什麼？跟隨她的腳步？複製她的經歷？或者是顛覆一切，做一些完全不同的事情？我的母親和她的母親之間的距離，我的母親和我之間的距離：那些距離正是我們各自在野心地圖上劃出來的邊界。我的母親希望我能像她和父親一樣成為醫師，但我的野心從十六歲開始就是成為記者，因為記者的生涯對我來說代表了自由。我的確成為我想成為的記者，我也成為女性主義者，我的作品在世界各地都有讀者與支持者，他們也都認為我是個女性主義者。我母親的哲學博士學位是她追求野心與達成野心後得到的實質成就。當我在巴基斯坦拉合爾拍攝古蹟的照片時，一位與手足一起來參觀清真寺的年輕男人走過來，問我是不是「我在半島電視臺上看到的埃及女性主義者」，這能否算是我成功追求並達成了我的野心呢？我很自豪我繼承了我母親的野心地圖。

當我在我繪製的野心地圖上描繪線條時，我下定決心要畫出種族主義與資本主義是如何影響了我們的故事。我在一九七五年至一九八二年在英國念書，先是住在倫敦，而後搬到格拉斯哥，當時我還在念書，我的老師——多數是白人女性——總是會在詢問我們這個埃及家庭來到英國的原因時，問我：「你父親是做什麼工作的？」當時正值第二波女性主義的最高點，然而那些離開家庭工作的女人依然預設我母親沒有工作。我的老師認為我們一家人都跟著我父親到處跑。我當時太年輕，還沒理解背後的原因，但我現在懂了：種族主義的低期待心態。我的老師無法想像埃及穆斯林女人除了跟著丈夫來到英國之外，還能有別的理由。他們無法想像埃及的穆斯林女人來到英國的理由除了因為她是某人的妻子和某人的母親之外，還有可能是因為她要攻讀自己的哲學博士學位。或者她可以同時為了這三個理由來到英國。

我自己的野心地圖還是個正在拓展中的藍圖，上面的墨水痕跡那麼新，每當我仔細端詳時都不禁懷疑我有沒有成功畫上去。二〇一八年四月，我在命名為「自由」的筆記本頁面中寫下：

「我的戶頭裡有三百美元，我是自由的嗎？我試著讓自己擁有的越少越好。我拒絕擁有家，因為我相信那是大多人都沒有特權擁有的事物。人們都推銷說經濟獨立是獲得自由的關鍵。但我們要拿什麼來做交換？工作的義務是什麼？」

如果我的帳戶裡有三百美元的話，我會被視為成功的人嗎？我知道我應該要因為自己只擁有那麼少錢而感到困窘，考慮到我如今的年紀更是如此，但為什麼呢？我投注了這麼多年在我的野心上，難道我一定要因此而獲得許多財富，我的野心才是值得追求的嗎？我的目標從來都不是有錢。這是否代表我的野心沒有我以為的那麼龐大？

每當我捫心自問這些問題，每當我以成人的後見之明，回想那些老師詢問我父親是因為什麼工作而把我們帶到英國時，都是在提醒我自己，為什麼我們必須把野心從父權主義、資本主義與種族主義中釋放出來。我的老師沒有能力想像我母親具有決策權與野心，此事讓我開始思考，當我們談及有色人種學生的人生與可能性的時候，還有哪些限制局限了我們的想像。雖然一九七〇年代中期正值第二波女性主義的最高點，但我很確定我老師之所以無法想像我的母親擁有決策權和野心，也有一部分的原因在於有一名身形龐大、手持鐮刀的死神，正不斷收割女性的決策權與野心：父權主義，我說的就是你！無論在當時還是現今，種族主義造成的低期待心態，與父權主義打造的順從個性所帶來的雙重打擊都在提醒我們，當我們滿心信任地把教育託付給教師時，部分想像力受限的教師會對離巢雛鳥抱持的野心造成什麼樣的威脅。受種族主義與資本主義限制的想像力會對有色人種學生帶來什麼樣的影響？而這些影響又會進一步使來自勞工階級的學生在談及自己的可能性時，接收到什麼樣的訊息？

「老師，你工作的地方住的人都是低收入戶，大多是拉丁裔社群，你是最不應該在提供學生建議時使我們沮喪的人。」一出生於洛杉磯南區的德希蕾．馬提內茲（Desiree Martinez）寫道。她是家裡第一個上大學的人，她寫了一封公開信給一位白人高中老師，當時這位老師在聽到德希蕾懷抱著進入加州大學洛杉磯分校就讀的野心時，建議她不要把目標設得這麼高，不如考慮社區大學看看。[3]

「我們需要你支持我們，我們需要你鼓勵我們去申請，事實上，我們並不相信自己有機會進入心目中的學校。我很幸運能找到另一位老師支持我提出申請，但那些沒有找到老師支持他們的學生該怎麼辦呢？」這是德希蕾寫在公開信件〈想勸阻我申請洛杉磯加大的那位親愛的高中老師，我現在是棕熊隊！〉（Dear High School Teacher Who Tried to Discourage Me from Applying to UCLA, I'm a BRUIN Now!）⑩中的文字。

提供德希蕾所需支持的另一名老師是有色人種，他提醒德希蕾她有能力可以達到進入洛杉磯加大的條件。她很感謝這位老師「在我最需要的時候推動我前進」，又說他是「我想成為的模範教育者」。德希蕾・馬提內茲在「同志」（La Comadre）網站公布此信件，網站指出「她發現洛杉磯加大缺乏有色人種學生的代表，於是開始提倡教育改革，希望藉此爭取她的同學沒有機會獲得的較高等教育中的空缺。」之後，她「在社群積極參與打擊教育不平等的活動」，目標是為加州教育局工作。[4]

父權主義、種族主義與許許多多其他主義不會站在教室門口對老師們揮手道別，禮貌地坐在外面等待老師教育那些易受影響的孩子，之後再重新把所有孩子安置到世界中。事實上，老師在學校外懷有的偏見與歧視並不會在他進入班級後消失。如果我的老師不能或不願想像我母親擁有野心或決策權，至少我和我的手足有特權能在回到家後，從我們的母親身上看出具有野心的女人是什麼樣子。我們父母雙方的教育程度與專業程度相當，他們認為知識是全世界最重要的一件事情。在我的妹妹還是個學步兒時，她常和我父親一起坐在餐桌前，我父親通常會在那裡準備之後要用來教導醫學院學生的簡報，我妹妹則常拿著以前我們用在透明片投影機上的透明片，在上面塗寫繪畫，為她自己的「課堂」做準備。有一天，她傷心地發現我們的父親不小心把她的透明片丟進了垃圾桶裡。「我的課！我的課！」她不斷大聲抱怨，直到我父親從一大堆垃圾中挖出了透明片，清理乾淨並還給學步兒為止。這位妹妹成長過程中的野心是要成為學者，而後拿到了自己的哲學博士學位。

我們很難成為自己沒有看過的人——因此，在種族主義會和父權主義攜手合作阻擋校內有色人種學生的國家中（例如美國），有色人種教師的存在是非常重要的。也正是如此，無論在哪個國家，我們都必須有來自邊緣化社群的老師，因為「代表」是很重要的，無論是道德標準、宗教信仰、行為能力、性別或性特質的代表皆然。勸阻德希蕾・馬提內茲不要擁有那麼強大野心的老師是一位白人女性。而鼓勵她的老師則是一位男人，他和德希蕾一樣是拉丁裔美國人。有色人種的女人要對抗的不只是性別歧視，還有種族歧視，而對於像德希蕾以及來自勞工階級的有色人種女人來說，她們要對抗的還包括了經濟歧視。

「我們的統計分析指出，老師的期望不只是用來預測學生成就的一種心態，而會確實影響學生的成就，成為一種自我印證的預言（self-fulfilling prophecy）。」美國大學公共政策學

---

⑩ 棕熊隊是洛杉磯加大的體育校隊。

副教授塞斯・葛韓森（Seth Gershenson）與約翰・霍普金斯大學經濟學副教授寫道，他們在二〇一七年針對老師的種族態度，會對學生的大學成就有何影響發表了一篇研究。[5]

該篇發表在《高等教育紀事週刊》（*Chronicle of Higher Education*）的研究列出一系列數據，包括二〇〇二年就讀高一的六千位學生的學術能力、社經地位，以及兩位老師對於這些學生能否獲得大學學位的期望值。這些數據來自於美國教育部國家教育統計中心的長期研究資料庫。[6]

研究人員想要檢視黑人老師與白人老師，對同一批黑人學生與白人學生抱持的期望值有多大的差異。從他們用來分析的資料庫，可以看出兩種老師對每位學生的觀點，也列出了老師與學生的人口統計資料。研究指出，這些老師期待百分之五十八的白人學生，以及僅僅百分之三十七的黑人學生能讀完四年的大學課程（以及之後或許會有的碩士課程）。

「不同種族的老師在評估同一位黑人學生能否取得大學學位時，白人老師的期待程度比黑人同事低了百分之九。這樣的差異在黑人男學生身上表現得比黑人女學生更明顯。」《高等教育紀事週刊》寫道。

這是否代表白人老師比較實事求是呢？

「研究顯示，所有老師在預估學生未來的成功率時都顯得較為樂觀。但在白人老師與白人學生中，樂觀程度與現實的差距明顯較大，在其他教師與黑人學生中則較小，可知白人老師對白人學生的高度期待能為他們帶來優勢。」《高等教育紀事週刊》指出。

這些期待與樂觀態度——信任學生、鼓勵學生的野心——至關重要。「無論是白人或黑人，準備程度相當的學生若能遇到比較相信他們能夠從大學畢業的高中老師，他們從大學畢業的機率就會比較高。這就是為什麼老師的期待以及任何種族偏見都非常重要的原因。」《高等教育紀事週刊》下結論道。

該研究的作者清楚表明：「我們發現白人老師的期待性質會使黑人學生陷入不利的地位。在請老師回答他們認為單一學生完成大學學業的客觀機率為多少時，白人老師會在學生為黑人時表現得較不樂觀。」

他們說，增加有色人種教師很重要，教導老師偏見與高度期待將扮演什麼樣的角色，以及將造成何種影響也很重要。作者在研究中引述了德希蕾・馬提內茲的故事，這位拉丁裔美國籍學生的白人老師阻礙了她想進入洛杉磯加大的野心。她寫給那位老師的公開信是期望具有何種力量的最好範例。

「低收入學生不需要教育者阻撓他們追求夢想，已經有大量媒體在做這件事了。我們需要的是願意相信我們的人，理解我們並未崩壞的人。我們這些來自低收入社群的學生充滿力量又聰明，我們值得獲得願意支持我們最瘋狂的努力的教育者。」馬提內茲寫道。[7]

當我想到我母親在一九六〇年代就讀開羅的醫學院時，我也會想到她的野心與她對野心的信念。我想到在我母親九歲時，一群軍人是如何在人民革命的支持下推翻了埃及的君主政體，結束了英國對埃及的占領。那些軍人的領導人賈邁勒・阿卜杜-納賽爾（Gamal Abdel-

Nasser）建立了以軍權作為支撐的獨裁體制，從此把埃及掌握在手中。軍方執政是埃及的大災難。在二〇一九年初，人權團體粗估埃及有六千名政治犯，我的母國是全世界第三大的記者監獄。納賽爾在埃及只做過寥寥幾件好事，其中之一就是對數百萬名埃及人開放免費教育。在英國的占領時期，原本免費的非宗教公立學校開始變成要收費。納賽爾使全埃及人都能獲得免費教育，一開始是一般學校，而後也把較高等教育含括在內。8 雖然有些埃及人很享受君主政體下的自由，但沒有任何一個國家能在外國的統治下真正自由，此外還有數百萬埃及人被困在貧困與社會不平等中。在一九五二年的政變／革命之後的數年間，免費教育協助了許多埃及人獲得了先前無法取得的優勢，使他們成為勞動力的一部分。「自由」當然是一個相對的概念，因為就算念書不用繳手續費或學費，但依然要考量書籍和各種用品的開銷。我的父母都出生於一九四三年的中產階級家庭，當時埃及的中產階級已大幅減少，他們兩人是第一代在免費教育中長大的埃及人。

新近獨立的後殖民國家總是會希望能開發國人的才華，建立一個不再受到占領的國家，埃及也不例外，當時埃及認為科學、醫學與工程學是最頂尖的領域。因此，我的叔伯阿姨們大多選擇在那些領域努力競爭學校名額。這件事提醒我們，**野心可以是由社會策劃出來的**。

在論及政治如何影響野心時，我應該要認知埃及把英國的占領者踢出國門後，便讓軍方帶著他自己的一套占領形式登堂入室，占領埃及直至現今。被你自己的武裝部隊占領並沒有比較好。數百萬埃及人的野心與希望，都被威權主義與貪腐給打了個粉碎。中東與北非（埃及也含括在內）的主要人口是年齡低於三十歲的人，但這個區域卻是一個由老人統治的世界。許多年輕人都參與了二〇一〇年於突尼西亞開始的革命與起義，他們很清楚自己的野心正逐漸被政治鎮壓壓迫至死亡，因此他們在阿拉伯之春時加入了抗議的行列，變得越來越出名。政府的威權主義不但把年輕人排除在政治圈之外，不給他們機會，也把年輕人排除在藝術、媒體與經濟的圈子之外。這樣的壓制在女人身上顯得更加糟糕，她們不但必須苦苦應付社會壓迫與性壓迫，還必須額外應付男人面對的政治壓迫。在埃及的窮困女人與來自邊緣社群的女人所面臨的狀況甚至更糟。我們要直接了當地責怪從一九五二年開始統治埃及的軍方支持政權扼殺了數百萬人民的野心。埃及的貧窮程度與社會不平等變得更嚴重了，而二〇一一年一月二十五日的革命目標——「人民需要政府垮台」——並沒有達成。我們擺脫了該政權的一名代表——統治埃及超過三十年的穆巴拉克——但依然還在努力抗爭，要擺脫軍方統治的政權。

有許多事物能引誘女人的野心陷入圈套，困住邊緣原本銳利的野心直到它變鈍，侵蝕它閃耀的表面直到它變得晦暗，削去它的尖角直到它變得平滑。這一切作為都伴隨人們對「女人與女孩必須受限制」的堅持：種族主義堅持有色人種的女人與女孩必須受限制，不會好過她們的白人同儕；父權主義堅持女人與女孩必須受限制，不會好過男人與男孩。有時候我們會看到父權主義公然這麼做的明顯案例。

根據法新社的報導，二〇一八年夏天，東京醫科大學（Tokyo Medical University）不得不承認他們「系統性地降低女性申請人的分數，使校內女學生的數量低於百分之三十。」[9] 而後另外進行的獨立調查顯示，東京醫科大學拒絕了四分之一在二〇一七年與二〇一八年申請該校且分數達到標準，理應被接受的女性申請者。根據法新社報導，有二十四位女性共同要求學校分別給予每人十萬日圓（八百八十美元）的賠償，她們說自己對此感到「非常痛苦」，並要求學校退還考試費用與車馬費。

不意外地，這時學校開始責怪女人擋了他們的路。匿名的消息來源對《讀賣新聞》（*Yomiuri Shimbun*）報紙說道，他們之所以決定要把醫學院的女性錄取人數限制在百分之三十以下，是因為「考慮到女性畢業生不會真的在醫學界受雇執業。」[10] 該大學宣布若他們不這麼做，日本將會因為女人結婚請長假而出現醫師短缺。「許多畢業的女學生最後都為了生養孩子而不再於醫學界執業。」消息來源表示。

翻譯過來就是：女人不能贏。她們可能覺得自己有資格成為醫學院學生——她們的入學考試成績也證明了這一點——但她們的野心被踐踏、被壓制，然後棄置一旁，一切都是因為這些子宮的擁有者（再次提醒，這是針對順性別女人的厭女情結）膽敢覺得自己既能成為醫師**也能成為母親**——而我的母親竟膽大妄為地具有這兩種身分！

父權主義在社會化女人的過程中，使她們相信自己主要該扮演的角色就是母親，而母親的生命中最尊貴的一個角色就是撫養孩子。如果女人膽敢覺得她們可以成為**超過**母親的角色的話，如果女人膽敢覺得她們值得花時間超越父權主義不斷要她們在這一生中扮演的主要角色的話，父權將會提醒她們，這種行為是在占用男人有權獲得的位置——醫師。如果女人拒絕乖乖地把野心打包起來，回家扮演媽咪和保母的話，父權的力量將在女人的野心面前豎起一面鐵柵欄，在她們有資格進入醫學院獲得應有的位置時將她們拒之於門外。

為什麼男性醫學院學生不需要離開醫療界，幫忙撫養他們帶到這個世界上的孩子？為什麼在面對同時想成為醫師與母親的女人時，日本不是一個更親切、更支持女人的國家？為什麼父權主義只在面對女人的野心時必須變成守門人？

如果你心中還懷有錯覺，認為父權主義會乖乖公平競爭的話，請留意：狀況還在變糟。東京醫科大學承認自己刻意禁止資格達標的女人進入學校後，日本政府被迫針對此事開始進行調查。其中一份報告指出，在政府調查的八十一間學校中，有四間學校差別對待女性申請者。[11] 其中有三間學校——東京醫科大學、順天堂大學（Juntendo University）、北里大學（Kitasato University）——承認此事並因此道歉，而聖瑪麗安娜醫科大學（St. Marianna University of Medicine）則否認了。[12]

如果你覺得女人因為膽敢同時擁有子宮與野心而受到懲罰，如果你覺得父權主義懲罰女人，是因為女人膽敢認為自己能獲得本該屬於男人的醫學院學生資格，那麼我要告訴你，順天堂大學把這種父權主義守門人的功能看得更重。根據澳洲廣播公司（Australian Broadcasting Corporation）的報導，順天堂大學承認自己曾非法操縱入學考試的成績，在二〇一六年至二〇一八年不當拒絕了一百二十一位女性入學。他們這麼做的方法與原因令人望洋興嘆。他們主張女人「擁有較高超的溝通技巧」，也就是說在申請醫學院時的面試過程中，女人具有優勢，所以該大學為了讓女人的面試變得更困難，把女人的及格分數調整成比男人高〇點五分。[13]

「我們的構想是要拯救那些男孩，基於這樣的構想，我們填補了這個差距。」大學校長新井一（Hajime Arai）說道。[14]父權主義正在「拯救」男孩呢！真是想不到啊。說得好像父權主義不是因為這個理由而存在一樣。順天堂大學不願承認父權主義在女人面前設置了重重阻礙，並給予男人與男孩各種特權，不願採取任何形式的正向差別待遇或平權措施，這間大學想做的事是「拯救那些男孩」。

「在考大學的期間，女人在思想上比男人更早成熟，通常擁有較高的溝通能力。」順天堂醫學院院長代田浩之（Hiroyuki Daida）說道。「我們當時是想要填補男人與女人之間的差距，拯救評分過程中的公平性。」[15]

在父權主義毫無掩飾地定義這種「公平」時，我們應該特別用心聆聽。在父權主義證實了我們長久的懷疑，證實了我們一直都是煤氣燈操縱下的受害者時，我們應該心存感激。我當時忍不住把那位大學校長和醫學院院長的藉口讀了整整兩遍，順道一提，那些藉口本來應該是道歉才對。所謂的「公平」指的是把結果調整成足以「拯救那些男孩」，這件事真是太有教育意義了。

日本醫學院的操縱爭議所帶給我們的道德啟示是，順性別女人應該因為拒絕在生物決定論的祭壇上自我犧牲而遭受懲罰，女人應該因為擁有較良好的溝通技巧——一個父權主義鼓勵女性培養但反對男性擁有的技巧——而受到懲罰。女人怎麼膽敢想要成為**超過**這些限制的存在？我們的地位就是應該**受到限制**。父權主義會努力確保這一點。這也就是為什麼野心是原罪。

當父權主義設計出一場規則就是讓我們變成輸家的比賽時，我們為什麼還要參賽？無數文章都在懇求女性把目標設得更高、擁有更多自信、懷抱更大的野心。那些為了自己想成為醫師的野心而努力念書的女人，依照那些文章的懇求那麼做了，最後卻發現人們為了「拯救那些男孩」而移除了球門門柱。他們以「公平」之名調整了系統，使男人受惠。這就是父權主義：使男人的優勢獲得更多特權的一種社會結構。他們告訴女人，把目標設得更高！擁有更多自信！懷抱更大的野心！然而，依據全球管理顧問機構波士頓顧問公司（Boston Consulting Group，BCG）針對二十萬名員工做的一項調查顯示，其中來自一百八十九個國家的十四萬一千名女性員工並不缺乏野心或自信，她們的野心和自信都是被父權主義抹殺掉的，就像前述的日本醫學院爭議一樣。[16] 該調查的目的是修正性別野心差異的迷思，根據調查結果顯示，在剛進入職場時，女人懷有的野心和男人相同，而後消滅了女人野心的不是家庭狀態或為人母，而是**她們的公司**。[17]

調查人員也發現，在缺乏多元性別的公司中，女人的野心會消磨得特別快。在那種公司中，三十歲至四十歲的女人與男人之間的野心差距落在百分之十七，這些公司裡有百分之八十三的男人追求升職，相較之下只有百分之六十六的女人同樣追求升職。若員工覺得公司的性別多樣化正在進步，在三十歲至四十歲的女人與男人之間幾乎不存在野心差異，有百分之八十七的男人與百分之八十五的女人追求升職。

公司是父權主義的縮影。父權主義保護並允許厭女情結，因此，除非公司主動削弱父權主義，否則女人的野心除了受到毀滅之外，還能有什麼下場呢？許多研究結果都在告訴我們一件我們早就知道的事實：父權主義保護男人並賦予他們力量、它給予男人特權、它確保那些由男人建造同時也是為男人建造的結構，繼續盡其所能地敵視女性。人們告訴女人要把目標設得更高、要懷有更多自信、要＿＿＿（請自行添加動詞）更＿＿＿（請自行添加副詞），同時父權主義毫髮無傷地堅持個體必須靠自己對抗整個系統，然後又在她無法靠著個人努力打擊該系統時責怪她。父權主義具有虐待狂傾向。父權主義毫無公正可言。不是女人使這個系統失望，而是這個系統使女人失望。

從企業典範中解放之後，野心會是什麼？沒有「工作」之後，野心這個東西還存在嗎？由誰來決定哪一個工作值得有野心？以下這段來自《未盡的女性主義》（*Feminism Unfinished*）的文字對我們大有助益：

> 我們不能期望那些靠著食物券養家的貧困女人，和那些想要成為法律事務所合夥的女律師，擁有相同的優先考慮事項。我們不能期望那些擔心請病假的勞工階級女人和大學教授擁

有相同的優先考慮事項。我們不能期待那些同時面對性別歧視與種族歧視的女人，和那些只面對性別歧視的女人，會在未來擁有相同的優先考慮事項。這樣的多元性讓我們知道，舉例來說，把女性主義者描繪成一位參與社會運動的職場女性是不對的。有些女性主義者優先考慮的是女人在平等基礎上擁有和男人相同的受雇權利，另外一些女性主義者要求的是人們更尊重、更支持女性所做的未支薪家務——更不用說絕大多數的女性主義者其實兩者皆重視了。我們永遠都不會有單一化、標準化的女性主義動機。18

人們允許勞動階級的女人有哪一種野心？在種族主義社會中的有色人種女孩可以有任何一點野心嗎？當一名來自菲律賓的女人在科威特找了一份傭人工作，獲得的薪水比她在母國能找到的任何工作還要高十倍的時候，野心的終點在何處，剝削的起點又在哪裡？當資本主義社會的新自由主義警察，重視自由市場更勝過那些和自由完全相反的工作環境時，工作到底應該是野心帶來的成果，還是殺死野心的場域？當勞工在製造我們使用的工具——從智慧型手機、平板到筆記型電腦——時遭到剝削與虐待，當勞工在為人類史上最有錢的人營運的網路零售商店，包裝我們購買的快遞商品時遭到剝削與虐待，尊嚴與基本收入的權利想當然耳就應該是我們努力謀求的野心。有些個體案例在父權主義、種族主義和資本主義剝削的系統性壓迫下存活下來並發展得很好，但我們無法以個案解決這些壓迫。

詩人暨作家愛瑞卡・桑傑斯（Erica L. Sanders）在她的文集《雙重約束：追求野心的女

人》（*Double Bind: Women on Ambition*）裡，其中一篇文章以尖銳的筆觸描寫了她自己的野心，與她移民到美國的墨西哥裔勞動階級父母為她而擁有的野心。19 她提醒了我們，移民家庭的小孩都很清楚他們的父母是為了孩子的成功而犧牲自己，冒著莫大的風險來到新的國家，這些小孩（尤其是女兒）必須扛著替父母追求並完成夢想的壓力。但成功是什麼？桑傑斯解釋，對她的勞工階級父母與家庭來說，「成功代表坐在辦公桌前面；代表你在酷熱的夏天有冷氣吹；代表你的老闆不會因為你不說英文而輕視你；代表你在做自己該做的事，好好生活時，不會在聽到**移民警察**時整個人跳起來。」

桑傑斯從還小的時候就知道自己想當作家，她說當家裡的每個人都在辛苦工作時，「沒有任何人，**沒有任何人**擁有我想要的那種生活，女人更沒有。」她完成了碩士學位，花了幾年的時間擔任自由作家，那幾年間她覺得自己實現了抱負，但同時經濟狀況十分不穩定，接著她似乎取得了成功，她獲得了一份全職工作，為一間公關公司撰寫有關生育權的文章。她的薪水優渥，但辦公室文化與工作狀況──桑傑斯的一位朋友將之描述為「思想的血汗工廠」──引起了桑傑斯的嚴重焦慮症，最後她辭職了。「我成年之後從來沒有經歷過這種毫無價值、毫無尊嚴的感受。」她寫道。她很清楚自己的焦慮症是由工作引起的，因為公司要求她順從的方式就像小時候她的家庭要求她順從的方式。離職一週後，桑傑斯找到了一份顧問工作，讓她有機會四處旅行，同時撰寫以女性主義為題的文章。

「我現在行動自由，獨立自主，我有特權能做出我母親想也想不到的選擇。她在三十八年前跨越邊境時，也讓我獲得了許可，得以跨越我自己的邊境。」桑傑斯寫道。

桑傑斯的文章讓我很感動，因為儘管我們兩人的家庭背景不同，但我們都是移民的女兒，我們的父母反對母國文化對我們這些身為女兒的小孩提出的要求。我們成長時既在我們父母的世界中航行，也在他們帶我們抵達的世界中航行。我們都想要成為我們不曾親眼見過的職業——作家——並且在一路前進的同時真的成為作家。

「我曾一度以為這個世界不會允許我成為真正的我。」桑傑斯寫道。

野心是一種違抗。是對著堅持我們該退縮的父權主義舉起的一隻中指。**關注和野心是一對表親。前者相信「我值得關注」，後者宣告「我能更超過」**，這兩種舉動都是在挑戰父權主義。而這兩者的同類「自大」則是關注與野心的燃油。我是女性自大的超級粉絲。「你以為你是誰」這句話不但能處罰關注的「原罪」，同時也能打擊野心的「原罪」。我以為我是誰？人們告訴我我能成為怎麼樣的人，但我相信我是一個遠超過這些限制的人。我相信我是當今世界上最重要的女性主義者之一，這就是為什麼我寫出了你正在讀的這本書。我的野心是成為作者，讓世界各地的人都閱讀我的文字，而這些文字將會帶來影響，成為力量，尤其是女人的力量。我的野心是因為挑戰、反抗與瓦解父權主義而變得知名。我的野心是為了對抗父權主義、種族主義、階級主義、恐同情結、跨性別恐懼情結和各種偏執心理而說出激進的、引起共鳴的話語。我相信我正在成功的路上。這就是我以為我是誰的答案。相信這些事情代表我自大嗎？誰在乎啊！這都是我靠自己贏來的。

只要隨便瞥一眼流行文化，你就能知道女性的野心具有多大的顛覆性了：電視劇《超時空奇俠》（*Dr. Who*）要讓女性來主演超時空奇俠這位主角的新聞發布時，男性影迷們大發脾氣，電影《魔鬼剋星》（*Ghostbusters*）要把所有角色改為女性重新翻拍的新聞發布時，男性影迷們再次大發脾氣，除此之外，還有許許多多的例子，都是因為女人膽敢覺得她們有權在父權主義曾保證讓男孩俱樂部擁有版權的電影中獲得主要角色，而讓男人們大發雷霆。[20] 要記得喔：「男孩」可是需要「拯救」的。

他們希望其他女人不會看到──也就是不會想到──我們也可以成為明星，不只是知名電視節目或系列電影的明星，也是我們自己生命中的明星。在女人流露出野心，想獲得父權曾答應將會屬於男人，也只會屬於男人的地位時，男人總是會大發脾氣，大發脾氣之外的時間，他們總是在積極努力地摧毀女人的野心，處罰那些膽敢踏出小框框之外的少數女人，藉此殺雞儆猴。以英國體育記者薇琪．史巴克斯（Vicki Sparks）為例，她是第一個在英國電視直播上，為世界盃比賽作評論的女人，但並不是每個人都對這種歷史性的功績感到歡心鼓舞。

「我比較想在看足球的時候聽到男人的聲音。」曾在英國的切爾西足球隊與托特納姆足球隊擔任球員的傑森．康迪（Jason Cundy）在電視節目《早安英國》（*Good Morning Britain*）上說道。[21] 為什麼非得由男生來描述、分析與評論在球場上踢一顆足球的二十二個男人？康迪的理由充分說明了父權主義是如何管制女性的野心，如何允許男性的想法，因為，我們要記得，父權主義也會傷害男人。康迪說道：「九十分鐘都在聽高頻的聲音，這真的不是我想聽的內容。足球比賽常有戲劇化的時刻，每到這種時候，我需要的是比較低一點的聲音。」

這些言辭充滿赤裸裸的厭女情結，而我很懷疑康迪有沒有停下半秒考慮過，無論男性的聲音在音頻的哪一段，父權主義都認為它是「比較低」的——「比較低」應該讀作：比較男性、比較陽剛、比較好接受。

我在撰寫本章時把一張照片放在旁邊，那張照片完美體現了「你能否成為你不曾見過的事物？」這個問題。那是一張印度女人的團體照，她們全都穿著印度紗麗，有些人在頭髮裡別著花朵，正對著彼此微笑、大笑和擁抱。她們看起來像是已經成為她們需要成為的人。她們本來就應該是這樣的人。她們顯得歡欣鼓舞，開心又驕傲地牽著彼此的手。

這些女人是印度太空研究組織（Indian Space Research Organization）的科學家與工程師，照片中的她們，在二〇一四年九月二十四日於太空船控制中心慶祝，當時印度的火星軌道探測器「曼加里安號」（Mangalyaan，在印度語的意思是火星飛船）成功進入了火星軌道。[22]我們有多常看見女性的太空科學家與工程師？我們有多常看見不是白種男人的太空科學家與工程師？我們有多常看見並非白種女人也不是穿著西方「成功」企業套裝的女人在工作環境慶祝？當時印度剛成為首次嘗試就成功執行火星探測任務的國家，加入了美國、俄國和歐洲的行列，成為成功送出探測器至火星軌道或地面的國家之一。這次的任務也使印度成為亞洲第一個接觸火星的國家，前一個嘗試的國家是印度的區域性競爭對手中國，他們在二〇一一年嘗試發射探測器，卻在離開地球軌道時失敗。

相較於把一臺探測器送到火星，推動野心需要更多信念的燃油。你可以計算前往火星需要多少燃料，你可以仔細琢磨這些公式以確保你能達成目標。而啟動野心則困難得多——尤其當我們脫離了父權主義與財富，這些眾人總是用來檢測野心是否「達成目標」的標準時——此外，我們也難以測量野心是否獲得了難以捉摸的成功。

瑞典藝術家希爾瑪．克林特（Hilma af Klint）就是一個格外能引起共鳴的實例。她早在目前人們認為推動抽象藝術的男性畫家開始畫抽象畫的好幾年前，就在位於瑞典的工作室這麼做了，抽象畫幾乎可以說是由她發明的，她遠遠脫離大眾的認可，深知這個世界還沒有準備好面對她的藝術，這樣的一位藝術家要擁有多大的野心，才能對自己的使命與藝術抱持足夠的信念？她擁有的野心必定不會少於推動火星任務所需要的野心。我在撰寫本章的過程中，到紐約市古根漢美術館參觀了美國第一場大型的克林特藝術展。一九〇六年時，克林特四十多歲，她在這一年開始畫出一系列的非形象畫作，遠比瓦西里．康丁斯基（Vasily Kandinsky）、皮特．蒙德里安（Piet Mondrian）和其他現代主義畫家還要早上好幾年。對她的同輩來說，克林特是以傳統具象藝術聞名的。但在一九〇六年至一九一五年間，克林特創作了共一百九十三幅的系列作，名為〈神廟的繪畫〉（*The Paintings for the Temple*），她說她在作畫之前獲得了一位看不見的神靈託付的任務，那位神靈是「最高主宰」的一部分，當時克林特與一小群女性會一起用靈界儀（psychograph，一種設計來使人們和靈界溝通的儀器）

和那位「最高主宰」交流。

克林特在世期間曾把其中少數幾幅抽象畫作公開展示，策展人崔西・巴斯科夫（Tracey Bashkoff）在隨展覽出版的手冊《希爾瑪・克林特：來自未來的畫作》（*Hilma af Klint: Paintings for the Future*）中做了解釋。

克林特在一本一九三二年的筆記本開頭處寫道，她為神靈而作的作品，包括〈神廟的繪畫〉系列，都必須在她死後二十年才能展出。儘管如此，她並沒有把這些作品當成非常嚴謹的祕密。克林特憑藉著《藍皮書》（*The Blue Books*，克林特用來彙編自己最重要的作品體系的數本筆記本）創造出一套工具，讓她能選擇性地分享自己的畫作……這些筆記本讓克林特得以把作品的形式、色彩與象徵意涵，展現給她信任的觀眾看。這樣的行為與其他舉動都明顯指出，克林特認為最重要的不是把畫作當成祕密，而是確保畫作能在正確的環境下給適當的觀眾欣賞。克林特對同輩人缺乏信心是有原因的。她畫出這些作品的時候，藝術界的多數人都看不起女人的作品，而且許多評論家都不把抽象作品當作一回事。[23]

父權主義掠奪了一位充滿天賦的藝術家在有生之年受到賞識的機會。雖然這件事沒有摧毀她的野心——她知道自己可以超過父權主義允許女人成為的樣子——但這件事卻否認了她在所謂的「歷史」應有的地位。這件事也否認了其他應該成為楷模的女藝術家，並且使我們這些並非藝術家的群眾無法欣賞這段非男人所寫的、與男人無關的歷史。克林特的野心給予她支持，使她有自信創造出屬於自己的歷史。她創造出這些藝術品的地點並不是當時的首都巴黎和維也納，而是在沒有人賞識與認可她的首都斯德哥爾摩。她知道這個世界還沒準備好面對她。這個故事聽起來真是再熟悉不過了。克林特並非不相信自己的作品。正好相反，她很清楚這些作品的價值。但是她對於社會大眾沒有信心。

雖然在克林特的時代，招魂術在其他抽象藝術先驅者之間廣受歡迎，不過招魂術不但啟發了她的許多作品，也為希爾瑪開拓了一條生路，繞過了女性野心的龐大守門人：父權主義。「招魂術最終幫助克林特以〈神廟的繪畫〉系列作獲得了重大的藝術突破。她並不是唯一一位應用招魂術破除古代限制的畫家。當時的靈媒多為女人，許多女人都以招魂術為管道，突破當時社會邊緣化女人話語的困境，直接取得絕對的權威。」巴斯科夫寫道。

「我們是女巫的孫女，你們再也不能火燒我們。」埃及藝術家葛達．阿梅爾（Ghada Amer）的畫作這麼寫道。[24]

在我們把父權主義與野心分離，把野心與父權主義分離之前，我們將會一直迫使女人與女孩縮小她們的野心，使之符合愚蠢至極的一句話：「女人可以做到所有男人能做到的事。」

我不想要做任何男人能做到的事。我想要自由。

接下來我要告訴你，我們是如何把野心的接力棒從女人交到女孩手上的。

我的一位姪女在八歲的時候，告訴我她在網路上找我們家人的照片。

「我看到你……」她停頓片刻。「算了。」

我以為她想要說，她看到我在被埃及鎮暴警察侵害後雙手打了石膏的照片，她說到一半停下來，大概是因為她擔心我會因為想起不好的回憶而感到沮喪。在她母親又勸又哄了一小陣子之後，她終於告訴我，她本來想說的是她看到了我二〇一二年在紐約市時代廣場地鐵站，因為往種族歧視廣告上噴漆而被逮捕的照片。我親愛的姪女覺得她看到我為了我發誓要做的事而被逮捕，這會讓我感到難過。我很驕傲那一次的公民不服從行動，當時我被拘禁到隔天，被起訴的罪名是毀壞財物、塗鴉和持有塗鴉物品。最後，一位法官為了維護公義而撤銷了這些指控。

我告訴姪女，我很驕傲自己被逮捕了。我們好好聊了我往廣告上噴漆的原因，以及為什麼我的抗議行動很重要。接著，我們一起欣賞我被逮捕的幾張照片。我們的對話繼續下去：

姪女：我知道你為什麼要刺青（她指向我的前臂）。

我：為什麼？

姪女：因為他們打斷你的手，而你想說「我很自由、我很棒」。他們為什麼要打斷你的手？

我：他們想要把我嚇跑，讓我回家，不要繼續抗議。

姪女：你回家了嗎？
我：沒有。
姪女：太好了！

讓我們總是告訴女孩，她們可以太超過。

第五章

權力

不徵詢許可的女人才是擁有權力的女人。

我和很多黑人女性一樣，總是必須自行創造我的自由需要的權力：我這一輩子都在研究革命。我曾尋找革命、曾在可能的時候推動革命，也曾在沒有辯論空間的時候等待時機，有時是為了研究，有時是因為這麼做才合理：我只能依靠自己的生命或死亡。在美國這裡，待過一陣子你就會疲倦了：你可以永遠把最充沛的能量用在寫信給《紐約時報》。但其實，你在心底深處很清楚，寫信回覆並不等於挺身反擊。

——瓊・喬登（June Jordan），

《待命：政論文集》（*On Call: Political Essays*）[1]

什麼是有權力的女人？

二〇一四年，我父親和我去了開羅的一間咖啡廳看男子世界盃的總決賽，這場賽事每四年舉辦一次，這年在巴西舉辦。這場決賽的結局是德國再次打敗了阿根廷，抱回獎杯。雖然我們的國家隊沒能獲得該年的聯賽資格，但咖啡廳依然擠滿了人，因為埃及是個熱愛足球的國家。男子世界盃足球賽是全世界最多人看的一場運動聯賽，二〇一四年的齋月正好與聯賽落在同一時期，由於埃及與巴西有時差，穆斯林們發現禁食正好結束於決賽這一天，因此許多人都擠進了咖啡廳喝咖啡、喝茶和抽水菸。

在頒獎給贏家的典禮中，一個和家人一起坐在我們隔壁桌的男孩指著電視螢幕，螢幕裡有一個女人站在講臺前等待選手。

「爸爸，那個女生是誰？」男孩問。

「那是巴西總統。」他父親回答。

「女生也可以當總統嗎？」男孩問。

就算我再怎麼精心策劃也無法安排比這一幕更棒的瞬間了。我最喜歡這種時刻了——在這短暫的片刻間，我看見我以為幾乎不可能發生的事出現在眼前。而且這一刻發生在世界盃決賽結束後，在全世界都一起欣賞最受歡迎的體育賽事的時候。我轉向男孩，開始我的諄諄教誨。

「今年舉辦世界盃的國家是巴西，巴西的總統是一位女人。剛剛參加決賽的兩個隊伍

——德國和阿根廷——他們的國家領導人也都是女人。你看，看到舞台上的第二個女人了嗎？那個女人就是德國的領導人。」我一邊說，一邊指向德國總理梅克爾（Angela Merkel），她就站在巴西總統羅賽夫（Dilma Rousseff）身邊，選手們紛紛和頒獎給他們的領導人握手擁抱。只有阿根廷總統費南德茲（Cristina Fernandez de Kirchner）沒有出席。「總有一天，埃及也會有女人當上總統。」我說。誰能想得到男人的運動賽事，能讓我有機會在家鄉推廣女性主義呢！

我想要讓坐在家人身邊的這一個男孩和兩個女孩知道，女人也可以當上總統和領導人，你需要看到你想要成為的那種人。埃及也經歷過女人掌權的時代。我們曾有過一名叫哈姬蘇的法老，她在第十八王朝（西元前一五五〇年至一二九五年）掌權，在二十多年間一直是古埃及掌握最大權力的人。[2]但現代的狀況又是如何？我想要能夠指著某個還活著的人，讓那三個孩子知道女人也能掌握權力。

如果我能擁有的時間比世界盃頒獎典禮更長的話，我會告訴那些孩子，權力這件事遠比擔任總統或總理還要複雜得多。權力也存在於總統辦公室之外的許多地方，除了政治之外，我們還有許多其他方法能獲得權力。我會花更長的時間替他們解說女性主義，並告訴他們，我堅持我們必須區分「瓦解父權主義」的權力和「服務父權主義」的權力。

在二〇一四年世界盃聯賽的期間，有兩個由女人領導的國家提醒了我們，在論及父權主義對權力的影響時，我們要提出的問題必須比「女人能當總統嗎？」還要更宏觀、更複雜。

我們必須提出一個同樣重要的問題：那個女人是女性主義者嗎？她有為了瓦解父權主義而努力嗎？她會拿權力來支持還是消滅父權主義？巴西與德國的總統給出的答案都一言難盡。

巴西或許選出了女總統，但這整件事依然充滿了男性權威者。根據亞卓安娜・卡蘭札（Adriana Carranca）在《大西洋月刊》（*Atlantic*）的報導，只有百分之十五的巴西聯邦議員與州議員是女人——這已經是歷史最高點了。[3] 羅賽夫曾是馬克思主義游擊隊員，她是巴西的第一個女總統，在二〇一六年被一位曾涉及貪腐的參議員指控違反預算法規。[4] 之後由副總統暫時接下臨時總統的位置，副總統是一位政治立場中間偏右的男人，他組建的內閣清一色全是白人男性，在首月執政期間就有三名部長因被控貪腐而下臺。二〇一八年十月，對於自己身為厭女者、種族主義者與恐同者的身分絲毫不以為恥的極右翼政治人物博索納羅（Jair Bolsonaro），打敗了左翼的勞工黨（Workers' Party），在拉丁美洲最大的民主國家，也就是在一九八五年剛結束長達二十年軍政府統治的巴西成為總統。[5]

想要理解父權主義的運作方式，以及它如何從所有它宣稱要打敗的事物中獲得利益，我們必須先知道是哪些男人推動了羅賽夫的殞落。

「二〇一五年末，當時由福音派信徒領導者暨眾議院議長庫尼亞（Eduardo Cunha，目前因貪汙罪在監獄中服十五年的有期徒刑）帶頭，針對巴西第一位女總統羅賽夫提起彈劾案。羅賽夫在一年後被撤職。其中一位投票贊成罷黜卡蘭札的就是博索納羅。他將自己的那一票獻給了巴西軍方獨裁政府酷刑單位的領導人烏爾薩（Carlos Alberto Brilhante Ustra）上校。羅賽夫也是遭受酷刑的人之一。」卡蘭札寫道。

懷有極端厭女情結的博索納羅會被稱做「熱帶版川普」是有原因的。他常在提起女人、同性戀族群、非裔巴西人和原住民時使用冒犯性的語言。夏安・波利馬度（Chayenne Polimédio）在《外交》（*Foreign Affairs*）雜誌上寫道，博索納羅「告訴一位女性國會議員他不會強暴她，因為『她不值得』，他解釋自己的兒子永遠不會愛上黑人女性，是因為他的兒子接受了『良好的教養』。之後他又說他們不應該把某個女人任命為部長，因為『她是個男人婆』。」[6]博索納羅有五個小孩，他曾說他唯一一個女兒是因為他妻子「很軟弱」才會出生。

如果博索納羅讓你聯想起某位特定的美國總統的話，想來我們也無須驚奇川普會在博索納羅就職當天的推文下，大肆恭喜巴西的新任總統，並告訴他：「美國支持你！」博索納羅的推特帳戶則回覆：「親愛的總統先生@realDonaldTrump，誠摯感謝你的鼓勵。我們將一起在神的保護下為我們的人民帶來繁榮與進步！」[7]

博索納羅的女性支持者在受訪時都和川普的女性支持者一樣，對女性主義充滿強烈的憤恨與拒絕。有些人認為巴西女人不需要女性主義，因為她們不是受害者，有些人堅稱男人和女人是平等的，還有人說如果她們做得到這種事——「這種事」指的有可能是賺大錢或同時周旋於工作和家庭之間等種種特權——那麼每個女人只要夠努力就應該也能做到。她們幾乎總是會忘記，對於那些處於不利社經地位或遭到邊緣化的人而言，無論他們多努力，依然會遇到許許多多不平等的限制，他們能獲得的機會比不上那些擁有較多特權的人能獲得的機會。根據《衛報》報導，博索納羅的女性支持者和支持川普的那些美國女性非常相似，為了保護自己與她們所愛的人，她們希望的是有權擁有武器，而不是有權瓦解父權主義——也就是厭女暴力根源——的武裝。8

巴西是全世界對女人最暴力的國家之一。在二〇一七年，每天都有六百零六件家暴案件與一百六十四件強暴案件。9實際的數字其實更高。這些還只是政府有登記的案件而已。

有些女人投票支持博索納羅這種不知羞恥的厭女候選人，我把她們稱做父權主義的步兵，那些明知巴西對女人來說有多危險的女人更是名副其實的步兵。最諷刺的是，雖然父權主義讓針對女性的暴力得以發生並保護這些暴力，但與此同時，父權主義又表現得好像自己是女性的偉大保護者。博索納羅就是這樣的父權主義代表，他宣稱自己是個保護「家庭價值」與「法律秩序」的候選人。根據《衛報》報導，這個男人曾對巴西的女國會議員——羅沙里歐（Maria do Rosário）——說道：「我絕對不會強暴你，因為你不值得被強暴。」然後又在競選期間說道，由於他提議要對強暴犯施以化學閹割刑，所以他是唯一一個真正擔心暴力侵害女性的候選人。10

當人民票選出來的國家領導人，以如此公開的方式表現出他的厭女情結，這將會使其他男性認為他們獲得允許，可以表現得好像女人的身體是本來就會被拿來批評的東西。在一個針對女人的暴力如此嚴重的國家，博索納羅提醒了我們，當父權主義提議要「保護你」時，你必定要付出代價。根據《衛報》報導，一項近期研究指出，百分之五十八的巴西人都部分同意或全然同意此描述：「如果女人知道怎麼表現出端莊的舉止，強暴案就會比較少。」[11]博索納羅投票反對二〇一五年的一項「女性謀殺」（femicide）法，這是羅沙里歐發起的法案，目的是在兇殺案的動機為性別時，把刑罰判得更嚴峻。《大西洋月刊》的報導指出，博索納羅在二〇一七年的國際女人節受訪時表示，巴西的女人應該「別再哭哭啼啼了，別再抓著女性謀殺的故事不放了。」[12]英國國家廣播電台（British Broadcasting Corporation，BBC）也曾報導，博索納羅在二〇一六年於電視上受訪時，說他不會讓女員工拿到「和男人一樣的薪水」，因為女人會懷孕。[13]

根據《衛報》的新聞，博索納羅在二〇一三年與其他政客共同提出一個法案，希望能廢止強暴被害人合法墮胎的權力——請記得，這個國家在二〇一七年的每日強暴案報案數量是一百六十四件。[14]博索納羅在選舉前幾天曾和天主教堂簽署了一份「承諾書」，保證他會捍衛「生命從受孕開始應有的權利」。當選後，博索納羅說他要廢除巴西人權部門，並任命支持保守立場的福音教派牧師達瑪斯・艾維斯（Damares Alves）擔任新創立的婦女、家庭與人權部的部長，該部會同時也要協助管理巴西原住民，根據估計人數大約九十萬左右。[15]艾維斯曾說過她希望「巴西沒有墮胎」——事實上，在巴西絕大多數狀況下墮胎都是違法的——她還指控女性主義者「在男人與女人之間發動戰爭」。根據《衛報》指出，她「與其他人共同創辦了一個組織，拯救陷入危險的小孩，並到原住民社區中傳福音。」她的作為提醒我們，父權主義的步兵有無數種方式能模仿世界各地的其他步兵做過的事。[16]她是受到父權主義提拔的範例之一，她接受了父權主義給她的「有限權力」的麵包屑。

《外交》雜誌的文章指出，巴西的女性選民超過總選民人數的一半，由女性領導的家庭數量在二〇〇一年至二〇一五年之間多了一倍，然而巴西女人的貧困與失業比例卻比男人更高，同時女人的政治參與度又比男人更低。[17]只要父權主義還在利用種種壓迫，巴西的這種狀況，或是全世界任何地方的這種狀況就不會太快停止——其中最具代表性的人物之一就是欣然接受這個角色的博索納羅和他服務的各種利益：軍國主義、資本主義、威權基督教價值。

根據BBC報導，在擔任議員期間，博索納羅代表的是巴西的武裝勢力，選上總統後他已任命了七位前軍方人物領導重要部會。[18]卡蘭札在《大西洋月刊》中寫道，博索納羅的支持基礎「被巴西人稱作『BBB集團』：do boi、da Bíblia、da bala，也就是『牛肉、聖經、子彈』，這三種東西分別指的是鄉下選民、福音派基督徒與支持擁槍的群眾。握有權力的許多商業集團也公開支持博索納羅。」[19]

保守主義與父權主義手拉著手，我們必須記得，保守主義在給予男人利益的同時，會殘酷地對待那些拒絕遵循它那套嚴格行為規範的女人與男人。根據《外交》雜誌指出，巴西有百分之八十二的女人反對墮胎合法化，有百分之四十反對同性婚姻。巴西的福音教派社群（他們支持博索納羅，有證據指出福音教派也是支持川普的主要支柱）在全體選民中占比百分之二十二，目前還在繼續成長。[20]

在二〇一八年九月底，也就是巴西總統大選前一個月，「#不要他」（#EleNao）的標籤在社群媒體上團結了數百萬名害怕博索納羅當上總統的女人，也激起了上萬人參加巴西史上最盛大的一場女性發動的示威活動。「#不要他」活動是反抗性侵害、性別主義與歧視的眾多活動裡的其中一部分。他們站在博索納羅的女性選民的對立面。[21]

在談到博索納羅的對立面時，鮮少有人能比得過馬里耶勒·佛朗科（Marielle Franco），她是一名黑人酷兒女性，也是巴西少數的黑人女政治家之一。佛朗科是里約熱內盧市議會的議員，也是人權倡議者，她反對那些控制了里約貧窮地區的武裝幫派，而後在二〇一八年三月，也就是總統大選的七個月之前，佛朗科被謀殺身亡。[22]她在主持完一場鼓勵里約黑人女性參與政治的活動之後，和司機安德森·高梅斯（Anderson Gomes）在離開的路上，於車內遭槍殺身亡。大約在她死亡一年之後，兩名前警察因為和佛朗科的謀殺案有關而被逮捕。[23]

佛朗科——一名年輕的黑人酷兒女性，她直言不諱地反對警察的殘暴行為——被謀殺和博索納羅——一名具有厭女情結、種族主義與恐同情結的白人，他支持擁槍與更強大的警力——成為總統，這兩件觸目驚心的事件提醒了我們，現今的巴西到底是什麼樣子。

在步入二十一世紀將近二十年的現今，唐納·川普顯然只是其中一個不知羞恥地擁有父權主義與威權主義動機並獲得權力的男人。其他幾個特別著名的還有俄國、中國、埃及、菲律賓、匈牙利、波蘭、土耳其、義大利和印度的領導人。

附屬於德國中間偏左翼的社會民主黨（Social Democratic Party，SDP）的德國艾伯特基金會（Friedrich Ebert Foundation，FES）在二〇一七年深入研究了德國、法國、希臘、波蘭、瑞士與匈牙利的右翼民粹選民，發現越來越多白人女性受到右翼民粹政黨吸引，她們通常比男性同儕更激進。24

值得注意的是，該研究發現雖然許多右翼民粹政黨的領導人中都有女人位居要職，例如法國極右翼的民粹政黨國民聯盟（National Rally）的領導人瑪琳．勒龐（Marine Le Pen）、波蘭前首相暨法律與公正黨（Law and Justice，PiS）成員貝婭塔．席多（Beata Szydlo）、德國另類選擇黨（Alternative for Germany，AfD）的共同領導人愛麗絲．魏德爾（Alice Weidel），但是其他地方卻明顯缺乏女人的存在。絕大多數右翼政黨的議會代表都是男性。以德國為例，在AfD多達九十二席的議會代表席次中，只有十位是女人。

「這些女人出現在這裡的意義，是讓這些政黨獲得一種比較開放的、比較現代的偽裝，並吸引女性選票。」編輯該篇FES研究的伊麗紗．古契（Elisa Gutsche）告訴德國之聲。「它們不是進步的政黨，這種現象並不是真正的性別平等。」25

古契說，許多右翼民粹政黨都靠著保證會提高孩童福利津貼和其他能夠促進家庭發展的補貼，來累積女性選民。承諾要增進「家庭福利」的白人至上主義政黨顯然並不是對所有家庭都感興趣。他們擔心的是白人家庭能否位列第一，同時他們也會推動傳統的異性戀家庭觀念，把女人就是母親的概念當作中心思想。無論是在美國還是歐洲，白人至上主義絕對都是非常父權主義的——那些極右政黨沒有推動半點性別平等。波蘭的右翼政黨就像美國的共和黨一樣，一直努力想要完全禁止墮胎。而投票給那些政黨的白人女性其實就是在接受被丟到她們眼前的麵包屑，她們接受了有限的權力，緊跟著那些掌握實權的白人男性，獲得保護與特權。他們說移民跟白種家庭競爭，他們說難民、尋求政治庇護者和移民會吸乾那些本來應該由白種家庭擁有的資源，藉此鼓勵白種女性選民的外國人恐懼情結。他們想要讓白種女人生更多白種嬰兒。正如在巴西女性身上出現的狀況，FES的研究也指出在他們調查的歐洲國家中，女人在晚年時做的較有可能是薪水較低的工作，也有較高的風險會陷入貧困狀態。

「我認為女人有感覺到她們其實處於社會階級的較底層，她們發現自己必須和難民與移民競爭。」古契說道。沒錯，那些把票投給右翼政黨的白人女性，不應該接受自己的競爭對象是被白人的、資本主義的父權主義所削弱與邊緣化的社群，她們該做的是詢問為什麼她們只能在階梯上占據這麼低的位置。投票給極右翼政黨，讓他們運用父權主義與各種形式的壓迫並不是解決之道。我們要鼓勵白人女性看見自己應該超越梯子——也就是超越階級，而且我們必須知道，父權主義正是用這個充滿壓迫與不正義的梯子來保護自己的。雖然那些女人可能會因為追隨白人的權力而獲得好處，但她們沒有得到任何事物能夠保護自己不受父權主義的侵害。我們必須瓦解父權主義使用的階級制度，而不是把目標放在順著不正義的梯子往上爬得更高。

正如那百分之四十七投票給川普的白種女人一樣，那些在歐洲支持極右政黨的白種女人也同樣地允許自己的種族勝過自己的性別，她們按照「保護與供給」的規則行事，這套規則特別強調女人要擔任母親與養育者這種傳統角色，並保證會回報「保護」給這些女人。再次重申，她們是父權主義的步兵。無論何時，只要父權主義拿出了誘人的保護當作承諾，女人就一定要問清楚，獲得那種保護的同時要付出什麼代價，以及不接受保護的人會有怎麼樣的下場。

以歐洲的極右翼政黨與美國的白人至上主義為例，他們提供的保護是讓女人遠離黑皮膚與棕皮膚的男人，這些男人在歷史上常被刻板地定義為性慾過剩又可能會強暴白人女性的暴力分子。白人至上主義者承諾白人女性，只要女人對他們忠誠，他們就會保護這些女人遠離有色人種男性在他們的想像中會帶來的危險。但事實上，世界各地的女人大多是被她們認識的男人所傷害：現任伴侶、前任伴侶或親戚。換句話說，投票給極右派政黨的白人女性必須面對的最大危險，是她們自己周遭的厭女者。根據《每日野獸》（*Daily Beast*）的報導，德國的新納粹主義聯盟（neo-Nazi rally）在二〇一七年發布了一則廣為流傳的消息，宣稱移民正在傷害德國女性。[26]但《每日野獸》發現，該聯盟發表的照片並不是被移民傷害的德國白人女性，而是遭受警察暴力與家暴的美國與英國受害者。

父權主義總是把有限權力的麵包屑丟給女人作為回報。它認為接受了這些麵包屑的女人應該要支持父權主義、內化父權主義的命令、管控其他女人，而且這些女人永遠都不能忘記，這些權力是父權給的，它隨時可以收回。父權主義會允許寥寥數個女人獲得她們過去不准獲得的地位，然後將之稱為進步。與此同時，它還會要求我們不准指出，其實真正擁有權力的是那些丟出麵包屑的人，而不是接受麵包屑的人。

我們必須拒絕那些麵包屑。父權主義在維護自己運作的同時帶來了一大堆壓迫，然後再提供那些麵包屑作為補償。我不要麵包屑，我要整個蛋糕。我們必須烘焙自己的蛋糕。我相信瓊・喬登在本章提詞所說的那段話就是這個意思，身為黑人女性，她「總是必須自行創造我的自由需要的權力」。

女性主義的目標不能只是提高任何女人或所有女人的地位。如果這個目標不包括一併摧毀父權主義的話，這就是個空洞而無意義的目標。為了達到這個目的，女性主義必須把目標放在推翻父權主義為維護自己而施加在女人身上的壓迫。女性主義必須用莫洛托夫汽油彈瞄準父權主義支持的力量並消滅它們。我們必須知道父權主義尚未瓦解，努力朝那個目標前進，我們也必須知道，讓女人進入男人專為男人創造的空間與結構，代表的只是我們獲得了擴張權力的機會，而不代表我們終結了父權主義。我們該做的不是慶祝那些例外個體順利獲得欽賜的地位，或慶祝她們成功保住了能夠擁有權力的位置——例如在任何地方透過選舉、提名或其他管道，獲得接近領導人的地位——我們必須做的事是引導與鼓勵那些個體超越她們自己，擴張那些權力。ＡｆＤ的共同領導人魏德爾就是從父權主義那裡接受了權力麵包屑以獲得個人利益的好例子，同時，她也是支持父權主義的其中一名步兵。魏德爾是一位女同性戀者，也是充滿恐同情結政黨的黨員，她反對移民，又非法雇用一位敘利亞難民作為管家。[27]

保守派政黨與右翼政黨都同樣會因為父權主義所使用的各種壓迫受惠，這些壓迫包括了白人至上主義、資本主義帶來的財富差異與收入差異等等，同時這些政黨會為了隱藏他們的厭女情結而在這邊指派一個女人、在那邊指派一個女人，然後沾沾自喜地大聲說道：「你看！」但這些女人的所作所為——也就是那些保守派與右翼政黨的所作所為——必定會阻礙女性主義的行動。他們似乎認為只要有女人站上了掌握權力的地位，我們就達成了性別平等，父權主義就會打包走人。

我們必須看清這種作為在本質上的虛假。這種作為是保守派從他們最鄙視的概念「身分認同政治」（identity politic）[11]中盜用出來的。當女性主義者指出父權主義與跟隨其後的壓迫時，保守派人士就會指控我們對身分政治太過「著迷」。他們抱怨說，我們之所以指出我們因為各種身分而被歧視、被針對——事實上我們這麼做是很合理的——是因為我們在扮演受害者。當我們指出人們因為我們的種族、階級背景、情欲、性別和行為能力而特別針對我們時，保守派人士就會指控我們在利用身分認同政治達成目的。

事實上，當美國總統唐納．川普任命吉娜．哈斯佩爾（Gina Haspel）擔任中情局（Central Intelligence Agency，CIA）局長，並在推特上大肆吹噓他的決定，以及她是「第一個被如此選中」的女人時，他們才真的是在利用身分認同政治達成目的。從她被總統任命直到她終於受到參議院確認獲得該職位的這段期間，保守派變得異常關注哈斯佩爾的性別，但一般來說，只要我們這些政治光譜偏向左翼或自由派的人關注「身分認同政治」，保守派人士就會開始唉聲嘆氣。只要有任何人反對總統提名哈斯佩爾一事，就會有一大堆過去從來不以女性主義者身分聞名的人，例如川普的發言人莎拉．桑德斯（Sarah Huckabee Sanders）——這個女人幾乎每天都在為總統說謊——跳出來指控那些反對者是在反對女性主義。這種情況蘊含的諷刺性實在令人回味無窮。[28]

我們這些反對哈斯佩爾被提名的人並沒有因為表象受到迷惑，哈斯佩爾的支持者以非常激烈的方式強調這次提名是女性主義的勝利，他們這麼做是因為性別可以輕而易舉地使社會大眾不去檢視哈斯佩爾在人權方面的紀錄，不去檢視她曾參與過近代美國史上最殘暴、最可恥的一段暴行，並更進一步地使社會大眾不去檢視ＣＩＡ對權力的濫用，與該局處不負責任的態度。

我身為埃及女性主義者的身分，讓我格外肯定我絕不會為了哈斯佩爾被提名而歡欣鼓舞，而我不會歡欣鼓舞的原因將詳列如下，這些原因將提醒我們，父權主義正如何運用各種壓迫以維護它自己的權力。

哈斯佩爾過去直接參與了ＣＩＡ在全球各地的綁架、拘禁與刑求行動，也就是一般人稱

⓫以身分認同為基礎（例如性別、性傾向、種族、社經地位等），藉由政治活動促進邊緣弱勢群體的利益。

之為「非常規引渡」的計畫。在這項九一一攻擊之後開始執行的計畫中，美國會把他們在阿富汗抓到的激進分子送到別的國家祕密監禁起來，讓ＣＩＡ的人員刑求他們。這個計畫的第一個祕密監獄位於泰國，哈斯佩爾在二〇〇二年以臥底長官的身分監視ＣＩＡ刑求一名恐怖分子嫌疑人，而後協助銷毀了記錄下訊問過程的錄影帶。[29]

至少有五十四個國家曾支持過這個引渡計畫。[30]身為埃及人，我非常羞愧地得知我的母國政府是最配合的國家之一。美國最常引渡嫌犯的目的地是埃及、摩洛哥、約旦和敘利亞。[31]在論及ＣＩＡ要求的骯髒差事時，最值得哈斯佩爾和其他計畫執行人依賴的就是埃及了。美國國務院和人權組織發布的年度報告，從很早之前就開始記錄埃及歷任政府執行的系統性刑求。[32]

過去接受美國連續五任政權支持的穆巴拉克政權把這份骯髒差事做得太好了，而後在小布希政權入侵伊拉克的期間，穆巴拉克配合美國政府放出許多假情報。美國於二〇〇二年於阿富汗抓到利比亞人伊本·榭赫·利比（Ibn al-Shaykh al-Libi）後，把他引渡到埃及，埃及審訊人員毆打他，並使用「模擬埋葬」的審訊手法，把他關進一個窄小的盒子裡十七個小時。利比編造出假資訊，說伊拉克為蓋達組織（Al-Qaeda）成員提供化學與生化武器的相關訓練。二〇〇三年，美國國務卿柯林·鮑威爾（Colin Powell）在聯合國的演講中引用這段假資訊，以揭露了「大規模毀滅性武器」作為攻打伊拉克的最終理由。

隨著戰況越來越激烈，利比在二〇〇四年被送回ＣＩＡ拘留，這時他聲明自己先前說的事並不是真的。他在二〇〇五年底或二〇〇六年初以受美國監管的狀態被送回利比亞，被關在阿布・薩利姆監獄，在二〇〇九年，這位曾於阿富汗為武裝激進分子主持訓練營的講師在四十六歲時自殺身亡。他的朋友對於有關單位宣稱的死因心存質疑。[33]

海外還有數十個受到美國監管的「幽靈囚犯」，這些都是美國與CIA引渡計畫共謀的可恥實例。

歷任美國政權都如此依賴埃及執行美國特工不會或不能在自己的國家執行的刑求，那麼，美國政權要如何認真要求我們埃及政府為了刑求我們埃及人而負起責任呢？答案是美國政權不能這麼做，也沒有這麼做。繼任的埃及政府也知道這一點。若CIA的掌權人變成哈斯佩爾這個過去職業生涯充滿了刑求汙點的人，美國就更不可能要求埃及政府負責。除此之外，儘管過去美國政權至少都曾在口頭上譴責埃及的刑求，但總統川普卻說他相信刑求「絕對」很有用，在二〇一五年的競選造勢活動中，他「毫不猶豫」地保證同意水刑。[34]

雖然川普誇耀自己選擇提拔哈斯佩爾是性別平權上的進步，但事實上這根本不是女人的勝利。我的女性主義並沒有要求讓女人和男人一樣可以刑求他人的平等機會。就算執行刑求的人是女人而非男人，刑求這件事本身依然是錯誤的。我一點也不高興政府任命女人去一個偏好以殘暴作為管理工具的機關擔任高職，接受這種職位的女人只不過是父權主義及其使用的暴力所掌控的步兵罷了。

我在女性主義方面所做的努力是為了瓦解父權主義與其暴力──**無論是像刑求一樣由國**

家批准的暴力，還是在家庭中出現的親密伴侶暴力與家庭暴力都同樣應該被瓦解。

我支持的女性主義並不要求完美，也不要求女人擁有超級誇張的高貴情操。但我堅持，讓女人為父權主義工作並不是我們的勝利。在女人要求進入那些不善待女性的機構，例如軍方、宗教機構、企業——以及ＣＩＡ時，上述這種討論將會不斷重複出現。

川普絕對不是女人的朋友。這位總統已經被十幾名女人指控性侵害了。此外，《衛報》也曾報導，在川普政府中有八成以上的頂尖職位都任命給了男人，許多都是有錢的白種男人，這位總統組建了過去將近二十五年以來最多男性掌權者的聯邦政府。[35]無論他選擇要在自己的父權主義政府中提拔多少女性，他都不是女性主義者。依我所見，女性主義的目的不是讓女人擔任關鍵要職。

川普政府齊心協力地想要毀滅女人費盡心力爭取來的生育權，又不斷強化恐同情結與跨性別恐懼情結；川普的種族主義與偏執心理，使美國在邊界監禁移民與庇護尋求者的狀況出現惡化，其中包括了把小孩和家庭分開並安置到實際上是集中營的地方；他努力讓有錢人變得更有錢，剝奪窮人與弱勢的社會保護權力，從這種種作為我們可以清楚看出：川普不是女性主義者。這就是為什麼我拒絕慶祝他拔擢了哈斯佩爾一事，哈斯佩爾這個女人太瞭解殘暴與欺騙了。她和其他曾為ＣＩＡ執行刑求的人都應該要接受審判，負起責任。在歐巴馬總統的監督下，沒有任何一個人曾因為授權刑求或執行刑求而被起訴。[36]如今川普總統卻獎賞了一個本應該為刑求負起責任的人，讓她獲得升職。

值得注意的是，在哈斯佩爾的任命聽證會準備期間，她的支持者在文章中稱讚她之所以值得升職的其中一個優良品德是「她沒有任何政治上的野心，是謙虛的最佳楷模。」撰文者是保守派的馬克・希森（Mark Thiessen），他曾表態支持水刑，擔任過小布希總統的演講撰稿人，哈斯佩爾正是在小布希執政的期間執行刑求並摧毀刑求證據的。「『她從來不曾為了獲得工作而遊說別人，』她的ＣＩＡ前上司告訴我，『工作都會自己找上她。』」希森在《華盛頓郵報》中寫道。[37]

這幾句話翻譯過來的意思是：雖然父權主義獎勵哈斯佩爾，讓她獲得一個從沒有女人任職過的職位，但父權主義很清楚，哈斯佩爾不會用自己的野心威脅到它。她只會接受父權主義給她的位置。

中情局前執行官卡門・蘭達・米德頓（Carmen Landa Middleton），更進一步在評論專欄的一開頭就指出哈斯佩爾「已經準備好要打破美國政府最固執的那片玻璃天花板了」。[38]米德頓說自己曾在ＣＩＡ和哈斯佩爾共事，認為這位候選人是個「慷慨大方又處處謙讓的人」。

翻譯過來的意思是：我推薦的這個人是性別階級制度中的征服者，而且其實她沒有自我，因此能夠與男孩們和樂融融地玩在一塊。

父權主義不願意讓女人在獲得權力後跑到它為女人劃出的限制之外，也不願讓女人獨立於它賦予女人的角色之外。但若你沒有野心、沒有自我、表現得慷慨無私，我們就會分出前所未有的（專門給女孩的）許多權力給你喔。若今天有一個男人獲得了一個能夠創造歷史的、前所未有的職位，人們絕不會用希森和米德頓描述哈斯佩爾的方式描述那個男人。人們只會質疑為什麼這樣的男人——沒有野心、處處謙讓等等——值得被拔擢到能夠創造歷史的職位上。父權主義若允許女人擁有權力，那些女人基本上必定會是一片空白的白板，能讓父權主義恣意作畫。想當然耳，CIA這個機構本身的保密性質，以及哈斯佩爾在任職期間的多數職務（包括她在刑求中扮演的角色與她違反的人權）會是機密，這兩點都對哈斯佩爾能夠上任有很大的幫助——她「處處謙讓」的個性更是加分。總而言之：當女人向父權主義證明了她能像男人一樣執行父權底下命令的可怕暴行，又不是男孩們視為「賤人」的那種女人的話，父權主義就會考慮將這個女人提拔到高等職位。

在希拉蕊．柯林頓（Hillary Clinton）未能成為美國第一位女總統時，美國表現得好像「女領導人」這個概念是由她發明的一樣。誰管美國之外的國家是不是有選過女總統或女首相啊。只要不是發生在美國，我們就要把這件事當作從沒發生過——我們時不時就會看到這種訊息。柯林頓無疑比她的對手更有資格成為總統，厭女情結卻使許多人不願把票投給她。有些人只希望女人能獲得從沒有女人任職過的職位，而對那些人而言，希拉蕊．柯林頓就像哈斯佩爾一樣，變成了一個毫無價值的人。但我們之中有一部分的人——就算我們一如過去許多次選舉一樣，被迫要在兩個邪惡勢力中選擇一個較不邪惡的——依然堅持我們應該有權仔細審查柯林頓的過往經歷，而不是把焦點放在她的性別上。我的政治傾向比柯林頓偏向左翼許多。我很清楚她是厭女情結的受害者。事實上，我的政治傾向和伯尼．桑德斯（Bernie Sanders）比較相近，但聽到桑德斯的支持者發表的意見總是讓我格外氣憤，他們的言論和平臺都缺乏對性別與種族的洞察力。老年白種男人對上老年白種女人：對於我們這些既不是老人也不是白人的非共和黨員而言，這兩位用簡陋的蒸餾法提出的主要候選人充滿了矛盾與衝突。若我們還要進一步檢視二〇一六年的總統大選的話，將會超出本書應討論的範疇——而且已經有好幾本書專門探討這個主題了。但我們應該要記得總統大選的發展，如此一來我們才能理解二〇一八年的期中選舉結果。

二〇一六年的夏天，唐納．川普還只是共和黨的總統候選人，一位美籍穆斯林男子出面說他的兒子是在伊拉克被殺死的美國軍人，他強烈批評川普決心要禁止美國出現穆斯林的說法。這名男子名叫希爾．汗（Khizr Khan），他和妻子嘉札拉（Ghazala）肩並肩地站在費城的民主黨全國代表大會上指責川普，他說他可以複印一份美國憲法給川普讀一讀。「你不曾犧牲過任何事物或任何人。」汗激動地說道。[39]

川普被問及對此事的回應時，他以攻擊的方式轉移眾人的注意力——這是我們如今都已熟悉的伎倆。「他的妻子……如果你仔細看看他妻子的話，你會看到她只是在那裡。她沒話要說。」川普說道。「說不定，或許其他人不允許她說任何一句話。你們自己判斷。」

從這句話就可以聽出川普對穆斯林女人只有懶惰而老套的認知，他認為穆斯林女人應該順從而安靜，我當時馬上翻了個白眼。對他主導的陣營而言，這是很典型的反應：充滿種族主義、厭女情結與無知。但如今我比較傾向於認為川普的話語召喚了一種詛咒。我喜歡想像我們這群美國的穆斯林女人舉行了女巫集會，一起帶給川普他最恐懼的噩夢：在二〇一八年十一月，有兩個而不是一個穆斯林女人——而且這兩人都有很多話要說——選上了眾議院議員。

這兩個穆斯林女人中，第一個在參議院宣誓就職的是來自密西根第十三區的巴勒斯坦裔美國人拉希達・特萊布（Rashida Tlaib），她宣誓時使用的是她認識長達二十五年的摯友送給她的可蘭經。當時特萊布穿的是傳統的巴勒斯坦長袍，上面有精緻的刺繡，小說家蘇珊・穆亞迪・達拉加（Susan Muaddi Darraj）因此獲得啟發，用「#推特你的巴勒斯坦長袍」（#TweetYourThob）標籤，號召所有巴勒斯坦裔美國女人上傳她們穿長袍的照片。[40] 索馬利亞裔美國人伊爾漢・奧瑪爾（Ilhan Omar）獲選代表明尼蘇達第五國會選區，她是第二個在參議院宣誓就職的穆斯林女人。在她上傳的照片中，她戴著亮橘色的頭巾，她丈夫站在她身邊，身穿傳統索馬利亞服裝，兩人一起拿著一本大本的可蘭經。

我已經數不清我用不同的形式說過或寫過多少次這句話：並非每個穆斯林女人都一模一樣，我們不只是我們穿戴的頭巾。如今我終於能指著特萊布和奧瑪爾作為這句話的實例。

這兩個女人沒有浪費任何時間，馬上就享受了她們的勝利。她們有理由不該這麼做嗎？川普的旅遊禁令在二〇一八年六月受到美國最高法院的支持，根據預估，該禁令共影響了來自七個國家（其中五個是以穆斯林為主的國家）的一億三千五百萬人。[41]

奧瑪爾在兒時以難民身分來到美國，她在勝選演講中猛烈抨擊了川普的動機：「我們明尼蘇達州的人不但歡迎移民，我們還會把他們送到華盛頓去。」她的支持者們全都大聲歡呼。[42]特萊布和奧瑪爾的政見都具有進步價值，在期中選舉過程中推動了其他有色人種女人的勝選。舉例來說，特萊布聚焦的議題包括了十五美元的最低薪資、全民醫療保險和降低學貸。奧瑪爾在推特自我介紹中說自己是個「處於交會點的女性主義者。」

不過老實說，我為特萊布和奧瑪爾感到開心是為了更私人的理由。終於，我們美國裔穆斯林女人可以是複雜的了！特萊布上傳的一張自拍照中，拉希達把頭髮綁成馬尾，特萊布則戴著棕色圍巾。

這張照片讓我回想起我和我的妹妹一起拍的幾十張自拍照，我妹妹跟伊爾漢一樣都戴頭巾。美國有許多人認為我們這些穆斯林女人看起來應該是差不多的，就像川普對嘉札拉．汗抱持的先入為主的看法一樣，而拉希達和伊爾漢光是肩並肩地站在一起，就能展現出穆斯林女人的複雜樣貌。

但特萊布和奧瑪爾所表現出來的複雜形象不只在於穆斯林女人這一面。當我們終於開始仔細檢視白種美國女人的父權投票模式時，這兩位思想進步的有色人種女人代表的就是那些女人的對立面。我一點也不羞於這麼說道：我很享受幸災樂禍的感覺。

已經不知道有多少人（多數是白人）問過我，為什麼穆斯林女人要屈服於厭女情結，說得好像父權主義和它保護並給予權力的厭女情結只會在穆斯林之中出現，而不是一個全球的社會化結構一樣。

所以，正如這兩位穆斯林女性翻轉了議會，我如今也要秉持著同樣的精神翻轉那些提問者的敘事：為什麼共和黨白種女人要屈服於厭女情結呢？又或者我可以改編川普的話來問她們，是不是不被允許用其他方式投票呢？二〇一八年選舉當晚的出口民調顯示，在佛州、德州和喬治亞州這三個以白種女人為選民大宗的關鍵競選州裡，共和黨候選人的得票數多於革新派的民主黨候選人。[43]

或許這三州中最令人沮喪的例子，是競爭激烈的喬治亞州長選舉結果，CNN的出口民調指出，選擇了共和黨候選人布賴恩・肯普（Brian Kemp）而非他的競爭對手革新派黑人女候選人史黛西・艾布蘭（Stacey Abrams）的白人女性人數比男性更多一點。[44]她們如此選擇的理由，是已內化的厭女情結嗎？是種族主義嗎？（讓我在此劇透一下：答案是兩者皆是。）

但是，是誰灌輸了這些概念給共和黨的白人女性的？是誰教導她們要順從父權主義的？這是穆斯林女人常必須面對的問題，但我現在堅持要用這些問題向白人女性提問——她們投出的選票對白種人有利，但卻傷害了我們這些非白種人。

白種女人的天生膚色，使她們鮮少像有色人種的穆斯林女人一樣被病態化或異化。鮮少會有人認為她們對父權主義的順從態度是被灌輸的。通常人們都會說白種女人是選擇了這種順從態度。然而，我可以向你保證，正是那些共和黨的白種女人會立刻開始哀嘆穆斯林女人陷入了困境，她們會熱切地指出伊斯蘭就是厭女情結的來源，又拒絕讓她們的基督教信仰陷入相似處境。

特萊布和奧瑪爾把她們的認知變得複雜。

正如共和黨拔擢哈斯佩爾成為CIA局長時，我們不該轉過頭不去詳細審查CIA的刑求與違反人權等各種違法歷史事蹟（同時我的母國則合理地時常被詳細審查），同樣地，這些投票給共和黨的白種女人，也因為緊跟著白人至上主義與其附屬權力而獲利，這種時候我們一定要以過去數十年來西方政治科學家分析穆斯林女人的方式，回過頭去分析這些白種女人。不論何時，父權主義都是無所不在的，我們必須找出躲在每個角落的父權主義步兵。

川普對嘉札拉．汗發表評論的幾天後，一名美國穆斯林女人和另外十二名女人一起擾亂了川普在底特律的演說。

「美國人、家長、穆斯林、阿拉伯裔美國人和女人。我越是思考自己的身分，就越是覺得對抗川普是我所能採取的最愛國、最勇敢的舉動。」她後來說道。[45]那名女人就是拉希達．特萊布。她如今是第一個加入美國議會的巴勒斯坦裔美國女人。

二〇一六年十一月，川普在明尼蘇達州宣傳競選時說，明尼蘇達已經在索馬利亞移民的手上「吃過夠多苦頭了」，他暗示索馬利亞人正不斷偷渡進入明尼蘇達，四處散播極端思想。[46]兩年後，明尼蘇達州的第五國會選區有百分之七十八的選民，投票讓奧瑪爾當上被選入美國國會的第一位索馬利亞裔美國人、第一位穆斯林難民、第一位戴著頭巾的穆斯林女人。奧瑪爾還有更多「第一」，她也是第一個代表明尼蘇達州進入國會的有色人種女人。當伊爾漢．奧瑪爾說道：「我是美國的希望，是總統的惡夢。」時，我不禁回答：「阿們，姊妹。」47

父權主義堅持只有它自己有權利能授予女人權力，所以當我們看到有些人在哈斯佩爾被提名與任命時歡欣鼓舞地說這是性別平等的勝利，卻在看到奧瑪爾、特萊布和其他有色人種女人，在二〇一八年期中選舉當選時絲毫不以為意時，我們要特別注意這件事背後的啟發性。以最年輕的年紀入選國會的女性亞歷山卓亞．歐加修-寇蒂茲（Alexandria Ocasio-Cortez）曾是保守派激烈抨擊的對象，儘管寇蒂茲在初選時於她的選區（包含布隆克斯東部與皇后區北部）擊敗了一名在位十年的對手，成為民主黨在期中選舉的候選人，保守派依然大力質疑寇蒂茲的政治敏銳度。他們也質疑寇蒂茲的背景，斷言她勞工階級的出身是謊言。就連她在宣誓進入美國眾議院之前負擔不起華盛頓特區的房租這件事，也在保守派的消息圈中備受議論。對於許多年老又有錢的白種男性政客而言，年輕又擁有權力的有色人種女人很嚇人，因為這些女人對父權主義與趨附其下的各種壓迫提出正式警告。但那些在二〇一八年期中選舉獲勝，並創造各種「史上第一次」的有色人種女性並不會表現得「處處謙讓」。相反地，奧瑪爾、特萊布和寇蒂茲的存在本身，就代表她們拒絕乖乖坐在他人指派給她們的位置上。她們的存在是一句洪亮的「操你的」，而接收這句話的是白人至上主義者、厭女者、伊斯蘭恐懼者、種族主義者，以及那些相信政治是屬於有錢白人男性的領地，應該由他們維持社經現況以保護其他人現今地位的人。這些女人不像哈斯佩爾，她們並不是「徹底不具有政治野心」的女人。她們享受自己的政治野心，高聲宣布自己的政治野心也包含了推動進步價值的計畫，把目標訂在免費教育、全民健保、停止並反轉氣候變遷的決心，她們拒絕變得虛心、謙遜、安靜，拒絕成為父權主義要求女人應該成為的樣子。

在期中選舉後不到一個月，保守派的傑克森牧師（E. W. Jackson）就抱怨：「國會議場現在看起來簡直就像伊斯蘭共和國。」原因是有一位穆斯林女人戴著頭巾，而那位穆斯林女人伊爾漢．奧瑪爾幽默地做出了完美的反擊。

「唉呀，先生，國會議場看起來會越來越像美國。」她在推特上寫道。「你唯一能做的事就是好好適應。」[48]

奧瑪爾繼續大力推動政府詳細審查美國對以色列的外交政策，以及自稱為「美國專業以色列說客」的美國以色列公共事務委員會（American Israel Public Affairs Committee，AIPAC）對該外交政策造成的影響，這是自我搬來美國之後見過最直接的一次審查。[49]她樂於質疑那些過去不習慣被妨礙的掌權者，舉例來說，她曾在眾院外交委員會上，用鋒利的言詞挑戰川普政權新任命的委內瑞拉特使艾略特．艾布蘭（Elliott Abrams）。艾布蘭在雷根執政時期曾擔任人權暨人道事務助理（Assistant Secretary of State for Democracy, Human Rights, and Labor）國務卿與美洲事務助理（Assistant Secretary of State for Inter-American Affairs）國務卿，根據《衛報》的提醒，當時他「因為毫不在乎美國資助暗殺小組在薩爾瓦多屠殺上千名男人、女人與小孩而備受批判。」[50]一九九一年，艾布蘭承認他對國會隱瞞了伊朗門事件（Iran-Contra affaire）的資訊。小布希總統在一九九二年特赦他。這就是白種人與特權階級父權主義的樣貌。他們鮮少需要，甚或完全不需要負責，在他們真的負起責任後，總是會有手握大權的白人施予特赦。接著出場的是戴著頭巾的黑人穆斯林女性，她在母國經歷了戰爭並倖存下來，在十二歲時以難民的身分來到美國，如今擁有了屬於自己的權力後，她運用這份權力警告你，她不會按照有錢有權的白種男人喜歡的那套規則走。

在拉希達．特萊布宣誓就職數小時之後，有人拍下了她找了朋友與支持者辦了私下聚會，一起慶祝忠於自我的重要性。

「有些人會說：『拉希達，你或許應該把大聲公收起來。』我才不！『你或許不該去哪裡都穿著運動鞋。』我的回答是操你的。」她說道。「我不會想要改變或逃離我身為阿拉伯人、穆斯林、巴勒斯坦女人的身分，成為個性兇狠的組織者更是錦上添花！絕不要讓任何人剝奪你的根源、文化和你的身分，因為當你『不改變』時，人們將會愛你，而你將會獲勝。」[51]

我們這些和她同樣以愉快和驕傲的心態同時應付多重身分的人，將會把她說的話放在心底。而最讓人感受到共鳴的，是她在許多禮貌合唱團團員的詆毀之下，依然以自己的方式結束令人動容的勝選感言。

「在我的兒子看著你說：『媽媽快看，你贏了，那些惡霸不會贏。』的時候，我說：

『寶貝，他們的確不會贏。因為我們要走到那裡，我們要彈劾那個操他的爛人。』」特萊布說道。她用這句話告訴總統，曾在二〇一六年打斷他在底特律的午餐演說的社運人士暨母親已經成為議員了。

不徵詢許可的女人才是擁有權力的女人。

◇　◇　◇

二〇〇五年三月十八日，我穿上最出色的衣服、戴上最喜歡的首飾，攔住一輛計程車，竭力地在搭車前往穆斯林每週最重要的聚禮禮拜（Juma'h）的路上忍住不哭。我們從小就被教導要在每週聚禮時打扮成最好看的樣子，不過這一次我要參加的不是普通的聚禮。這是有史以來第一次由女人領導的混合性別週五聚禮。

曼哈頓上城的紐約聖約翰大教堂旁的禮拜堂是這次的聚禮地點，有許多警察在外看守。原本舉行聚禮禮拜的地點在收到威脅後退縮了。但任何安全措施都不會澆熄我們高昂的情緒。禮拜堂裡大約有一百名男人與女人並肩坐著，早早就有人流下了眼淚。在帶領聚禮的女人請眾人開始禱告時，我能聽見身旁的兩個女人默默地開始啜泣。其中一名女人是索馬利亞人，她流淚是因為終於能夠回到自己的歸宿——在她的國家，女人不准進入當地的清真寺。

當時還在維吉尼亞聯邦大學研究伊斯蘭學的教授艾米娜．瓦杜德（Amina Wadud）走到臺上的麥克風前，在這瞬間我舒了一口氣——因為我感到寬慰與接納，因為我終於感到平靜。過去數年來，我一直在男性主導的伊斯蘭世界中努力爭取女權，但這場戰爭似乎永遠不會終結，我和對手都無法打出致命的一擊。

但瓦杜德替我做到了。我們依然要繼續努力，不過看到瓦杜德上臺布道時，我覺得自己像是在長達一千四百年的黑暗隧道中看到了出口的光線。我傾聽她引用可蘭經指出男人與女人應該平等，我傾聽她指出男性法理學家如何在編纂伊斯蘭律法時——當時先知穆罕默德已死去數十年了——把女人排除在外，我清楚意識到她是在宣告，女性伊斯蘭學者已經受夠只能站在賽場之外了。瓦杜德告訴我們的是，伊斯蘭核心的靈性平等也代表了宗教領導權的平等。我們出席這個禮拜堂的聚禮即是在讚美靈性平等這一核心價值。

接著，她領導我們禱告。

後來我們聽見了外面抗議者的聲音，但數量屈指可數，而且這種事也在我們的意料之內。[52]我沒有預料到的是當我抬頭看著瓦杜德時，我覺得看到女人站在那裡領導我們是一件再平凡不過的事了。誰能料得到創造歷史的瞬間看起來竟然如此平凡呢？我們的確創造了歷史性的一刻。那些伊斯蘭學者與神職人員在過去幾年一直忽略以伊斯蘭之名行使的無數暴行，如今卻突然醒了過來，開始公開指責瓦杜德和我們這些跟隨她禱告的人。[53]可想而知，有些人認為這是秉持猶太復國主義的美國人的陰謀，他們想利用女性議題動搖伊斯蘭世界。還有一些人不負責任地譴責瓦杜德犯了異教罪，在某些人眼裡，異端邪說無異於死刑。

一個聖戰士網站強烈要求奧薩瑪・賓拉登（Osama bin Laden）發布伊斯蘭飭令判處我們死刑，而如今已故的利比亞領導人穆安瑪爾・格達費（Muammar el-Qaddafi），當時在阿拉伯國家聯盟峰會（Arab League Summit）上抱怨我們的聚禮將會創造出一百萬個賓拉登。能激起人們行使極端暴力的竟然是一個由女人領導一百個人進行的一場聚禮，而不是格達費和阿拉伯國家聯盟峰會上那些獨裁者領導的政權所帶來的壓迫、刑求與貪腐。[54]

一位BBC的紀錄片製片人告訴我，在他採訪伊拉克教士穆克塔達・薩達爾（Muqtader al-Sadr）——西方媒體通常將他形容為「態度強硬」或「性格暴躁」的人——的期間，他問薩達爾美國做過最糟的事情是什麼。當時是美國入侵伊拉克兩年後。薩達爾回答：「允許女人領導禱告。」

不徵詢許可的女人之所以會成為擁有權力的女人，是因為她警告了父權主義，她不會原地等待父權賞賜禮物。在成功完成紐約市的那場禱告幾天後，我們相聚慶祝瓦杜德的勇氣，這時一位印度女學者一針見血地要我們別再等待許可。

但我能告訴你的是，瓦杜德的勇氣已超乎語言所能描述。她收到大量仇恨信件與大量死亡威脅，以至於眾人因為無法保證她的人身安全，要求她不要去學校。[55]在大學同意後，她每週只會到學校和研討班的學生祕密見面一次，並且在其他人的要求下把研討班之外的課程都改為以線上影片授課。瓦杜德是一位黑人穆斯林女性，她很清楚自己的種種身分都會遭受攻擊，直至十四年後的今天，她的勇氣依然激勵著我。能夠和男性教友以靈性平等的身分站在神的面前，實在讓我十分感動。

在伊斯蘭教中，沒有任何規定禁止女人主導週五聚禮或帶領混合性別的教徒。穆斯林鮮少有人質疑，為什麼在過去數個世紀以來都只有男性主導週五聚禮與帶領混合性別的教徒。過去數百年來，男性主導的穆斯林教義解釋鍛造出了明顯厭女情結的同時，教義卻又不斷告訴我們所有人的內在都是平等的，這對許多穆斯林女人來說是難以調解的矛盾。

在瓦杜德創造了歷史性的一刻之後，開始有其他女人帶領性別混合的教徒，世界各地開設了至少三間由女人領導或者專為女人設立的清真寺。此外，在這幾年間，穆斯林LGBTQ社群開始不斷成長，她們勇敢地站出來對抗信仰中的父權主義。

有太多宗教充滿父權主義與厭女情結了。因此，時常有人問我怎麼有辦法成為穆斯林女性主義者。我的回答是，我既是天生的穆斯林也是女性主義者，這兩個身分並無關聯。這兩個身分也不具有相互依賴的關係。我的目標是瓦解存在於任何地方的父權主義，無論是在神聖的地點還是世俗的場所都一樣。我們所有人都應該具有信仰的自由，都應該能從信仰中自由。在面對父權主義的習俗或宗教時，隨口提議「直接放棄你的宗教」是太過天真的反應。全世界都有宗教存在，它們的形式不同，權力結構也不同。這些宗教幾乎全都具有父權主義的色彩。對許多女人來說，「直接放棄你的宗教」是不可能做到的事。事實上，藉由「直接放棄你的宗教」從父權主義中解脫的這個方法，本身就是擁有特權的人才能做到的事，並非每個女人都能如此。那麼，我們該如何處理那些不能放棄宗教的女人所面對的父權主義？

除此之外，非宗教的場所也充滿父權主義。父權主義無所不在。我們不能隨意聳聳肩，說聲「直接放棄你的宗教就好了，反正所有宗教都具有父權主義嘛。」然後拋棄所有身陷宗教傳統的女人。無論是宗教之內或之外，都必須有對抗父權主義的女性主義者存在。儘管如此，我們也不能讓任何宗教以宗教豁免權的名義作為包裝，繼續保持父權主義的傳統，或以此為藉口合理化宗教的厭女情結。

瓦杜德是公認的伊斯蘭女性主義者，無論是在伊斯蘭教或其他宗教，我們都需要像她這樣的學者帶領女性主義者對抗父權主義，也需要這些學者以他們的信仰社群所需要的特定知識啟發反抗行動。我的目標是摧毀父權主義，為此，我將會反抗任何傷害女人——順性別女人與跨性別女人——以及酷兒社群的事物。無論在任何宗教或非宗教的場所，只要那個地方的權力與領導權唯有男人能掌控，我們就必須提出強烈譴責，要求那些人負起責任，直到消滅這種厭女情結為止。二〇〇五年，瓦杜德宣布她要帶領性別混合的週五聚禮時，我是北美進步穆斯林聯盟（Progressive Muslim Union of North America）的理事會成員之一，該聯盟是那場週五聚禮的聯合贊助者之一。有些想要參與那場聚禮的人寫信給我們，詢問我們讓瓦杜德擔任教長是依據哪一條穆斯林律法。瓦杜德對此早有準備，我們便把回答寄給來信者。不過對我自己和其他人而言，這種證明是毫無必要的。我很樂意支持瓦杜德成為我的教長，因為女人早就該認為自己擁有這樣的權力了。讓女人成為教長是一種革命，也是必須發生的事。

我跟著瓦杜德禱告時，在場只有兩個女人沒有戴頭巾，我就是其中之一，而且當時還是我的經期。無論是當時還是現在，由女人領導混合性別的會眾這件事本身，就已經觸犯許多人的禁忌了，不戴頭巾禱告與經期禱告更是雙重打擊，這是我個人為瓦杜德的革命決定所獻上的革命貢獻。我認為要求女人與女孩戴上頭巾是一種使她們變得更端莊的方式，是一種不公平的負擔，所以我用我自己的方式挑戰這些規則，同時我也決定要用我的方式挑戰另一個概念：月經是不純潔的，禁止女人和處於經期的人參加禮拜與其他宗教儀式。月經在世界各地都是禁忌。人們用月經來禁止女人（再次重申，這種禁令都是以順性別女性為基礎建立的）參與宗教儀式、進入禮拜場所，有時甚至禁止她們回自己家——這是印度教的習俗，如今尼泊爾已判定此習俗違法，但依然有些女人與女孩必須在月經期間待在房子之外的「月經小屋」中。除了遭到放逐和其他屈辱的對待之外，這些女人與女孩甚至會因為蛇咬、一氧化碳中毒和其他危險而死在月經小屋中。

二〇一五年，也就是瓦杜德在紐約市領導我們禮拜的十年後，我在巴黎推廣我前一本書的法語版本，在阿拉伯世界研究所（Arab World Institute）提到我曾在經期禱告。而後，一位穆斯林男人在提問時間當著四百多人的面告訴我，我說的那句話「深深傷害了」他的感情。我非常震驚竟然會有男人因為女人選擇何時禱告而有這麼強烈的感受。我原本就知道世界各地都有人覺得女人和月經來潮的人令人感到羞恥，但知道是一回事，面對一個能夠不知羞恥地在擠滿人的大廳中說出他對此感到羞恥的人又是另一回事了。我實在操他的不能理解，這位敏感先生怎麼會因為從我身體裡排出來的東西，或者因為我在身體處於完全自然的狀態時，選擇如何禱告和何時禱告而被我「深深傷害了」。不過我也遇過完全相反的經驗——這個經驗提醒了我們，當我們分享個人的反叛事蹟與抓住權力的經歷時，我們將會找到盟友跟我們分享他們的個人革命經驗——我在二〇一七年的布拉福文學季（Bradford Literature Festival）座談會上分享我曾在經期做禮拜。一位穆斯林女人在那之後告訴我，她和她母親也開始在經期時做禱告。

父權主義讓某些人有權管理女性身體並保護這種管理權，若我們想瞭解這種管理權，想瞭解宗教如何以異花受粉的方式交流彼此的厭女情結，我們應該要先瞭解印度女人下了多大的決心，要進入那些禁止她們進入的神廟和清真寺禱告。她們的努力讓我們看見，我們必須瓦解每個地方的父權主義，而這些努力面對的阻礙提醒了我們有哪些事物如今岌岌可危。記得，我們必須自行創造我們的自由需要的權力！

數百年來，許多印度神廟都禁止女人進入他們擺放神像的裡間。有些神廟的禁令針對的是性別，有些則是特別禁止「月經年齡」的女人與女孩進入，大約是十歲到五十歲之間。這些女人把「#祈禱權」（#RightToPray）標籤策略性地用在進入神廟的戰役中，這是絕佳範例，我們都必須運用這種複合式的策略挑戰、反抗和瓦解父權主義。而父權主義反擊的方式——有時它會在女人的幫助下反擊——則讓我們看見我們想要爭取的事物有多重要。

ＢＢＣ報導指出，律師暨社運人士戴希潘德（Varsha Deshpande）帶領了十位女人組成的小組進入了印度神祇沙尼（Shani）的神廟，神廟的管理人員告訴她們：「沙尼其實不喜歡女人，所以女人不能進來。」[56]

「所有宗教都對女性有差別待遇。」戴希潘德說道。「宗教不是給女人信仰的，是用來剝削女人的。我們應該要拒絕由父權主義控制的所有宗教，我們應該要擁有屬於我們自己的宗教——女人的宗教。」

二〇一五年末，印度女性主義者開始要求「崇拜權」與「祈禱權」——這兩個字都成為她們在社群媒體上使用的標籤——反對印度神廟和穆斯林聖壇對女人的禁令，她們的目標是攻進這些宗教場所，此外，她們也在法庭——包括印度最高法院——起訴這些宗教場所，指控這種禁令違反憲法。知名的印度教女性主義者特魯普提・狄賽（Trupti Desai）是這次抗議的領導人，也是女權組織「大地之母的女戰士」（Bhumata Brigade）的成員。她告訴ＢＢＣ她常自稱為「觀念實際、信仰堅定的印度教徒」，她說她譴責父權主義禁止女人進入神廟與聖壇。「這些都是男人創造的傳統。神不區分男人與女人。」狄賽說道。[57]

二〇一六年一月，狄賽帶領數百位女人遊行，目標是攻進位於印度馬哈拉施特拉邦（Maharashtra）的沙尼神廟（Shani Shingnapur temple）。她們在半路上被阻攔，無法繼續前進，但這次的遊行使印度開始注意到她們遊行的理由，也提醒了我們，抗議與公民不服從是我們在「自行創造我們的自由需要的權力」過程中的重要工具。四個月後，狄賽和其他女性主義者成功地在二〇一六年四月進入了神廟，當時孟買高等法院已判定神廟管理人不得禁止任何年齡的女人進入。[58]

對於那些被主流媒體邊緣化或隔絕的聲音來說，社群媒體是非常重要的平臺。社群媒體之所以重要，不只是因為我們已證明了這是個可以說出「我也算數。」的地方，也是因為我們能透過這個平臺聯絡上實際存在於這個真實世界的人群，創造重要的「呼喊與回應」互動，強化抗議行動並在我們挑戰、反抗和瓦解父權主義的同時，提供更強大的力量。

在喀拉拉邦南部的沙巴瑞瑪拉神廟（Sabarimala temple）發生的事就是實例，該神廟禁止十歲至五十歲的女人進入，在二〇一六年十一月，神廟人員說除非有人發明了一個機器能檢測女人是否「乾淨」——也就是沒有月經——他們才會允許女人進入。大學生尼基塔．雅札德（Nikita Azad）在臉書上發動了「＃樂於流血」（#HappyToBleed）活動作為回應。參與該活動的女人拿著寫有「樂於流血」的標語牌拍照上傳，有些女人的標語牌是用衛生棉和棉條做成的，這個活動立刻瘋傳開來。[59]

二〇一八年九月，印度最高法院判定沙巴瑞瑪拉神廟不得禁止任何年齡的女人與女孩進入神廟中，接著父權主義對月經的規範，和女性主義者之間出現了有史以來最激烈的衝突。在最高法院的判決出爐後，又過了三個月才真的有原本被禁止的女人進入神廟。為什麼花了三個月？因為父權主義的男性步兵**和**女性步兵都在激烈地阻止女人進入神廟。

法院公布判決後，狄賽立刻就宣布她要進入沙巴瑞瑪拉神廟裡，她說她因此接到了數百次死亡威脅。「他們說：『如果你來喀拉拉邦的話，我們就要打斷你的四肢。我們會把你碎屍萬段。』」她告訴NPR。[60]

二〇一八年十月，記者卡維塔・賈格達（Kavitha Jagdal）和社運人士瑞哈娜・法提馬（Rehana Fathima）穿上了整套防暴裝備，在一百名警察的保護下前往神廟，但卻因為抗議者的激烈抵抗而以失敗告終。這些抗議者有男人也有女人。

二〇一八年十一月，狄賽搭機抵達距離沙巴瑞瑪拉神廟九十五英里的機場，抗議者堵住了機場出口，把她困在裡面十三個小時，直到她最後搭機返回為止。根據NPR報導，抗議者威脅要攻擊所有打算把她載往神廟方向的計程車司機。

有許多國家的民選父權主義政府，都很樂意混用右翼政治力量與宗教力量來支持自己的權力，印度也是其中之一。支持印度教與國家主義的印度人民黨（Bharatiya Janata Party，BJP）是印度的執政黨，他們認為印度最高法院的判決傷害了印度教的價值。包括印度人民黨政治人物在內，共有數千名抗議者因為暴力抗議法院裁決而被逮捕。這些位於最高權力階層的人厚顏無恥地推動父權主義，痛罵當地最高法院是在傷害「印度教的價值」，我們可以從這個過程中近距離檢視父權主義是如何移動球門門柱，使情勢變得對它有利。世界各地的法律都是由以男性為主的眾議院和國會所制訂的，這些法律一直以來都對男人有利。但偶爾也會出現例外狀況，當表面上獨立的司法制度宣判了對女人有利的判決時，父權主義的力量就會介入。這整套體制永遠都保持著對我們不利的形式。瞭解這種狀況後，我們有兩個選擇，一是依照體制形式，期待偶爾才會出現的正面判決，又或者我們可以顛覆這套體制，依照現況盡我們所能地戰鬥，主動為自己掌握許可權。

有些女人不想要許可權：把選票投給川普、博索納羅或任何極右翼民粹主義政黨候選人的女人、堅持自己不是女性主義者的女人、積極反對生育權並堅持我們不想要那種權利的女人，還有說著「我們願意等待」此一口號的女人，說出這種口號的父權主義步兵團堅持她們可以等到自己夠老，等到超過了禁令年齡之後再進入印度神廟或聖壇。

其中一個堅持等待的女人告訴NPR，她在還是個孩子時曾進入過沙巴瑞瑪拉神廟，之後她一直等到五十三歲停經後才再次進入神廟。「如果有必要的話，我會用自己的身體親自阻擋那些比較年輕的女人。」她告訴NPR。[61]

要對抗父權主義這件事本身就已經夠困難了。使得這場戰役更困難的是那些不斷阻礙我們的規則、那些持續變動的球門門柱，以及那些決心要依照父權主義的命令行事的女人。後者提醒了我們，父權主義的重點不在於男人，女性主義的重點也不在於「仇恨男人」。父權主義的重點在於權力，而女性主義的重點在於摧毀父權主義。我們必須清楚理解，有些女人接受了父權主義的麵包屑，藉此交換有限的權力和「保護」的空洞承諾。我們不能因為那些女人——她們就像在遇到種族主義時還在堅持禮貌很重要的白人一樣——而失去對抗父權主義的力量。並不是只要身為女人就全都是我的盟友或我的姊妹。我把這些人視為姊妹和盟友是因為我們都同樣在對抗父權主義。父權主義想方設法地剝奪我們的力量。我不認為那些幫助父權剝奪女性權力的人是我的姊妹或盟友。

常有人問我：「你要如何合理化你在經期禱告的行為？」基本上我們可以把這句話翻譯

成：「是哪一位男性學者允許你做出這種我們認為伊斯蘭教不允許的行為？」我的回答是：給予允許的人就是我自己，我自己取得了許可。當史黛拉．尼安琪在烏干達因為抗議月經貧困——這是視月經為禁忌導致的結果——而被關進監獄一個多月，當印度的女人冒著生命危險打破了懲罰月經的禁令，我們更是必須為自己掌握許可權。

二〇一九年一月二日，在印度最高法庭宣布裁決的三個月後，兩個女人終於踏進了沙巴瑞瑪拉神廟。成功走進神廟的是四十二歲的賓杜．阿米尼（Bindu Ammini）和她四十一歲的朋友娜卡杜嘉（Kanakadurga）。抗議者一開始在十二月二十四日阻擋住了她們。《華盛頓郵報》描述了她們進入神廟的歷史性時刻：「要進入神廟之前，虔誠的信徒必須走上將近三英里的上坡，賓杜在午夜開始這場長途跋涉。這兩個女人把臉遮了起來，身旁有六名男人陪著走。此外，還有四名便衣警察護送她們。中途有一對抗議者對她們提出質問，但她們只是繼續前進[62]——這兩位女人取得勝利後沒多久，該神廟的神職領袖就下令關閉神廟進行「淨化」，之後才又重新開放。在新聞播報有女人成功進入神廟後出現了一系列暴動，之後在至少一位平民被殺之後，喀拉拉邦才暫時平靜下來。全喀拉拉邦的學校都暫時關閉，大眾運輸設施也陷入停擺。根據ＢＢＣ的報導，至少有七百人被捕。[63]

在這兩位女人踏進神廟的前一天，發生了一件締造歷史的不可思議之事，此事替阿米尼和娜卡杜嘉鋪設了一條美麗的道路，使她們得以成功掌握權力。喀拉拉邦各地的女人一起站成了一條人鍊——人們稱之為女人牆——這條人鍊長達三百八十五英里（六百二十公里），從卡薩拉戈德（Kasaragod）的最北端一路延伸至最南端的特里凡德蘭（Thiruvanthapuram），橫跨了印度國道。喀拉拉邦的左翼聯合政府發動抗議，反對神廟的不平等作為，反擊了支持沙巴瑞瑪拉神廟禁止女人進入的右翼團體所付出的努力。喀拉拉邦官員告訴ＢＢＣ，共有五百萬名女人共同組成了女人牆。[64]印度新聞媒體《新聞時刻》（*The News Minute*）說這次的抗議「對喀拉拉邦的女性主義政客而言是決定性的時刻」，此外，抗議還聚集了「來自各個政黨、社會政治組織和印度教進步組織（progressive Hindu）的領導人與成員。」[65]印度的人口數超過十億，所以由五百萬名女人形成的一堵牆並不算難以想像，但我必須承認，一開始我愣住片刻才反應過來，立刻自問：「我們現在有這麼大的力量，我們現在有五百萬名女人站出來抗議，還有誰能說服我們女人沒有力量？」我在觀看那些抗議的影片與照片時感到非常不可思議。支持女人抗議右翼團體的男人們，在女人牆對面也站成了一堵相對應的牆。

「我們用這種方式告訴世人女人的力量有多大，我們可以如何讓自己充滿力量並幫助彼此，這種方式很棒。我當然支持人們為了讓神廟允許所有年齡的女人進廟而抗議。我不喜歡傳統，也不喜歡任何阻擋女人前進的反向力量。想要禱告的人必須有權禱告。」其中一位示威者告訴印度的ＢＢＣ。[66]

印度共產黨（Communist Party of India）的布琳達．卡拉特（Brinda Karat）是國會議員之一，她說女人牆具有「重大歷史意義」，並補充說道：

人們頻繁地使用宗教信仰和情感把女人限制在下等地位。如今，親愛的姊妹們，你們創造歷史。你們在抵抗那些想把女人推回至黑暗時代的黑暗勢力。你們建造了充滿韌性的一堵牆，推動了社會改革的價值，這個社會直到二十一世紀還在批評女人的進步力量。喀拉拉邦，你已往前踏了一步，不只是為喀拉拉邦的女人，更是為了全印度的女人。67

沒有任何革命是只靠著單一事件達成的。父權主義不會因為一擊而斃命。阿米尼和娜卡杜嘉之後的經歷可以提醒我們，我們要打擊父權主義多少次它才會徹底死亡，在進入神廟後，她們兩人躲了起來，在進行了締造歷史的禱告之後將近兩週的時間，她們都在警方的二十四小時保護下生活。兩人之後的發展更是提醒了我們，我們必須對戰的最大敵人常會是母親、家庭和其他我們所愛的人，娜卡杜嘉在回家後很快就被送進了醫院，據說原因是她婆婆用木板毆打她。娜卡杜嘉是兩個孩子的母親，在創造了歷史性時刻的三週後，她從醫院回到家時，發現她丈夫鎖上了門跑去別的地方躲起來了，最後她睡在政府營運的避難所。68

喀拉拉邦的首長辦公室表示，在兩名女人進入神廟後，一月四日有第三位年齡四十六歲的女人進入了神廟。根據《衛報》報導：「還有數十名女人（其中部分女人穿著男人的服飾）被廟方支持的示威者驅趕回去了。」69

挺身支持喀拉拉邦女人牆的盟友，與支持父權主義的階級制度站在完全相反的位置。女人常在參與革命和起義後，發現自己的付出被抹殺或貶低，而後原本對抗壓迫的戰役將漸漸縮減成只有男人在彼此對抗，為了權力而進行的搶椅子遊戲。因此，眾人關注女人對抗不斷退化的右翼勢力是一件好事，也是非常至關重要的事。

當我說起關注那些對抗父權主義的戰役與女性主義本身很重要時，常有人說：「那些事可以再等等！你知道還有這些和那些人正在被壓迫嗎？戰爭！政治犯！」對抗各種壓迫的戰役當然都很重要也很必要，但是這種要我們「等等」的言論其實就是在告訴我們，女人沒有重要到值得受關注。我的回應是提醒對方我稱做「厭女情結三連擊」的現象。有人告訴我，因為國家在壓迫所有人，所以沒有任何人是自由的，男人不是，女人也不是。但就算如此，我們也必須記得街道和家園依然在共同壓迫女人。這就是厭女情結三連擊：國家、街道和家園。在我們認知到三連擊是父權主義的家園之前，在我們認知到我們必須藉由挑戰、反抗與瓦解位於國家、街道與家園裡的父權主義來消滅三連擊之前，我們再怎麼努力想要獲得自由都只是徒勞，因為只要父權主義存在，我們之中就沒有人能獲得自由。女人會繼續為了每一個我們所能想像得到的原因挺身參加抗議、起義和革命，但誰會為女人挺身而出呢？

這個問題對於解放運動而言格外重要，解放運動向來自稱充滿革命價值，但從古至今，這些運動中的革命價值似乎都只著重於男人的權益。更進一步審視後，我們會發現有太多解放運動在過程中，徹底複製了它們號稱要對抗的壓迫勢力曾使用過的權力流動方式。

一九七四年，伊蓮・布朗（Elaine Brown）成為第一個也是唯一一個曾領導黑豹黨（Black Panther Party）的女人，選擇她成為領導人的是黑豹黨的創辦人修伊・牛頓（Huey

Newton），在這之後他就逃亡至古巴了。這件事「對於參與黑人權力（black power）運動的女人來說是至為關鍵的一刻。」蒂寧・布朗（DeNeen L. Brown）在《華盛頓郵報》寫道。[70]「雖然女人在社會與種族公義上一直都是一股活躍的力量，但她們常被男人掩蓋。從沒有女人領導過美國有色人種協進會（National Association for the Advancement of Colored People）、南方基督教領袖會議（Southern Christian Leadership Conference）或學生非暴力協調委員會（Student Non-Violent Coordinating Committee）。」

黑豹黨創立於一九六六年，一開始的目的是保護黑人社群不受到警察的暴力迫害，但後來黑豹黨擴張了他們的平臺，這是革命性的舉動，他們的目標包括了免費的健保、體面房屋與高齡者運輸服務。黑豹黨也打造了免費的學校早餐計畫，提供鐮狀細胞貧血測試、法律協助與成人教育。

伊蓮・布朗寫道，在一九七四年八月任命一位女人領導「唯一一個在美國境內運作的武裝革命組織」這件事本身就是一種革命了。布朗說牛頓告訴她：「除了交給你之外，把黑豹黨交給任何人我都不會安心。」在領導黑豹黨的期間，布朗運用該職位的權力顛覆了父權主義，而非維護它。但這種革命性的舉動卻無法延伸至黑豹黨的性別政策中，當布朗指派女人擔任重要的行政職位時，黨內的幾個男人大發雷霆。她在一九九二年的回憶錄《權力的滋味：一名黑人女性的故事》（*A Taste of Power: A Black Woman's Story*）中寫道：

我沒有考慮周詳的這些事情只導致了一個結果。我讓許多女人進入黨內的行政體系工作。無數男人抱怨說，黑豹黨有太多女人負責指揮了。

事實上，其中一位兄弟在某個特別繁忙的日子對我說：「我聽說我們再也不能說她們是賤人了。」「沒錯，你這廢物，」我態度一點也不親切地說，「你『再也不能』說她們是賤人了。」[71]

布朗繼續揭露，因為她和修伊．牛頓（Huey Newton）的關係很好，所以她「可以避開黑豹黨中多數的男性沙文主義」。她寫道：

由於兄弟們只允許姊妹們擔任一些受限的角色，也由於男人對女人的徹底壓迫，導致整個黑人權力運動受到極大的阻礙，所有人都習慣這件事了。不過這件事對我個人來說幾乎毫無意義。黑豹黨在民權與黑人民粹主義者中極度偏左，以至於我們連作夢也猜想不到他們的思考邏輯為何。我的領導權很穩固。因此，我在派姊妹們擔任重要職位時從沒有考慮過這件事。我考慮的只有能力，而能力沒有性別的分別。

布朗很清楚黑人女性擔任領導職位時會對父權主義帶來何種威脅。她解釋的方式讓我聯想到，無論在哪一個運動中，無論這個運動有多偏左、有多社會主義、有多反種族主義或有多麼充滿革命價值，這些運動都不會關注性別議題或我們對父權主義的抗爭，到了最後，男人們將會踩在女人背上，把每場運動都變成是男人為了權力而彼此鬥爭的競技場。

布朗寫道：

女人在黑人權力運動中能遇到的最好的狀況，就是被其他人視為無關緊要的人。堅持自己主張的女人會被視為賤民。對我那些驕傲的黑人兄弟來說，想要獲得領導權的女人，就是「反對革命、痛恨男人、支持女性主義的同性戀白種賤人」的盟友。這種女人違反了一些不太明確的黑人權力原則。他們說如果有黑人女性獲得了領導地位的話，黑人男性的男子氣概將會受到損害，進而阻礙黑人種族的進步。她會是黑人的敵人。

在黑豹黨學校的一位女性高層被毆打並因為下巴骨折送醫後，布朗在一九七七年離開了黑豹黨。當時牛頓剛結束了古巴的逃亡，回到美國，他因為雷吉娜・戴維斯（Regina Davis）犯了一個小錯而允許其他人毆打她。在布朗追問這件事時，他拒絕退讓。「毆打雷吉娜這件事讓我清楚瞭解了『黑豹』和『同志』這兩個字都具有性別的意義，」布朗寫道，「代表我們這一半女性的地位比較低下。」布朗退位並離開了黑豹黨位於加州奧克蘭的總部，前往洛杉磯。她繼續政治運動的生涯，把焦點放在針對形式司法制度的激進改革。

伊蓮・布朗是唯一一個曾領導過黑人權力運動的黑人女性。她運用自己的權力安排女人獲得能夠握有權力的職位，但到了最後，事實證明就連這樣的安排也不足以讓她們和黑豹黨內的厭女情結戰鬥。

這正是為什麼在一九七四年從更大型的全國黑人女權組織（National Black Feminist Organization）發展而成的康比河聯盟（Combahee River Collective）堅持，我們應該把我們為了種族平等、階級平等、性別平等與性特質平等所付出的努力全部合而為一，以最有效的方式著手對付黑人女性與有色人種女性經歷的多重壓迫。康比河聯盟在一九七七年的聲明，解釋了為什麼黑人女性主義對許多女性而言，一直是重要的啟發來源與通往權力的道路。「一開始使我們聚在一起的是反種族主義與反性別主義的立場，隨著我們在政治上的發展，我們開始致力於應付資本主義下的異性戀中心主義（heterosexism）與經濟壓迫。」該聲明寫道。[72]

成立康比河聯盟的成員包括了激進黑人女性主義者芭芭拉・史密斯（Barbara Smith）、她的雙胞胎姊妹貝弗莉（Beverly）以及達米塔・佛雷澤（Demita Frazier），她們當時發表的那一項聲明太過創新，以至於在四十二年後，我們這些宣稱要為自由而戰的人依然將這份聲明視為最終基準。我們的目標是自由。摧毀父權主義是通往自由的道路，但同時我們也必須努力對抗種族主義、資本主義和恐同情結。對於不是白人、不是富人也不是異性戀者的人而言，康比河聯盟畫出了一張對抗這種壓迫的路線圖。

她們寫道：

我們相信父權主義掌控的性政治就像階級政治與種族政治，已經滲透進黑人女性的生活中。我們也注意到想要把種族壓迫、階級壓迫與性壓迫區分開來是一件很困難的事，因為我們在生活中幾乎總是同時體驗到這些壓迫……我們知道，若所有被壓迫的人都要獲得自由，我們就必須瓦解資本主義、帝國主義和父權主義的政治經濟系統。我們都是社會主義者，因為我們都相信工作應該為那些真正工作與創造商品的人帶來集體利益，而非只對老闆們有利。物質資源應該要平均分配給那些創造出這些資源的人。然而我們認為，社會主義革命同時也必須是女性主義革命與反種族主義革命，否則這樣的革命將無法使我們自由。

依然有許多人在要求世界各地的女人乖乖等待輪到我們的時候，這是因為父權主義在保護男性支配制度、分配權力給男性支配制度。父權主義正不斷推動各種壓迫，受這些壓迫影響的女人、非二元性別者和酷兒數量越多，我們就越需要眾人一起發表重要聲明，表明我們要打敗剩下的父權主義、種族主義、資本主義和恐同情結。請記得，這些話語是在一九七七年寫出來的：「身為黑人女性主義者與同性戀者，我們明確知道我們要發動什麼樣的革命，我們已經為未來一生的努力與奮鬥做好準備了。」

少數例外的女性獲得的權力，並不代表所有女人都獲得了平等或權力，這不是一件值得慶祝的事。我們定義權力的方式，必須將我們從父權主義的階級制度中解放出來。我們必須想像一個我們希望擁有的世界，重新定義何謂權力、擁有權力的女人是什麼樣子，以及如何運用權力推翻父權主義而非維持父權主義。我們必須想像更好的世界。我們可以想像更好的世界。我們必須想像各種方法，開始從父權主義奪取權力。我們將透過想像更好的世界創造出我們的自由所需的權力。

擁有權力代表什麼？代表的遠不只是做男人能做的事或成為男人能成為的樣子。我不會只因為男人可以怎麼樣，我就想要怎麼樣。男人不是我的尺標。如果男人自己無法倖免於種族主義、資本主義與其他形式的壓迫所帶來的傷害，那麼光說我想要和他們一樣是不夠的。要和他們一樣變成父權主義的受害者嗎？謝謝，再聯絡！我想要自由。只要沒有人挑戰父權主義，男人就會一直是眾人測量一切事物的預設標竿。在我想像我們為自由發明它所需的權力會是什麼樣子時，我知道女人常藉由和父權主義協商獲得權力，這種權力是來自父權主義的獎賞，這種交易的目的是滲透反對父權主義的勢力。我們必須在理解這點之後戰略性地運用權力。

二〇一九年開始於兩個相關事件。極右派厭女者、種族主義者暨恐同者在拉丁美洲最大的民主國家——巴西——就職成為總統，以及五百萬名女人在世界上最大的民主城市——印度——站出來反抗那些認為經期中的女人不准進入神廟的右派團體。父權主義的力量很強大，而我們想像自己從父權中獲得自由的力量必須更強大。

第六章

暴力

鼓勵、保護並推廣女人對男人使用合理暴力。

很顯然地，任何受壓迫的群體中最受壓迫的人一定是女人……很顯然地，由於這個社會壓迫女人與經期，所以如果你處在一個受壓迫的群體中，你受到的就是**雙倍的**壓迫。所以我能想像她們會做出相應的反應：有鑑於壓迫會使人變得激進……**雙倍的**激進，因為她們受到雙倍的壓迫。

——蘿琳・漢斯貝瑞（Lorraine Hansberry），
出自〈斯特茲・特克爾訪問蘿琳・漢斯貝瑞〉
（An Interriew with Lorraine Hansberry: by Studs Terkel），
一九五九年五月十二日 [1]

我想像著若我們宣戰。

想像著若我們所有人一起操他的勃然大怒，開始系統性地殺死男性，我們殺死他們的唯一理由就是他們是男性。想像著這種淘汰始於一個國家，每週五個男人。接著隨著每一週過去，在這個想像的世界中，有越來越多國家加入，各自殺掉更多男人。一週五十個，接著是一百個，然後是五百個。

想像有一個地下運動名叫操你的父權主義（Fuck the Patriarchy，FTP），這個運動宣稱這些殺戮都出自於它的策畫，它提出警告，這麼做的目的是讓全世界知道它將會繼續殺掉更多、更多男人，直到父權主義派出代表和它會談。它會說，我們不想要錢。這名想像中的負責人會說，我們不想要新的總統或總理來替代現任的總統或總理。我們不想要國會再多分一點點位子給我們。我們不想要加薪。我們不想要男人保證他們會洗衣服，或保證他們會照顧自己的孩子。我們不想要更多一點點的麵包屑。想像中對這一切負責的FTP堅持道，所以說，父權主義，你要派出代表（我能想像得到隨之而來的內訌）。它下了最後通牒：你們要開始消滅父權主義，否則我們將會每週繼續屠殺更多、更多男性。

你覺得它必須殺掉多少男性，父權主義才會開始被消滅？一千人？一萬人？十萬人？這件事很殘忍嗎？這件事很野蠻嗎？在男人對其他男人發動戰爭時，數百萬男人被殺掉了。我想像著我們宣布要對父權主義開戰。

這個世界要花多久時間才會開始注意到男人正不斷被殺死？這件事會變成全球性事件

嗎？一個月？五個月？要殺掉多少男人——殺掉他們的唯一理由就是他們是男人，沒有任何其他原因——這個世界才會開始思考：「現在操他的是怎麼一回事？誰在背後操縱這種瘋狂行徑？我們要找誰談談才能停止這種野蠻行徑？我們要侵略誰、我們要轟炸誰？男人是做了什麼傷天害理的事，如今才會被這樣殘忍地傷害？」要有多少男人被殺死，父權主義的代表才會召開緊急高峰會，暫停這種針對他們的、毫無道理的謀殺？我們必須殺掉多少男人，才能讓父權主義現身？

男人在看到這麼多同胞只因為和他們一樣身為男人就被殺掉，會有何感受？他們會改變行為模式嗎——為了安全結伴同行、避開鎮上的特定地區、盡量避免深夜外出？男孩們在知道自己會因為性別而變成目標後，會怎麼想？他們的父母又會怎麼想？這會改變他們撫養或對待兒子的方式嗎？男孩會改變行為模式嗎？

這種想像場景很刻意地讓人感到不舒服。我很清楚。但我們老早就該操他的勃然大怒了。這個世界運行的模式就好像男人能拿到數代累積下來的暴力指導手冊，從男孩時期就開始學習手冊的語言，而女孩和女人則被教成文盲。暴力——每天都有人因為女人是女人而對她們暴力相向——對男人有利。父權主義擁有暴力的版權，這件事使我們感到畏懼，變得順從。如果每一件針對女人的暴力都能得到一篇新聞報導，那麼世人將會知道這是一種流行疾病——是一場戰爭。但事實卻不是如此，現在只有「特別」暴力的攻擊才會上新聞，有時甚至連那些暴力也不會有人報導，你從這件事本身就能知道，這個社會不在意這種暴力，同時

／或者這個社會對這些暴力免疫。這是一場針對女人的每日戰爭，然而卻沒有人說這場戰爭「殘忍」或「野蠻」。我們應該要學會適應與包容這種暴力，永遠不該反抗。

但是，我們受夠了。為什麼我們不該宣戰？

如果新聞媒體每天都報導每一次針對女人的謀殺、強暴、性侵害、毆打和各種身體暴力以及情緒暴力的話，我們將被迫看見傷害女人的不僅僅是「瘋子」，還有父親、丈夫、兄弟、兒子、男友和其他普通的男人。若新聞只報導「特別」的暴力攻擊，你將會時常聽到：「喔，做出那種事的不是真正的男人，只是個『瘋子』。」如果我們持續記錄下每天有多少女人成為這場戰爭中的受害者，我們將使男人再也無法把那些暴力的責任拋得老遠，躲到一旁假裝這些暴行「只是瘋子」做的，假裝這些發生在家庭、公共空間、大眾運輸、工作場所、學校與所有地方的暴力，假裝這些會影響女人與女孩所有生活層面的暴力，都應該由瘋子來負責。我們無論在哪裡，都無法保護自己不受這種暴力侵害。

我可以告訴你任意一個禮拜內的最新政治僵局、某個地方有新戰爭，或者「＿＿＿戰爭」（你可以自行填上空格：恐怖主義、毒品等等）正在進行中。換句話說，我可以告訴你無數個男人的故事：男人為了權力彼此爭吵、男人為了權力彼此殺戮，以及男人為了權力帶來的戰利品彼此協商。

然而，我沒辦法告訴你任意一個禮拜內有多少女孩成為性侵害的受害者、有多少女人被她們的丈夫毆打或強暴，或者哪個國家的哪個城市有多少女孩與女人在街上成為性騷擾的受害者。新聞媒體上沒有針對女人的戰爭。我想像著若我們在新聞上只能聽到這些故事，或者在媒體上只能讀到這些故事。我一定會感到難以承受，幾近窒息。

二〇一八年十月，我在都柏林參加非政府組織安全愛爾蘭（Safe Ireland）主辦的安全世界高峰會（Safe World Summit），該高峰會的目的是聚集社運人士共同討論我們要如何終止針對女人和兒童的暴力，並提倡這些方法。許多演講者自己就是暴力的倖存者，他們分享自己曾經歷何種父權暴力：伴侶或宗教人士的性暴力、親密伴侶暴力，以及包括近親性行為、強暴等其他形式的性暴力。有些人談論自己是如何活下來的，有些人則談論自己是如何差點死去。我花了兩天聽這些演講者訴說這些令人痛心入骨的故事之後，我只想把男人殺掉。整整兩天密集地傾聽這些生存者的故事讓我不禁想著：「我怎麼有辦法不恨男人？」這是個困難的挑戰——真的——而我時常投降。對我來說，不痛恨男人真的是一件很困難的事。

若針對女人的戰爭是所有新聞媒體的頭條，我們的世界會有多麼不同？如果二〇一七年巴西每天出現的一百六十四件報了警的強暴案全都一一出現在新聞上，我們會有什麼反應？如果每當埃及有女孩的陰蒂被切掉就會上一次新聞，我們會有什麼感覺？根據聯合國兒童基金會，年齡落在十五歲至十七歲的埃及女孩，有百分之七十四都曾受到某種形式的陰蒂切割。[2] 如果每次有女人在開羅的街上被性騷擾，我們都會在新聞報導裡看到的話，這個世界會是什麼樣子？根據二〇一三年的聯合國調查，開羅有百分之九十九點三的女孩與女人都曾在街道上遇到某種形式的性騷擾。[3] 又或者，英國在二〇一七年被男人殺害的一百三十九名女性每天都一一上了新聞報導的話，又會怎麼樣？[4]（請記得，這些只是有在警察報案紀錄中的謀殺案。）在這一百三十九人中：

- ◆十七人（百分之十二）是被男性家人成員殺害，其中有十人是被她們的兒子殺害。
- ◆二十四人（百分之十七）是被認識她們的男人殺害，例如同事、鄰居或朋友。
- ◆三十人（百分之二十二）被陌生人所殺，其中有二十一人是在恐怖攻擊中被殺害。
- ◆六十四人（百分之四十六）被現任／前任親密伴侶所殺。
- ◆一百零五人（百分之七十六）認識殺害她們的兇手。

這些數據出自婦女援助會（Women's Aid）與社運人士凱倫・英格拉・史密斯（Karen Ingala Smith）所執行的女性謀殺普查（Femicide Census），這種種殘忍的統計資料都在提醒我們，多數利用暴力傷害女人的都是丈夫、父親、兄弟、兒子和愛人——都是一些平凡男人，而非「只是瘋子」。

「一次又一次，我們聽到女人被男人殺害的『單一事件』；然而最新的女性謀殺普查報告顯示，事實並非如此……這些案件大多都不是單一事件。這些女人被男人殺害的狀況有太多相似之處了。」婦女援助會的執行長凱蒂・高斯（Katie Ghose）告訴《衛報》。[5]

很顯然地，女孩與女人每天面對的恐怖主義就像我們呼吸的空氣一樣：被我們視為理所當然，我們幾乎沒有真正想過這件事。

「女性主義」是有些人在使用前會猶豫片刻的髒話，但我鮮少使用的詞語反而是恐怖主義，因為我知道人們如何利用這些字詞區分敵人使用的暴力與盟友使用的暴力。但如果恐怖主義代表的是會讓我們害怕到改變行為的暴力的話，那麼我很確定，為了確保女孩保持純潔而切除女孩健康的陰蒂、為了在公眾場合維持男性的首要地位，而在街上性騷擾女孩和女人，以及美國每天被現任伴侶或前任伴侶殺害的女性數量多達三人，這些驚人的事件全都是恐怖主義。[6]除了這些恐怖主義之外，再考量到社會接受度對女孩與女人造成的傷害，你可以再次問問自己，為什麼這些女人的故事鮮少成為新聞頭條。

為什麼女孩與女人遭受的暴力不像爆炸案件或刑求案件一樣使我們不安？我這麼說並沒有輕視武裝分子的意思，也不是在低估刑求或政治暴力的恐怖程度。但若我們忽略針對女權的駭人暴力與日積月累的厭女情結，我們就是在輕視針對女孩與女人的犯罪。武裝分子的暴力行為奪走了高級政府官員的生命時，政府安全部門的首長會因為失職而遭到開除。但是，當人們絲毫無法遏止以女人與女孩——順性別與跨性別皆包括在內——為目標的恐怖主義時，我們要開除誰？女孩與女人占了我們社會的一半人口，但人們總是要她們等待：等到舉行選舉、等到政治犯被釋放、等到我們終止刑求、等到我們終止警察暴力、等到、等到、等到。女人的故事主線與我們的人生主軸就是等待。

女孩與女人的故事何時才會躍升到較高的階層，獲得如同爆炸案、刑求案和內閣改組同等的重視與優先地位？

除非我們能讓整個社會意識到針對女人的暴力有多猖獗，犯下這些暴行的男人有多普通——而且完全不是瘋子——否則這些普通的男人只會繼續受益。否認這件事將使男人得以繼續從暴力中脫身，躲得遠遠的。某個男人是否曾毆打或強暴女性並不是重點，因為這種從父權主義身上獲得權力與保護的暴力行為，將會協助父權主義維護如今使所有男人獲得特權的社會結構。由於暴力維護父權主義持續運行，所以他們可以因暴力而受惠。這就是父權主義的基礎。

只要能夠推動父權主義，女人的暴力就是可以被接受的。基本上，綁在女人身上的「養育」與「母性」特質，都是父權主義為了維持現狀而發起的宣傳。當女人以父權之名成為統治者——還記得前英國首相瑪格麗特．柴契爾（Margaret Thatcher）嗎——父權主義將允許她們放棄「養育」與「母性」的簡化論，她們發動的戰爭與通過的法令都對父權主義有利。有些國家在女人開始在軍中擔任作戰崗位時大力吹噓。他們在女人獲得高階職位，成為連或人數眾多的分隊的領導時驕傲地高聲宣布此事，但女人參與的戰爭是以父權主義為名發動的戰爭，她們推廣的是父權主義說只有它自己有權力擁有的暴力。是時候了，女人該獲得相同的權力發動戰爭了——不是國家之間的戰爭，而是對抗父權主義的戰爭。

女人不但在社會化的過程中被教導成順從的人，我們基本上也被教導成不能表現出暴力行為，就算是為了自衛也不可以，我們必須等到男人不再對我們暴力相向。我們不知道我們要等到什麼時候，過去數個世紀以來，父權主義一直利用暴力讓我們停留在原位，因此期待男人停止暴力是非常不切實際的一件事。那些人一次又一次地告訴我們，男人天性暴力——那些拒絕暴力的男人應該要對此感到困擾，並因此理解陽剛特質的父權結構也同樣限制了他們。他們說女人就是虛弱的、被動的、感性的、順從的等等。哪些女人會擁有這些特質，又是哪些女人會跳脫這種刻板印象？這件事之所以重要，是因為種族、階級和性別全都會影響女人的暴力會如何被懲罰。我們被社會化成為一個為了自己好而假裝順從的女人。

因此，我們又回到剛剛的問題，在假想的情境中，要殺掉多少男人，父權主義才會認真地看待我們？在我們宣戰多久之後，父權主義才會開始瓦解？

我提出的問題很荒謬嗎？是的，我是刻意讓這些問題顯得荒謬的。但我們全都必須提出荒謬的問題，如此一來，我們才能完全理解女人持續忍受的暴力有多驚人。要有多少女人被殺、被強暴、被毆打、被情緒虐待，我們才會理解這件事？自我防衛是女人唯一能行使暴力的時刻嗎——還是就算要自我防衛，女人也不能行使暴力？這些問題都令人不安，我知道。我就生活在我提出的問題所造成的不安與不適之中。我堅持你也應該如此，因為女人、女孩、非二元性別者與酷兒族群，面對的不安與不適都遠超乎我們的想像——他們正在逐漸死去，而父權主義卻漠不關心。

有鑑於許多解放運動——從反殖民運動到反占領運動——都以暴力作為手段，顛覆充滿壓迫與不公義的系統。人民擁有反抗的權利。但是，是哪些人民呢？是那些由男人帶領的群體與運動，其中女人的數量極少，在革命或解放運動成功後，她們的貢獻通常會被抹滅或被遺忘，以免女人記得她們其實也可以運用暴力。我們絕不能讓女人覺得她們也懂得如何運用武器反抗壓迫者！她們可能會轉過頭，用那些原本對著國外占領者的武器指向當地的父權主義占領者。這就是為什麼我們必須把父權主義當作占領者，當作阻礙我們運用力量解放我們自己的壓迫力量。還有比父權主義更歷史悠久的占領者嗎？

如果父權主義理解的語言就是暴力，那麼就算只是為了女人的安全著想，現在也該是更多女人站出來說這種語言的時候了，不是嗎？

「如果有更多女人願意用合理的暴力對待男人，如果有更少的男人願意用不合理的暴力對待女人，社會整體將變得更好。為了達到這個結果，我們應該**鼓勵**、**保護並推廣**女人對男人使用合理的暴力。」[7]這段話來自邁阿密大學法學院教授瑪麗・安妮・法蘭克斯（Mary Anne Franks）在二〇一六年發表的法律評論文章，我們應該珍而重之地把這句話放在我們對父權主義的宣戰聲明中。

法蘭克斯以必要的誠實與尖銳的評析，解釋了她所謂的男人與女人間的暴力不對等：「雖然男人與女人雙方都有能力，實際上也真的會對彼此使用暴力，但相較於女人針對男人的暴力，男人針對女人的暴力更常見、更無法合理化也更具破壞性。」

法蘭克斯解釋，這種不對等的其中一個原因在於「男人不害怕對女人施加暴力後會受到反擊，女人則害怕對男人施加暴力後會遭到反擊。」

完全正確！

在我揍了那個在蒙特婁俱樂部抓了我一把的該死男人後，我在回家的一路上都很興奮。這種感覺美妙無比。我在推特上描述了當晚發生的事，使用了「#我揍了性侵害我的人」標籤。我的推文很快就被世界各地的網友分享了數千次。女人傳訊息給我時，不但告訴我她們有多支持我做的事，還有許多人分享了她們揍了性侵害者的經驗。多年以來的憤怒成為燃料，推動我揍了那男人的臉。我和許多女人一樣，我們都知道——因為我們已經成為受害者許多年了——男人認為他們可以隨心所欲地對待我們的身體，不會有任何後果。這就是為什麼我想要揍那個男人那麼多下。我每揍他一下就喊道：「再也不准這樣摸女人！再也不准摸女人！」我要他知道這麼做的後果。我要他記住，正是這個身高普通的女人，正是這個他覺得不用擔心伸手抓了一把之後會受到反擊的女人，把他痛揍了一頓。我要他開始思考——如果他還敢想要抓別的女人一把的話——那個女人會不會也把他痛揍一頓。我們必須停止將女人與女孩社會化成為不懂反擊的人。我們必須停止只讓女孩去上芭蕾舞課。我們應該也讓女孩去上學習打架的課。我這麼說並不是在責備受害者，我並不是要女人負責讓自己免受暴力威脅。我只是想讓男人知道，女人也可以使他們嘗到苦果。父權主義不想要我們像男人那麼擅長使用暴力。當我們這些女人真的敢於回擊時，我們將會受到父權主義傾盡全力施加的殘忍處罰。而處罰的狀況一如往常，必須承受越多種壓迫的女人所受到的處罰就越嚴重。

美國每一天就有三名女人因為親密伴侶暴力而被殺害。[8] 雖然家庭暴力與親密伴侶暴力跨越了種族、階級與性別的疆界，但這種暴力對黑人女性的影響高得不成比例。非裔美國女人成為家暴受害者的比率比白種女人高了百分之三十五，根據美國司法統計局的資料顯示，非裔美國女人「只占美國女人的百分之十三，但兇殺案女性受害者有一半都是非裔美國女人——絕大多數都是被現任、前任男友或丈夫殺害。」

刑事司法制度距離真正的公正還有好一段距離。從目前的狀況看來，依賴警方監督與牢獄監禁來遏止家庭暴力的效用極低，這種做法只會更進一步邊緣化與歧視化黑人社群，其中也包括了他們原本想幫助的那些女人。打電話找警察常會帶來反效果，使女人「更有可能受到更嚴重的傷害、罪犯化甚至死亡。」諾兒·納斯（Nour Naas）在《哈芬登郵報》（*Huffington Post*）中寫道。[9]

「強制逮捕政策，使警察必須在收到家暴通報時立刻進行逮捕，但根據研究顯示，該政策很有可能會導致更糟糕的結果，對低收入有色人種女性產生不成比例的巨大影響。」納斯寫道。「調查報告顯示，當受害者的伴侶被逮捕，而非被警告並允許留在家中，受害者被殺害的機率將增加百分之六十四。在許多案例中，家暴兇殺案都發生在警察多次造訪的家庭。對於許多家暴受害者來說，報警根本不是一個可行的選項。」

美國公民自由聯盟（American Civil Liberties Union）指出，相較於殺害女性伴侶的男人而言，殺害男性伴侶的女人會受到較嚴重的判決。[10]莎朗·安吉拉·阿拉德（Angella Allard）在一九九一年撰寫的文章〈反思受虐女性症候群：一位黑人女性主義者的觀點〉（*Rethinking*

Battered Woman Syndrome: A Black Feminist Perspective）中解釋，女人殺掉虐妻的丈夫後，黑人女性被判有罪的比例較白人女性被判有罪的比例高出一倍。[11] 阿拉德在文章中引用了女性主義者、心理治療師、研究人員暨《受虐女性症候群》（*Battered Woman Syndrome*）作者蘭諾・沃克（Lenore Walker）的話：「若受虐女性想要在殺掉虐待者後的審判中進行成功的辯護，她絕不能表現出怒氣。如果陪審團發現這名女人殺掉虐待者是出於怒氣而非恐懼，他們較有可能給出更重的判決。」黑人女性很憤怒的這個刻板印象，代表她們必須承受更嚴重的先入為主印象。

「有鑑於司法系統將這種觀念正當化，所以陪審團有很大的可能會相信檢察官的故事，也就是受虐黑人女性奪走虐待者的生命是出於報復與憤怒，而非出於恐懼。」阿拉德寫道。

為什麼黑人女性——或任何女人——不能出於報復與憤怒做出反應？那麼她在面對虐待和暴力時應該做出什麼反應才對？我堅持我們應該要提出這個問題。我知道提出這種問題有多危險，我知道堅持我們在面對父權主義的暴力時，應以超越自我防衛的舉動作為回應有多危險，對於許多女人，尤其是有色人種的女人來說，光是自我防衛就是非常不完善且幾乎不可能做到的事情，她們光是膽敢認為自己擁有自衛的能力就會被關進監獄裡。我知道會有人指責我這麼做是在激起暴力行為，但我依然堅持我們應該這麼做。

我特別注意到，法蘭克斯在她撰寫的文章〈男人、女人與最佳化暴力〉（*Men, Women, and Optimal Violence*）中，讓我們有機會支持女性在自衛之外行使暴力行為：「如果男人不願意停止對女人行使不正當暴力的話，如果國家拒絕遏止他們的話，女人就必須做好準備，預先阻擋與制止這種暴力。」[12]她說道：「男人對女人行使暴力的意願與能力高到不成比例，我們必須對此進行反擊，至少在某部分反擊，反擊的方式是增加女人對男人行使暴力的意願與能力。」我想知道「某部分」是哪一部分，這就是為什麼我堅持我們要提出那些令人不安的問題。

法蘭克斯繼續說道：「從某方面來說，這是在宣告女人應該享受同樣強大的自我防衛權力，男人已享受這種權力許多年了。我們必須鼓勵女人用適當的力量對暴力做出反應。這件事的重點不只在於公義，也在於社會效益；針對男人行使回應性的合理暴力的女人越多，針對女人使用不合理暴力的男人就會越少。」

但正如我堅持要提出令人不安的問題一樣，她堅持我們也應該要考量這一點：

> 或許更引起爭論的一點在於，這篇文章堅持我們也應該更加容忍女性的暴力與侵略行為，**就算這種暴力在某些個案中違反了傳統比例原則也一樣**。就算有某些女性過度反應，甚至有意識地利用了眾人對女性使用暴力逐漸增加的容忍程度，但無論這些個案有多麼令人遺憾，女性的報復力量所創造的恐懼與不確定性，都有助於達到「重新分配整體暴力」這個目標。（粗體為本書作者加註）

她說，我們應該認為這種重新分配能對男性暴力行為帶來她所謂的「抑制影響」。

當男人不確定其他男人是否會有不合理或不成比例的回應時，這種不確定性至少會對「男人針對男人的暴力」造成適度的抑制影響，若女人也能帶來同樣的威脅，就應該也會獲得同樣的抑制影響。如今的現況是極端的、有害的，因此使得這個解決方法變得十分合理。在某些案例中，若要瓦解那些默認男人對女人行使暴力的社會狀態與法律狀態，我們可能會需要使用非常極端的力量，不過整體暴力重新配置足以彌補這些個案的不公義。**在面對男性暴力時，女人在事後採取暴力報復或事先採取暴力行動的可能性越真實、越顯著，男性暴力就會越少。**（粗體為本書作者加註）

有法律教授直白地要眾人考慮這套論點是很重要的一件事，因為我們目前使用的是經過人為操縱的系統。我從法蘭克斯的文章中節錄這麼一大段文字，正是因為她是一位法律教授，她用這個令人不安的想法挑戰了我們的認知：若想要避開父權主義的暴力，我們需要的可能遠不只是自我防衛而已。女人會因為沒有脫離虐待關係而遭到殺害。女人會因為脫離虐待關係而遭到殺害。報警可能會使你被逮捕並被丟進監獄裡。為了保護自己而反擊虐待你的人並殺掉他，會使你被關進牢房，你有可能會在那裡被管理人員性侵害。

所以，讓我們提出令人心煩的問題吧。

美國的男人殺掉女性伴侶後，被判處的平均刑期是兩年到六年，但女人殺掉男性伴侶後被判處的平均刑期卻是十五年，更不用說多數女人殺掉伴侶都是因為要保護自己不受伴侶最先出現的暴力行為傷害。[13]

「對於許多最後殺掉了暴力伴侶的女人而言，這是她們孤注一擲的最後一搏。」羅伯・柯內希特爾（Robert Knechtel）說，他是美國最大的家暴庇護所之一「暫居中心」（Sojourner Center）的亞利桑那州營運長。[14]「庇護所裡有許多女人都沒有經濟能力可以搬離這個州，有些女人和警察之間的關係很中立，其他女人和警察的關係則偏向負面。」全美反家暴協會（National Coalition Against Domestic Violence）的執行理事芮塔・史密斯（Rita Smith）也表達了同樣的憂慮：「當女人或未成年人說自己是自我防衛時，其他人不會馬上相信他們。多數被虐待的女人在自衛殺人後都會被關進監獄裡。〔這些案子〕詳細記錄了其他人對女性的偏見。」[15]

在美國的監獄人口中，數量成長最快速的就是女人。[16]根據美國公民自由聯盟指出，因為殺死男人而被關進監獄的女人中，多達九成都曾被她們殺死的男人毆打，這些女人中有百分之七十九曾在被捕前遭受身體虐待。[17]根據維拉司法研究所（Vera Institute of Justice）在二〇一六年發表的文章〈審視：改革年代的女人與監獄〉（*Overlooked: Women and Jails in an Era of Reform*）指出，被關進監獄中的女人有三分之二都是有色人種，其中絕大多數都是低收入階級。此外，根據該文章報導，自二〇〇九年至二〇一一年間，監獄中只有百分之十三的囚犯是女人，然而在監獄員工性騷擾或性侵害的囚犯中，有百分之六十七是女性。

「司法系統旨在保護男人不受國家的較高等權力侵害，而非保護女孩或孩子不受男人的較高等權力侵害。」女性主義者暨精神科醫師茱蒂絲・赫曼（Judith Herman）在她的著作《從創傷到復原：性侵與家暴倖存者的絕望與重生》（*Trauma and Recovery: The Aftermath of Violence—from Domestic Abuse to Political Terror*）中寫道。[18]

這是永遠沒有終點的暴力惡性循環，我們贏不了。所以，要直到什麼時候我們才要開始脅迫父權主義，和那些因為父權主義創造的墮落結構而獲益的人呢？出自父權主義與其體制的暴力惡性循環構成了法蘭克斯在〈男人、女人與最佳化暴力〉文章中稱做「次佳的」（suboptimal）兩性暴力分配狀態。我在推特上使用「＃我揍了性侵害我的人」並描述了我在蒙特婁如何痛打性侵害我的男人之後，法蘭克斯把她的文章傳給我。她說我毆打男人的方式是「最佳化暴力……的絕佳範例。」[19]

我打了那個男人的故事，啟發了世界各地的數百位女人做出回應，她們分享了她們自己是如何對那些曾性侵害或威脅她們的男人施以拳打或腳踢。

「事情第一次發生時，我十五歲，對方是學校裡一位年紀比我大的學生。我還記得我打出第一拳時，覺得自己多麼充滿力量，第二拳也是。真慶幸我學過如何打架。」[20]

「之前有個男人在公車站接近我，站在我後面，因為當時天色很暗，所以他偷偷摸摸地想碰我。我將他一把推開，用我的袋子打他，踢了他的卵蛋兩次。他還躺在地上呻吟時，我就上了巴士離開了。」

「幾個月前，有個喝醉的前任朋友把我逼到角落，用手摸我。我不斷跟他說不要，但他還是繼續摸我，所以我猛力踢了他然後離開。我沒有半分後悔的感覺，要是還有哪個男人不把我說的話當做明確的拒絕，我一樣會這麼做。」

「好幾年前，有個男的在深夜跟在我後面，進了我公寓的大廳。他把我一把推倒在地上。我用盡全身的力量抬起腿，踢得他屁滾尿流（我當時在學跆拳道）。他發現這件事沒他想像得那麼容易，就跑走了。」

「我國一上體育課的時候，有個男的一直彈我的肩帶，老師根本不管這件事，所以我告訴他，要是他敢再彈一次，我就要用迴旋踢踢他。他不相信我，又彈了一次，最後他得到了兩根斷掉的肋骨和被骨頭刺傷的肺。」

當一名法律教授清楚聲明兩性間的暴力不對等對社會無益時，我們為什麼沒有馬上想辦法改善狀況？我們還在等什麼？法蘭克斯強調，如果我們「鼓勵、保護並推廣女人對男人使用合理暴力」的話，我們的社會會更好。[21] 法蘭克斯寫道，若想要處理暴力不對等的狀況，我們必須反轉「法律與社會的現狀，如今的現況是人們忍受並鼓勵男人針對女人做出不合理的暴力行為，同時阻止並且在法律上限制女人針對男人做出暴力行為。」

教導她們戰鬥，早早教導女孩戰鬥，這是戰爭！

我知道，回擊一定伴隨著風險。每個女人都必須考慮她人在哪裡、還有哪些人在場、男人的體型多大、他攜帶武器的可能性等等，我很清楚這一點，而且每個女人都一定要最優先考慮自己的存亡安危。我們要活著，如此一來，才能和父權主義展開終極的戰鬥，但我們必須在每一次的對峙中獲勝，才能在最後贏得這場終極戰鬥。來自女人的暴力威脅是必要的。男人必須知道女人可以反擊，也真的會反擊。就像他們在對另一個男人行使暴力或考慮行使暴力的時候，他們會知道男人可以反擊也真的會反擊一樣。但正如法蘭克斯提醒我們的，我們必須考慮到我們需要的遠遠不只是「女人可以反擊，也真的會反擊」的概念。父權主義必須同樣注意到女人可以主動攻擊，而不只是某種形式的自我防衛。如果這個經過人為操縱的系統處處針對我們，刑事司法制度又幾乎沒有公義可言，那麼除了讓男人知道，他們應該像恐懼其他男人一樣恐懼我們女人之外，我們還能怎麼做？

至於「但是無辜的男人怎麼辦？」這個問題，法蘭克斯直言不諱地說：「就算鼓勵女人針對男人行使更多合理的暴力行為，可能會導致個案遭受不合理或不成比例的暴力，但這種鼓勵會對整體的暴力分布產生影響，改善不對等的現況。」

我們還要等多久？

女人必須殺掉多少強暴犯，強暴才會消失？我想像著如果有五十名、一百名、五百名女人，把強暴她們的男人殺掉。如果女人公開宣稱我們要殺掉任何強暴我們的男人，這個世界會是什麼樣子？要花多久的時間，男人才會停止強暴我們？要殺掉多少強暴犯，男人才會停止強暴女人？要殺掉多少強暴犯，男人才會在強暴或性侵害女人與女孩之前用大腦思考？我現在說的並不是國家規定的死刑。我說的是讓男人因為足夠害怕女人而再也不敢強暴或試圖強暴女人，用這種方式終止強暴。再次重申，這不是在責怪被害者。我堅持我們必須繼續推動談話，直到我們使男人足夠懼怕女人，使強暴成為反常現象。我不想要國家保護我，因為正如我先前解釋過的，來自父權主義的保護是有條件的。我想要從父權主義中解放，我不想要父權主義的憐憫。

我在二〇一六年初次造訪波士尼亞，到首都塞拉耶佛的書架文學季（Bookstan literature festival）演講。在我的其中一個節目結束後，波士尼亞記者妮札拉・阿馬塔希維克（Nidzara Ahmetasevic）和我聊了起來，她告訴我一定要去造訪維舍格勒市的一個小鎮和一間叫做維利納弗拉什（Vilina Vlas）的水療飯店。自從我來到塞拉耶佛之後，我就從許多人那裡聽到一些隻字片語，說這裡有個以前是強暴集中營的水療中心。[22]那是塞爾維亞軍隊把女人與女孩當成性奴的其中一個地點。光是想到那個地方就讓我感到恐懼，但我必須去那裡瞭解曾發生過的事，我要親眼看看人們是如何抹除女人與女孩被暴力對待的歷史。我很感謝有波士尼亞女人慷慨地提議要帶我過去。戰爭是由男人發動的，也是由男人結束的。幾乎沒有人會在戰爭開始時詢問女人和孩童的意見，戰爭結束時也一樣，是由男人們在和平談判桌上擅自結束的。撰寫戰爭歷史的不只是諺語中所說的贏家，也是那些打仗的男人，無論他是贏家或輸家都一樣。我試圖找出有哪些波士尼亞戰爭的書籍是由女人撰寫的，只找到寥寥數本。我找到幾本由男人寫的，更多本是由外國記者所寫的，這些外國記者絕大多數也都是男人，但我找不太到由女人提出的推薦讓我決定要繼續閱讀哪幾本相關書籍。因此，我很高興有機會和一名戰爭中倖存下來的波士尼亞女人前往維舍格勒市，而且她願意帶我去那個能提醒我們，男人在戰爭中是如何把性暴力當作武器對付女人與女孩的地點。這個世界需要波士尼亞女人寫更多書，描寫她們的國家發生過什麼事，所以我知道妮札拉未來必定會寫出一本有關波士尼亞戰爭的書，而和她說話就像在聽她朗讀那本書一樣。

在我抵達波士尼亞之前，我從沒聽過維利納弗拉什。在一九九二年至一九九五年的波士尼亞戰爭時期，我在埃及擔任路透社的駐外記者。為新聞通訊社寫新聞，代表你會比任何人都早得知最新消息。我還清楚記得當時我是透過無線電得知那些悲慘事件的。我曾計畫要前往斯雷布雷尼察，塞爾維亞軍隊在一九九五年七月在那裡屠殺了八千名穆斯林男人與男孩，這是自二戰之後發生在歐洲的最惡劣暴行。聯合國前南斯拉夫國際刑事法庭（International Criminal Tribunal for the former Yugoslavia，ＩＣＴＹ）和國際法庭（International Court of Justice）認證了那次的暴行是種族大屠殺。但這次的屠殺促使西方國家對塞爾維亞軍隊進行空襲，因而在一九九五年結束了戰爭。我知道塞爾維亞軍隊曾對波士尼亞穆斯林進行集體強暴與性暴力，但我不知道像斯雷布雷尼察這種有女人與女孩被性奴役的集中營，是在哪一個城市或哪一個確切地點。

一九九二年，塞爾維亞軍事組織「白鷹」（White Eagles）的領導人米蘭．盧基奇（Milan Lukic）把維利納弗拉什用來當作謀殺與強暴的總部。ICTY的其中一項判決證實了那間飯店曾被用來當作強暴中心。妮札拉告訴我，有兩百名女人與女孩曾在那裡遭受性奴役，她們被綁在房間的家具上被強暴。妮札拉告訴我，他們會每天晚上在游泳池裡進行集體強暴。在其中一次集體強暴後，一名十四歲的女孩從她的房間跳窗自殺了。[23]

妮札拉告訴我這些故事時，我們正搭車經過幾個我這輩子見過最美麗的風景名勝。波士尼亞是個美麗的國家。我在車子裡聽妮札拉述說這些細節的同時，周遭就是那些令人嘆為觀止的美景，兩相對比之下，更顯得那些故事恐怖至極。開車的是一位波士尼亞男人，他在戰爭時期生了一名孩子，我們抵達飯店時，他說他要在停車場等我們，因為他在聽了這些故事之後沒辦法走進那間飯店。

走進飯店建築物後，妮札拉告訴櫃臺人員我是來自紐約的觀光客，正在考慮要不要住進飯店。在櫃臺人員介紹飯店時，妮札拉替我翻譯她說的話。她告訴我們，她從維利納弗拉什重新開張之後就在這裡工作了。她很清楚這個飯店的歷史。這整個鎮的人也一定都知道。她帶我去搭電梯參觀客房的路上，我看到許多穿著浴袍的顧客正往飯店的水療和溫泉區走去。我想要對他們大叫：「你們難道不知道有很多女人在這個飯店裡被強暴嗎？你們怎麼有辦法住在這裡，表現得好像這裡從沒發生過那種事？」

不過，或許他們真的不知道這裡發生過什麼事，因為事實上飯店和維舍格勒市政府都非常努力地在隱瞞這件事。飯店外面沒有紀念碑，旅遊景點的英文說明沒有提到這裡曾是個強暴集中營。櫃臺人員告訴我們，這間飯店是由維舍格勒自治市管理的，維舍格勒自治市則受到塞爾維亞人的統治，而塞爾維亞人絲毫不在意戰爭時期穆斯林女人與女孩在飯店裡發生了什麼事。

我鮮少使用「邪惡」這個詞。但沒有別的形容詞比邪惡更適合用來描述維利納弗拉什飯店了。櫃臺人員帶我們參觀有哪幾種可以住的房間時，我想起了妮札拉在前來飯店的車程中告訴我，有些房間至今依然留著當時那些人用來綁住女人並強暴她們的家具。櫃臺人員帶我們走進其中一間房間，我們從窗戶往外望時，我不禁想著那個十四歲的女孩是用哪一扇窗戶，作為她逃離地獄的出口。

在我跟著妮札拉和櫃臺人員穿越走廊時，我能感覺到那些被監禁在集中營的女人與女孩的靈魂。我的右前臂有賽克美特（Sekmet）的刺青，賽克美特是掌管復仇與性的古埃及女神。我用左手摸了摸賽克美特，好像希望能從祂身上獲得避邪的力量一樣，然後不斷輕聲地說著：「姊妹，我們記得你們。姊妹，我們榮耀你們。」現在我遵守了我說要榮耀她們的承諾，我提醒世人她們遭受了什麼苦難，我堅持要你聽我描述她們的經歷，藉此為她們報仇雪恨。

看了兩間房間後，我們搭電梯回到大廳，櫃臺人員輕快地告訴我們可以自行前往游泳池。我在路上看到左手邊有一間美髮沙龍。一位女人在那裡讓店員替她吹乾頭髮。我們在這裡看到越多人在做平淡無奇的事情，我就越因為這種刻意的遺忘與抹除而感到噁心。

游泳池裡有許多飯店的顧客正踢起陣陣水花，有些人躺在泳池旁享受穿透窗戶照射進來的溫暖陽光。大約二十年前，許多女人在這個游泳池裡被集體強暴。妮札拉和我迅速離開這裡，走進廁所。我問她來過維利納弗拉什飯店幾次。她回答我這是第三次時，我能看到她的手在顫抖。離開前，妮札拉向櫃臺人員要了一本簡介手冊讓我帶回家，以記錄下我曾見過如此超現實的邪惡存在。

我們一走出飯店建築，我馬上就問妮札拉我能不能和她擁抱，並在擁抱的過程中開始啜泣。一直到我們搭上計程車並駛離這裡，我都無法停止哭泣。妮札拉坐在駕駛旁的前座，她把手伸向後座，握住我的手。

在我們駛離飯店的路上，剛剛在飯店外等待我們的司機伊登告訴我們，他剛剛看見有許多顧客在露臺上吃吃喝喝，那些顧客的一無所知讓他覺得可怕極了。「我想要對著那些在露臺上喝茶的人大吼：『你們怎麼有辦法坐在這裡？』我想要對著那些和女兒一起喝茶的女人尖叫：『你難道不知道以前那些女人與女孩在這裡遇到了什麼事嗎？』」

我想要燒毀這棟建築物。我想要一磚一瓦地拆毀它。

我們開車到斯雷布雷尼察，參觀了鎮上為被屠殺的男人與男孩建立的紀念館。紀念館展示了他們已確認身分的死者的照片和個人物品。雖然我在閱讀那些與死者相關的細節時，心痛地感覺到每一名死者的個體獨特性，但這個紀念館很美。對街的埋葬地點有一大塊為了男人與男孩打造的石板。一排排白色石碑延伸到舉目所及的最遠處，上面列出了那些已被辨認身分並埋葬在那裡的人的名字。許多被害者擁有相同的姓氏，由此可知這場大屠殺對單一家庭造成了多大的損傷。

如果維利納弗拉什飯店也把那些被強暴與殺害的女人與女孩列出來，刻在飯店外的石碑上的話，整間飯店想必會大相逕庭。在斯雷布雷尼察，男人與男孩擁有一個適當的、觸動人心的紀念館，能夠讓眾人知道他們經歷過多麼恐怖的事件。在維舍格勒市，女人與女孩擁有的是一間水療中心，在戰爭中最大的強暴集中營裡發生的所有邪惡暴行全都被抹除得一乾二淨。在這個曾有人犯下違害人類罪、曾有男人把強暴用來當作戰爭武器的飯店中，他們用簡介手冊推薦眾人這是個「健康的」靜養地點。父權主義抹除了那些女人與女孩的多數記憶，其他女人只能靠剩下的記憶紀念她們。戰爭女性受害者協會（The Association of the Women Victims of War）一直在爭取要在維利納弗拉什飯店和水療中心的正前方設置一個紀念牌，而波士尼亞製片人潔絲米拉．茲巴尼奇（Jasmila Zbanic）則拍攝了有關維利納弗拉什飯店的敘事電影《無人知曉的維舍格勒》（*For Those Who Can Tell No Tales*）。

據信在波士尼亞戰爭期間有將近一萬兩千至五萬名女性被強暴。[24] 沒有任何人因為維利納弗拉什飯店的女人或女孩被強暴而負起任何責任。[25] 前南斯拉夫國際刑事法庭在二〇〇一年首次對三名波士尼亞塞爾維亞人做出裁決，宣布他們因為蓄意強暴與性奴役而犯下違害人類罪。

妮札拉認識許多位在波士尼亞戰爭中經歷過強暴的倖存者，其中有幾位是她的朋友，我會永遠感謝妮札拉帶我去維利納弗拉什飯店。[26] 我無法想像由男人帶我去飯店，或者由男人告訴我妮札拉曾告訴我的故事。在戰爭的故事中，男人太常既是英雄也是惡人了。女人則只會在故事中獲得一、兩句描述。過去很長一段時間以來，人們都認為強暴幾乎是戰爭中自然而然產生的結果——就好像士兵、叛軍和作戰的人全都是一不小心就強暴了人，好像強暴是一件不可避免的事，而非刻意為之的事。

二〇一八年的諾貝爾和平獎委員會，認可了戰爭中的強暴是刻意被用來當作武器使用的，並把該年的和平獎頒給一位倖存女性與一位幫助倖存者的男性：來自伊拉克北部辛賈爾小鎮的雅茲迪人娜迪亞．穆拉德（Nadia Murad），她曾被伊斯蘭國（ISIS）性奴役，另一位是婦科醫師暨外科醫師丹尼斯．穆克維格（Dennis Mukwege），他在剛果民主共和國治療無數遭受強暴與性暴力的女人與女孩。[27]

二〇一七年，我和歐洲反種族歧視草根運動（European Grassroots Antiracist Movement，EGAM）中住在法國的反種族主義社運人士一起前往盧安達，參加圖西族種族屠殺紀念活動。一九九四年，胡圖族極端分子在短短一百天之內在盧安達屠殺了約八十萬人。根據推估，那些暴力分子強暴了二十五萬名女人，其中有許多女人都被傷害至身體殘缺不全或被殺害。[28]

一直以來，人們**總是**——刻意地、系統性地、經考慮地——在衝突與戰爭期間，用強暴與性暴力來脅迫女人（有時則用來閹割男子氣概）——做出這些暴行的包括了「我們的軍隊」與「他們的軍隊」。女人的身體被視為是代理戰爭的戰場。這又一次提醒了我們，父權主義堅持只有它可以擁有我們的身體。

這個世界必須認知到世界各地都在戰爭與衝突期間把強暴與性暴力拿來當作武器使用。為了要讓全世界的人認知到這一點，我們必須把「在戰爭中把性暴力當作武器」連結到父權主義對女人與女孩宣告的戰爭，在這場戰爭裡，世界各地的人每天都把性暴力當作常見的武器在使用。因為當我們把「士兵在戰爭區系統性地使用強暴與性暴力」這件事，連結到「人們在非戰爭區針對女人使用強暴與性暴力」時，我們等於把父權主義用來賦予厭女情結權力並保護它的各種方法都連結了起來，其中一個方法就是把性暴力當作武器，既是戰爭時期的武器，也是日常生活中的武器。這個武器的目的是脅迫我們，讓我們乖乖站在原地。它使用這個武器控制我們要在何時走到哪裡，以及我們要做出何種行為，父權主義想要讓我們認為這種武器永遠都能傷害我們、摧毀我們。如今這個世界終於看清了人們在戰爭中如何使用這套武器。我們也應該要看清人們在日常生活中如何使用它。如今我們讀到文章告訴我們，緬甸如何使用強暴作為武器傷害羅興亞人，還有敘利亞等每一個發生衝突的區域是如何把強暴當作武器的。我們要知道，無論我們有沒有在新聞頭條上讀到相關消息，這些事情都一樣正不斷地發生。此外，女人常因為強暴帶來的羞恥、汙名與創傷而保持沉默。

在我們慶祝娜迪亞．穆拉德和丹尼斯．穆克維格獲獎的同時，我們也要記得世界上最強大的國家，選擇了曾被十幾名女性指控性侵害的男人擔任美國總統，他提名的最高法院大法官也是一位曾被指控性侵害的人。被提名的男人布雷特．卡瓦諾（Brett Kavanaugh）順利當上了最高法院大法官，而另一位也加入了大法官行列的是曾被指控性騷擾的克萊倫斯．湯姆士。父權主義在我們生活中的每一個層面，賦予性暴力與性侵害權力，並保護這些暴行。諾貝爾和平獎通常都具有政治意義，我相信二〇一八年的獎項強調性暴力是有理由的。我希望除了穆拉德和穆克維格之外，「#我也是」的發起人塔拉娜．柏克也是獲獎人之一，因為頒獎給柏克，會讓我們把「在衝突區的戰爭中把性暴力當作武器」連結到「在父權主義於日常生活中針對我們發動戰爭並把性暴力當作武器」。

塔拉娜．柏克、「#我也是」以及過去數個世紀以來的美國黑人女性都在不斷地告訴我們，這個國家一直以來都在使用性暴力對待她們卻沒有受到任何懲罰——從奴隸制的時期一直到近代都是如此。如今川普和卡瓦諾都在提醒我們，這個國家還在繼續保護那些位居高位且犯下相同暴行的男人，並賦予他們權力。世界上權力最強大的國家的總統，以及同一個國家的最高法院終身職大法官，還能有誰的地位比他們兩個更高呢？

在卡瓦諾的任命聽證會期間，數十名女性湧入了美國國會抗議，中斷了任命程序，她們說出了自己遭受性暴力的經歷來質問這些參議員。由於共和黨參議院在參議院司法委員會中占多數，所以抗議女性特別把目標放在共和黨的參議員身上，希望他們能同理女性的擔憂，力勸他們重視克莉絲汀．布萊希．福特（Christine Blasey Ford）說的話，福特曾作證指控卡瓦諾在念高中時曾試圖強暴她。

在任命聽證會當天，有兩個女人在電梯中遇到了共和黨參議員傑夫．佛雷克（Jeff Flake），她們聲淚俱下地講述她們遭到性暴力的經歷，要求佛雷克不要讓卡瓦諾當上大法官。她們在電梯中對話的這段影片在社群媒體上瘋傳，成為卡瓦諾為什麼不該被提名的象徵：女人們哭著分享自己遭受性暴力的創傷經驗，希望能感動男性政客投票反對卡瓦諾，但這一切都只是徒勞無功。女人一次又一次地哭著分享自己的傷痛，每一次都是徒勞無功。儘管佛雷克在電梯裡流露出悲痛欲絕的表情，最後他還是投票贊成卡瓦諾上任。[29]同一天，共和黨參議員奧林．哈奇（Orrin Hatch）站在護衛小組之間，面對一群想要和他說話的女性抗議者時，哈奇像趕狗一樣噓聲驅趕她們，他匆匆地走進電梯裡，說等到她們「成熟一點」之後，他才願意跟她們對話。[30]我們可以暫停一下，仔細觀察這些在公眾場合被攔下來的議員是如何不尊重、貶低與嘲笑女人的創傷與勇氣的。父權主義擔保那些男人具有豁免權可以隨意噓聲趕走我們，絲毫不考慮我們的痛苦，也不考慮我們需要免受父權暴力威脅的需求，這種豁免權有多誇張，我們就該有多憤怒。

我幾乎無法忍受那天拍攝的女人哭泣的影片。他們總是說女人應該要哭泣著割開隱喻式的血管，讓我們被侵害與暴力傷害的故事汩汩流出——但我們獲得的回報是什麼？我們還要花多久的時間，用這種表面上看來最強大的武器來敘述這些充滿痛苦與傷害的故事？很顯然地，許多議員根本不尊重也不同情女人。在舉辦卡瓦諾任命聽證會的前幾天，美國人督促彼此要「打電話給你的參議員！」女性團體聚集起來抗議。但換來了什麼呢？換來那些父權主義的參議員站在護衛小組後面嘲笑我們、噓聲驅趕我們嗎？

最後參議院司法委員會任命卡瓦諾成為大法官，在這次的任命聽證會期間，參議院司法委員會中沒有任何一個女性共和黨參議員。事實上，二〇一八年的共和黨參議員全都是白種男人，他們的平均年齡是六十二歲，年紀最大的是八十五歲。[31]在二〇一九年底，別稱老大黨的共和黨終於讓兩名女性進入委員會中。我在卡瓦諾的任命聽證會上看見的是父權主義的勝利慶典，當時我心中想的只有：我受夠哭泣了。我受夠乞求同情了。我受夠打電話給參議員了。是時候該讓父權主義懼怕我們了。

我們必須讓父權主義懼怕我們。

除非女人準備好也有能力將暴力拿來當作一種防衛、一種嚇阻、一種武器，否則父權主義永遠也不會懼怕我們。在我們準備好之前，父權暴力每天、每週、每月、每年都不會有半分衰退。它會繼續噓聲驅趕我們！我們還在等什麼？難道我們覺得男人——那些父權主義賦予權力並保護的男人、那些父權主義保證能得到優勢與特權的男人——會在一夜之間突然奇蹟般地停止殺害與傷害我們嗎？他們為什麼要停止？過去數百年來，他們一直利用暴力維護自己的權力，並迫使我們乖乖站在該站的位置上，他們為什麼要停止？

在二〇一一年我被埃及鎮暴警察性侵害之後，埃及的一個女性主義非政府組織，詢問我是否願意在法律團隊的幫助下把內政部告上法庭。他們告訴我，還有十二個女人也經歷了幾乎和我一模一樣的攻擊——毆打、性侵害、輪暴威脅。但沒有人公開說出這件事，有些人是因為她們對此感到羞愧，有些人是因為她們的家庭出於羞愧而禁止她們說出來，我則是同意提告。我從骨外科醫師那裡拿到了X光片，以及他在為我的左手進行手術時置入了一片鈦製骨板與五個螺絲的相關資料。非政府組織向總檢察長提出申訴，這位檢察長是由穆巴拉克政府指派的一位男人，也就是說，他是政府支持者。我們的申訴沒有通過。有些人建議我到美國法庭控告埃及政府，但我拒絕了。沒錯，我的確具有雙重國籍。但我想要在埃及法庭上因為埃及鎮暴警察對我做的事獲得公平的判決，那些警察自己就是埃及最窮困、教育程度最低下的一群人，他們也是那個政府的受害者，政府用一整套系統傷害他們，然後訓練他們來傷害我們。我知道在埃及法庭獲得公正判決，是一個可能要過好幾年之後才會成真，甚至永遠不會成真的事。《華爾街日報》在埃及的駐外記者打電話給內政部發言人，要求他們針對我描述的攻擊做回應時，那位發言人大笑著回答：「她因為這件事生了幾個小孩啊？」[32]

「有史以來，全世界沒有任何一個地方的任何人曾靠著道德勸說，從壓迫他們的勢力中獲得自由。」黑人解放軍（Black Liberation Army）創辦成員暨前任黑豹黨黨員阿莎塔・夏庫爾（Assata Shakur）在她的自傳中寫道。[33]

女人不只擁有反擊父權主義犯罪的權利，女人絕對也同樣擁有攻擊並瓦解父權主義本身的權利。毫無疑問地，暴力是一種合理的反抗形式。這本書不是教導你如何和父權主義和平共處的說明手冊，而是摧毀父權主義並終結其犯罪的宣言。

我們有權向父權主義宣戰。父權主義很清楚，只要它依然手握暴力的許可權，女人就會繼續對父權暴力抱持真實而合理的恐懼。它可以靠著對女人行使暴力，把女人嚇得魂不附體。

我們必須讓父權主義懼怕我們。我們必須好好考慮如何用最適合的方式讓父權主義懼怕。我們應該在必須宣戰時宣戰。若有人反對這個論點，我將再次引述瑪莉・安妮・法蘭克斯的話：「為了使男人與女人之間的暴力行為達到最佳水平，女人必須提高對男人使用暴力的意願與能力。」

第七章

欲望

表達自己的意願、歡愉和性，會帶來何種權力？

肉體真理是我們存在於這個世界的第一戰線。
我喜歡談論排泄、月經和性。
我隨心所欲地使用我的陰道，我不以身為情欲動物為恥。

——米塔麗．沙朗（Mitali Saran），
《走向我們自己：印度女人說出她們的故事》
（*Walking Towards Ourselves: Indian Women Tell Their Stories*）[1]

我擁有我的身體。

我擁有我的身體：國家、街道或家園並不擁有我的身體。

我擁有我的身體：神廟、教堂、清真寺、任何其他崇拜的場所並不擁有我的身體。

我有權在我選擇的時間與我選擇的人性交——當然，前提是他們也同意。我有權和男人或女人性交；和多名男人或多名女人性交，無論是順性別還是跨性別；我有權和流動性別認同或非二元性別的人性交。我有權決定我要如何表達我的性特質，這是所有性自主成年人的權利。成年人要如何表達自己的性特質跟其他人無關，因為這裡的重點在於「性自主」與「成年人」。

當我說「**我擁有我的身體時**」，這句話立刻變成了革命性的宣言。這句話看似簡單，實則充滿堅定的力量，因為所有革命的核心都是由許可與決策權這兩股力量共同構成的。如果革命只從國家的角度把焦點放在自主權上，這個革命就是不完整的。有權力影響我們的個體的不只有國家，對於我們這些並非順性別異性戀男人的群體來說尤其如此。

我們可以渴望誰、我們可以如何表達渴望、誰有權渴望，以及我們能否接受或拒絕誰對我們的渴望的決定權：這些最終都會指向挑戰、反抗與瓦解父權主義的核心。詩人暨評論家瓊・喬登在一九九一年發表的一篇文章中最主要的段落，解釋了為什麼「比任何一種壓迫、比任何一種人們激烈辯論的人權領域更深入也更普遍的，是對性的壓迫，是剝奪人類在性領域的權力。」[2]

從中國到伊朗，從奈及利亞到捷克斯洛伐克，從智利到加州，性政治受到國家允許的傳統暴力、宗教與法律共同強化，衰退成男性對女人的統治與異性戀主義暴政，而對於我們這些在某種層面上被強權視為可恥或異常的族群而言，性政治不容許我們之中的任何人選擇不同的、較複雜的（例如跨種族的或雙性戀的）反叛行為或自由行為。

喬登用強而有力的文字把她身為黑人與雙性戀女人所經歷的個體壓迫，以及全球數百萬人都在努力抵抗的壓迫交織在一起。在主要論述中，喬登陳述了她充滿革命性的敏銳分析，她堅持當我們提及性政治時，複雜就是一種可以用來對付父權主義的強大武器。

在解釋雙性戀的革命潛力之前，喬登闡明了她對「性特質」（sexuality）的定義：「當我談及性特質時，我說的是性別：我說的是男性只因為某些人類是女性而征服她們。當我談及性特質時，我說的是權利的異性戀制度化，以及同性戀男女無法獲得的特權。當我談及性特質時，我說的是男同性戀或女同性戀輕視人際關係中的雙性戀者。」喬登寫道。

我還要替她補充，還有那些跨性別者、非二元性別者與拒絕單一伴侶制的人無法獲得的特權。

我出生在埃及的穆斯林家庭，住過許多國家，以堅定的心態通過無比複雜的道路，才終於完全擁有自己的性特質，身為這樣的一名女人，我把瓊・喬登的文章視為一份個人宣言。她說「有許多男人和女人，尤其是年輕的男人和女人，他們的目標是包容自己的整體複雜性，總是在挑戰社會與政治環境。」我認為我就是這樣的女人。她還描述，這樣的人「以自己的心為基礎，以誠實的人類軀體為基礎，希望能包容我們逐漸增加的全球複雜性。他們的依據不是意識形態、不是群體壓力、不是任何人『正確』的概念。」3

喬登把這種自由稱做「新的性政治」，她解釋了雙性戀的政治力量與革命力量，她說雙性戀「使表述或／與分析變得無效。」

「雙性戀傾向代表我是自由的，我可能會渴望與愛上女人，也同樣可能會渴望與愛上男人，那又如何呢？這不就是自由的意涵嗎？」喬登說道。

如果你是自由的，你就是不可預測的、不可控制的。在我心裡，這就是雙性戀認同具有的強烈正向意義與政治化意義：堅持複雜性、堅持每一種社會／性向複雜性的合法性、堅持每一種社會／性向複雜性的平等性。我認為這些堅持具有一致性，一九九〇年代的美國革命分子受到委託，他們計畫要以自己的心為基礎，以誠實的人類軀體為基礎，在二十一世紀達成這些堅持，把焦點放在為正義進行的每場奮鬥、為平等進行的每場奮鬥、為自由進行的每場奮鬥。4

我曾擁有過許多種身分，每一種都受到父權主義與其盟友的控制，因此我的人生十分複雜。我最認同的是有色人種女人與酷兒女人的論述——當說話者同時具有這兩種身分時更是如此，喬登就是一例——原因在於她們遠比白人異性戀男性或女性更理解多重壓迫與多重控制，對白人異性戀男性或女性來說，他們唯一需要手刃的只有厭女情結這隻惡魔。我的惡魔有許多隻，因此我必須像印度女戰神迦梨（Kali）一樣，長出許多手臂（複雜的身分認同）才能殺掉牠們。

我們需要更多空間讓我們表達革命性的身分認同，擺脫父權主義以及隨之而來的束縛。每當英雄與導師創造了這樣的空間並邀請我們一同進入時，總是令人異常欣喜。黑人女性主義理論家貝爾．胡克斯（Bell Hooks）在二〇一四年於紐約新學校（New School）主持的座談會「僭越：這是誰的身體？」（Transgression: Whose Booty Is This?）上就創造了此種空間。她詢問聽眾，我們是如何以有色人種的身分打破性特質框架的。換一種問法就是：是誰擁有我們的屁股？或者同樣重要的：是誰控制並指導我們怎麼表達和敘述我們要在何時用什麼方式和誰分享（或不分享）我們的屁股？胡克斯詢問我們，黑人女性和有色人種女性是否能夠用更進步的方式看待我們的性特質。

「欲望能瓦解規則。」——胡克斯告訴我們。

操他的沒有錯！我的母國與我的身分認同使得複雜性對我來說很必要，因此對我來說，聽到一群有色人種討論性僭越是很重要的。在座談會上，一位自我身分認同為西印度人與天主教徒的教育工作者，向胡克斯與座談小組提問，這位教育工作者在提問的最後說：「無論我來自哪裡，光是這個問題本身就越線了！」正是如此！

我們要創造能夠容納冒險與脆弱的空間，才能探索僭越，在論及這個主題時，身為女同性戀並以小說探討種族和施虐受虐狂議題的座談會成員瑪西・布雷克曼（Marci Blackman），問：「我們想要的是過生活，還是讓生活過我們？」

無論我去哪裡演講，都會把胡克斯那時提供給我們的挑戰帶到現場。「擁有激進開放的空間代表了什麼意義？」每到一個地方，我最優先要做的事都是和女性主義者與ＬＧＢＴＱ社群的社運人士見面，無論是去拉哥斯、約翰尼斯堡、塞拉耶佛或孟買都一樣。我已經下定決心要在每次開始我的演講或朗讀前誠實地——並公開激進地——告知聽眾我是如何擁有自己的身體與性特質。我獲得的回應總是讓我覺得這麼做很值得。

在二〇一五年於英國舉辦閱讀會推廣我的著作之後，我和一位女人聊了兩句，她說她來自阿拉伯裔的英國穆斯林家庭。我當時坐在桌前簽書，因此她蹲下來，以便能以相同的高度和我說話。

「我也一樣受夠等待性了。」她說道。她指的是我在閱讀會上描述的個人經驗。「我三十二歲，沒有想要結婚的對象。我要如何跨越婚前性行為會導致神恨我的恐懼呢？」我常聽到這種事情。我的電子信箱裡塞滿了像我一樣來自中東的穆斯林女人寫給我的類似訊息。她們寫信向我吐露她們如何「擺脫了處女的負擔」，或詢問若她們的結婚對象不知道她們的性歷史的話，可能要接受的處女膜重建手術，又或者只是和我分享她們對於性的想法。

已經有無數文章著重於描寫中東男人的性挫折——從據說是被來世的處女賞賜吸引才加入武裝軍隊中的聖戰士，到普通的阿拉伯男人負擔不起結婚。5只有極少數文章說出該區域的女性經歷的性挫折，也很少有文章真實描述已婚與未婚女人的性經驗。

我不是神職人員，我也不打算在這裡和任何人爭論宗教對性的論述。我是出生在穆斯林家庭的埃及女人，一直等到二十九歲才和他人發生性關係並開始彌補過去錯過的時間。我的成長過程與信仰都教導我，我在結婚前不該有性行為。我遵守這個規則，直到我找不到任何想要結婚的對象，變得越來越沒有耐心。我早就對年輕的我竟然花了這麼久的時間才開始反叛這條規則，體驗能夠使我如此愉悅的性感到後悔。至於僭越規則在一開始帶給我的罪惡感：我已經把它操出我的人生體系了。

我們很少意識到我們強迫女人穿上的性約束衣。當我們提及女人，尤其是中東的穆斯林女人時，故事的開頭與結尾總是離不開針對面紗的辯論，一直都是面紗。就好像我們只是為了展示面紗而存在一樣。

那麼，與女人的性挫折與性經驗有關的經歷在哪裡呢？我把二〇一五年絕大多數的時間都花在巡迴推廣書籍，總共去了十二個國家。無論我到哪裡——從歐洲、北美到印度、奈及利亞和巴基斯坦——都會有女人，包括穆斯林女人，做好準備要向我分享有關罪惡感、羞愧、否認與渴望的故事。她們分享，是因為我也分享了我的故事。

許多文化與宗教都規定教徒要節制欲望，我過去也被灌輸了同樣的觀念。我二〇一〇年在奧克拉荷馬大學教書時，其中一名學生告訴班上的同學，她為她父親簽下了守貞宣言，對父親發誓她會等到結婚後才與人發生性關係。[6]這是個非常有幫助的提醒，讓我們意識到處女崇拜並不只存在於我的母國埃及，也不只存在於我的宗教伊斯蘭教。我一直都記得我在面對節制欲望時的掙扎以及掙扎過程中的孤獨感，因此我下定決心要誠實地談論我在二十多歲時經歷的性挫折，談論我如何戰勝一開始因為不服從而感受到的罪惡感，談論我用什麼方法成功克服罪惡感並對性保持著正面的態度。

雖然對我的父母來說，要傾聽自己的女兒如此坦白地談論性不是一件容易的事，但這麼做能開啟一個充滿其他女性經驗的世界。在許多非西方的國家中，談論性會被批評是很「白人」或很「西方」的行為。但我堅持要進行性的談話，因為當我們允許沉默與禁忌團團把性包圍住時，受到傷害的將會是最脆弱的那群人，包括了女孩與非二元性別者。

在《頭巾與處女膜》的推書巡迴過程中，許多女人分享的故事讓我清楚回憶起這些禁忌。在紐約，一位基督教埃及裔美國女人告訴我，對她來說要對家人出櫃，說她是同性戀，是一件多麼困難的事情。在美國的華盛頓，一位年輕的埃及女人告訴聽眾，她的家人不知道她是女同性戀；在印度的齋浦爾，一位年輕的印度女人談起身為非常規性別者有多麼艱難；在巴基斯坦的拉合爾，我遇到了一位年輕女人，她和我分享了在巴基斯坦身為酷兒是什麼感覺。我的筆記本裡充滿了類似的故事。我告訴朋友們，我根本可以寫一本如何喪失童貞的指導手冊了。

我發現，許多和我分享這些故事的女人都享有特權，有些是教育方面的特權，有些是經濟獨立的特權。令人驚訝的是，這種特權並不會總是讓人在性特質方面享有自由，也不會保護這些經常僭越文化的女人。但所有女人都會受到性議題影響，不只是那些有錢或有大學學位的女人。有時我會聽到人們在爭論，中東的女人光是擔心讀寫問題和就業問題就焦頭爛額了。我對這種論點的回答是：「所以說，某個人因為家裡貧窮或不識字，她就不應該擁有同意權和決策權，不應該有權利享受性與自己的身體嗎？」

已經有人回答過這個問題了，例如由住在非洲的作家娜娜・達科雅・薩基亞馬（Nana Darkoa Sekyiamah）成立的部落格「非裔女人的臥室冒險」（Adventures from the Bedrooms of African Women），或由製片人暨作家帕羅米塔・沃拉（Paromita Vohra）在孟買成立的性教育與性生活數位計畫「愛的代理人」（Agents of Ishq）。[7]這些倡議行動證明了正向的性態度並不是所謂的白人女性主義專屬的事物，正如作家米塔麗・沙朗在一本印度女人經歷選集中寫的：「我不以身為情欲動物為恥。」[8]

我的革命是從二十九歲的處女發展成無論站上任何平臺都會宣布：「我才是擁有我的身體的人。」的五十多歲女人。國家、清真寺、街道或我的家庭都不擁有我的身體。我有權可以在任何我想要的時候選擇和任何我想要的人性交。

我從十九歲開始就是女性主義者了。老實說，我在十五歲跟著我的家庭從沙烏地阿拉伯搬到英國時就已經是女性主義者了。雖然當時我還不知道「女性主義者」這個詞，但在沙烏地阿拉伯，女孩和女人從出生到死亡都必須有男性監護人，當地極端型態的父權主義，將成年女性視為永遠的未成年人，我因此受到創傷並投身女性主義。我要感謝我就讀的沙烏地阿拉伯大學書架上的女性主義雜誌讓我發現了女性主義。

我在二〇〇〇年離開埃及前往美國之前，我的女性主義一直都只聚焦在厭女情結上，當時我知道父權主義賦予厭女情結權力並保護它。我知道埃及有LGBTQ社群，事實上每一個國家都有。我在二〇〇四年參加了法蒂哈基金會（al-Fatiha）為LGBTQ穆斯林舉辦的會議，這是有史以來第一個專為酷兒穆斯林舉辦的聚會，我從那時開始更加理解我們應該要結合女性主義的戰爭與LGBTQ的戰爭。我們擁有共同的敵人：父權主義，尤其是使異性戀關係獲得特權的順性別與異性戀霸權父權主義。如今有更多穆斯林LGBTQ組織正努力創造更多胡克斯所謂的激進開放空間，如此一來，酷兒穆斯林才不至於覺得他們必須選擇任何身分認同，原因正如瓊．喬登所說的，革命存在於這樣的複雜性之中。

在中東與北非各地出現了越來越多針對性自由的無畏表達，這件事顯然使各國政權感到不安，他們一直以來都習慣自己不但是「國家安全」的監護人，也是我們的身體與性特質的監護人。雖然北西奈山的暴動在殺死了數百名軍人與警察之後依然繼續，雖然開羅的法官和警察持續受到攻擊，但埃及政權在前軍方領導人賽西的帶領下，在二〇一七年針對埃及的LGBTQ社群進行了前所未有的嚴厲鎮壓。[9]

在一群媒體與宗教有力人士的幫助下，埃及政府採取了一系列行動，對此最貼切的描述就是「歇斯底里的恐同行為」。在鎮壓LGBTQ埃及人的這段期間，他們逮捕了六百五十人，絕大多數都是同性戀男性。至少有二十人被判處有期徒刑，刑期範圍從六個月至六年。有好幾個男人都成為直腸檢查的受害者，表面上是為了確認他們是否曾肛交，但人權團體認為這種檢查是一種刑求。

這幾波逮捕與突襲，開始於黎巴嫩獨立搖滾樂團萊伊拉計畫（Mashrou' Leila）舉辦了一場演唱會，萊伊拉計畫的主唱哈默德・辛諾（Hamed Sinno）是公開出櫃的同性戀，許多人在這場演唱會中舉起了同志驕傲的彩虹旗。[10]我有一位同志朋友曾參與過該樂團在開羅舉辦的數場演唱會，他提醒我這不是萊伊拉計畫的演唱會中第一次有粉絲舉彩虹旗了。他也提醒我，在二〇一一年推翻穆巴拉克總統的十八天抗議期間，自由廣場也飄滿了彩虹旗。

同性關係在埃及是不合法的，但LGBTQ社群是「道德敗壞」法的目標。那麼，為什麼要挑現在呢？為什麼有一大群男人「承認」自己是同性戀，並在談話性電視節目上「懺悔」，為什麼有精神科醫師在推銷「性傾向轉化治療」呢？

我們可以直接把這一系列的鎮壓視為是政府在分散民眾的注意力。政府有許多需要埃及人分心不去注意的議題：充滿災難的財政撙節政策、西奈山的暴動、六萬名政治犯。而同性戀是個非常方便使用的主題。埃及的政黨或許在如何解決各種議題上沒有共識——但恐同情結跨越了這些異議的界線。「這裡的所有政黨，包括『左派』的政黨都認為同性戀傾向是一種恥辱。」我朋友告訴我。「有些人覺得同性戀應該被石頭砸死，有些人則推薦在砸死他們之後把屍體燒毀，還有些宗教領袖說人們應該把同性戀的左右手腳都砍斷，並用最溫柔的聲音要求把他們關進牢裡或驅逐出境。」

但分散注意力並不是這系列鎮壓的唯一目的。一位埃及談話性節目的主持人說恐怖主義和同性戀傾向，都是國家內部的匿名敵人用來「摧毀我們的青少年」的武器，他為埃及這陣子的殘酷恐同行為提供了最誠實的解釋：國家安全威脅與「道德」威脅的結合。

在萊伊拉計畫的演唱會結束後——根據推估，參加人數大約是三萬五千人——許多電視媒體的知名人士一起懇求政府從同性戀傾向的手中「拯救我們的青少年」。埃及政權毫不遲疑地下令該團體往後都禁止表演，約旦也在二〇一七年六月禁止該樂團表演。[11]

根據辛諾自己的描述，他對於自己是個「來自穆斯林家庭的棕皮膚酷兒」感到毫無悔意。萊伊拉計畫的歌詞顛覆了性特質，提及了性向流動、二十世紀的詩人阿布・努瓦斯（Abu Nuwas）和莎芙（Sappho）（兩人都以慶祝同性愛情的詩聞名）——這整個樂團，尤其是樂團主唱辛諾，已經變成受圍攻但意志堅定的LGBTQ社群的代表，也是我們的道德守護者的避雷針。

有了社群網站與魯莽行為作為武裝，有更多人開始質疑有關於宗教信仰與性特質的禁忌。網路上有LGBTQ團體用阿拉伯文與英文提供資訊與團結的力量。其中之一是新成立的酷兒埃及組織聯盟（The Alliance of Queer Egyptian Organizations），該聯盟促成了群眾在埃及大使館與領事館之外針對壓迫進行的抗議。[12]

《我的，卡利》（*My.Kali*）是該同性戀領域的第一本雜誌，從二〇〇八年開始發行。[13]

二〇一七年七月，在BuzzFeed網站採訪一位住在美國的埃及女同性戀的影片中，她談到了她和一位女人的感情關係，以及她父親對她出櫃的反應，這支影片在網路上瘋傳。[14]

想當然耳，埃及絕不會是唯一一個獵巫的國家。從車臣到亞塞拜然，從坦尚尼亞到印度尼西亞，許多地方的政府都執著於管控人民的性特質，進行相似的壓迫。[15]此外，我們也不能忘記塞西總統的助力，以及川普前總統——還有他那位福音派的基督教副總統麥克．潘斯（Mike Pence）——對LGBTQ權益的不友善。

道德征戰把軍政府與相似的宗教狂熱者都團結在一起。塞西是前軍方領導人，也是穆斯林兄弟會的成員，他把前任埃及總統穆罕默德．穆爾西（Mohamed Morsi）逼走，他很清楚將包羅萬象的「國家安全」與「導致道德敗壞」連結在一起具有何種潛力，這種連結能提醒人們虔誠並不獨屬於伊斯蘭主義者（Islamist）⓬。（長期統治的獨裁者穆巴拉克，也一樣常吹噓他的政權有多麼篤信宗教，藉此超越其他敵對的伊斯蘭主義者。）

二〇一七年十月十九日被稱做LGBTQ埃及人全球團結日。人們在蒙特婁埃及領事館

⓬以伊斯蘭作為政治訴求的穆斯林。

外舉行抗議以紀念這一天。當天稍晚，我在蒙特婁欣賞了萊伊拉計畫的演唱會，部分聽眾同時揮舞著埃及國旗與彩虹旗。辛諾告訴聽眾，反抗埃及政府壓迫的最好方式，就是繼續維持國際壓力。他知道被人看見的重要性——既是為了安全，也是為了團結。而且埃及也不是第一個禁止萊伊拉計畫再次在其境內演出的國家。

「我收到一封電子郵件，是幾個突尼西亞的酷兒小孩寫信來說了一些很情緒化的話，就算只是其中一小段訊息也足以讓我們有理由對抗約旦政府。」辛諾在他與他的樂團被約旦禁止表演後的那年夏天告訴我。他現在可以把埃及也加入他對抗的國家名單中了。

二〇一八年三月八日，在辛諾與萊伊拉計畫的母國黎巴嫩有一場遊行，是黎巴嫩女性主義者與酷兒社運人士特意挑選女人節當天，在首都貝魯特舉辦的團結與憤怒遊行。驕傲彩虹旗與驕傲跨性別旗幟，在各種橫幅與標語之間飄揚，這些標語包括了「我們的議題有很多種，但我們的憤怒都是相同一種。」、「跨性別女人就是女人。」和「跨性別、雙性戀或同性戀，共同對抗父權主義。」[16]

我們應該要理解，世界各地的女性主義者與酷兒社運分子都要共同合作，如此一來，我們才有辦法對抗那些心懷跨性別恐懼的人所帶來的仇恨，對抗他們對於除去跨性別女人的堅持。那種仇恨——以及為了對抗這種仇恨而耗費的能量——是錯誤的，也是浪費時間的，我們應該把能量投注在更適合的地方，對抗我們的共同敵人：父權主義，正如貝魯特的遊行標語提醒我們的。跨性別女人在美國的預期壽命只有三十五歲，這一點提醒我們跨性別女人，尤其是有色人種跨性別女人在暴力的威脅下是特別脆弱的。[17]

在全球共同挑戰、反抗與瓦解父權主義的過程中，像萊伊拉計畫的哈默德・辛諾這種公開出櫃的流行明星是非常重要的。海爾希曾帶領她絕大多數為年輕女人與非二元性別者的聽眾一起大唱「我是個操他的龍捲風」，徹底震動了蒙特婁的演唱會大廳，她是公開的雙性戀。雖然有些人在一開始指責她的唱片公司曾試圖強迫她自稱為異性戀，但海爾希最後還是以驕傲的酷兒身分嶄露頭角。她和五佳人樂團（Fifth Harmony）的蘿倫・豪瑞吉（Lauren Jauregui）一起錄製的歌〈陌生人〉（Strangers）是有史以來第一首由兩個公開的雙性戀女歌手一起錄製的歌，《告示牌》雜誌將之稱為「主流音樂中早就該出現的雙性戀里程碑」。[18]而海爾希的歌〈不懂愛〉（Bad at Love）在其中一段歌詞中描述了她的男性愛人，在下一段又轉換成描述她的女性愛人。

當演員暨歌手賈奈兒・夢內（Janelle Monáe）在二〇一八年告訴《滾石》（*Rolling Stone*）雜誌她是泛性戀時，她在全球有色人種酷兒社群中原本就具有象徵性的地位變得更加穩固。「我希望那些正努力應付自己的性特質、努力應付排斥感或因為獨一無二的特質而被霸凌的年輕女孩、年輕男孩、非二元性別者、同性戀、異性戀及酷兒能知道，我理解你們。」她說道。[19]

我在二〇一六年造訪塞拉耶佛，特別深刻地體會到了酷兒性的解放潛力與革命潛力。我去了維利納弗拉什飯店與水療中心這個波士尼亞戰爭期間最大的強暴集中營，以及曾發生過現代歐洲歷史上最慘烈種族屠殺的斯雷布雷尼察，在前往這兩個地點的前一天晚上，我和幾位酷兒朋友一起去了波士尼亞首都的一間酷兒俱樂部。那是一間很小的俱樂部，裡面播放的是西方流行音樂與當地舞曲。舞池裡擠滿了人，絕大多數是男人，他們偶爾彼此親吻。隔天我在造訪那些曾發生暴行的地點並因為那些可怕慘劇而頭暈目眩時，我依賴著前一晚的景象——我和我朋友一起在彼此親吻的男人間跳舞——撐了過去。那一晚我幾乎把絕大多數的時間都花在那間小型的酷兒俱樂部中，睡得很少，但我覺得很值得。我從俱樂部激進開放的空間感受到的酷兒性，以及周遭僭越的性特質都是最適合的解毒劑，緩解了維利納弗拉什和斯雷布雷尼察帶來的恐怖軍國主義情景。男人應該要更常相互親吻，大幅減少相互殺戮的頻率。

我在二〇〇四年參加為LGBTQ穆斯林舉辦的法蒂哈會議，我開始更有意識地把我對厭女情結的戰爭連結到我對恐同情結的戰爭，並越來越瞭解這兩種戰爭都源自父權主義。我越是把這些戰爭連結在一起，我就越是堅決地要化解我在社會化過程中獲得的異性戀霸權觀念。我思考著：我被社會化成為不得不遵行異性戀霸權的人，原因和過程為何？我被社會化成為不得不遵行單一伴侶的人，原因和過程為何？若我不再遵行這些事物，我的生命會變得怎麼樣？對我這種向來以自由為目標的人來說，我的生命將從不得不遵行的事物中解脫，我的生命將充滿自由。

隨著年紀增長，我的自我認同就越偏向酷兒。女性主義與酷兒性使我成為超越了本書討論範圍的女人。但我還是會在此分享幾個原因作為範例，告訴你在推翻父權主義的路上，女性主義與酷兒性為什麼對我而言很重要。

在我的第一本書《頭巾與處女膜》中，我描寫了我不再戴頭巾以及後來決定要在婚前有性行為的過程中經歷的掙扎，我從小就被教導不能做這兩件事。女人與女孩背負的「端莊」與「純潔」總是比男人與男孩背負的還要沉重，但我們必須記得，父權主義定義的「男人」非常狹隘，時常把保守派的異性戀已婚男人之外的所有人排除在外。父權定義的男人通常隸屬於任一文化中握有最多權力的團體，團體的類別會依照你所住的地方而有所不同。因此，在美國這裡是遵循一夫一妻制的異性戀白種男人，在埃及則是異性戀穆斯林男人，根據伊斯蘭教的教誨，這樣的男人可以無須遵循一夫一妻制，每個穆斯林男人至多可以有四個妻子。

這種「男人」的定義通常不只是和掌權團體有關聯，還會進一步創造出階級制度更強烈的體制，使「陽剛氣質」（指的是男人的陽剛氣質，與順性別和跨性別女人無關）有特權獲得權力與其追求的事物，又將「陰柔氣質」（尤其是順性別女人的陰柔氣質）連結到脆弱與缺陷。

有鑑於這種性別二元化的狹隘觀點與無情特性，我們只要破壞了這種二元性，拒絕遵從父權主義、異性戀霸權與隨之而來的單一伴侶制所下達的指令，就會被視為是一種反叛。這就是為什麼酷兒性具有力量。

當我終於有過性經驗後，我因為知道自己打破了曾經不可動搖的禁忌而被迫要面對心中的羞愧感。我無比痛恨至今我還是那種羞愧感的人質，我認為這種羞愧感是父權主義在命令女人應該在何時以什麼方式體驗性特質而留下的印記。「我擁有我的身體」是我要花上很長一段時間才能實踐的宣言，我靠自己爭取到了如今能夠大聲說出這句話的權利。我堅持要說我把這種羞愧感操出了我的體系，因為厚臉皮與不畏羞恥並不是我們能夠輕易獲得的能力。但我親手抓住了這兩種能力，而且我抓住它們的時候心中充滿喜悅。在我談起性與我的旅程時，我向來以坦誠且愉快的態度談論欲望、歡愉和渴求，因為這對於我們之中被父權主義奪去隨心所欲享受身體的權力的人來說都是「原罪」。對我來說，談論喜悅、歡愉、欲望和渴求是特別重要的一件事，因為我在二〇一一年十一月從埃及政府批准的性侵害中存活下來了，也因為我曾經每天被街道與社會凶猛攻擊，沒有任何事物能停止這種攻擊，因為公共空間是父權主義獎賞給男人的特權。在我論及獲取厚臉皮與不畏羞恥能帶來的力量時，我會特別強調國家批准的性侵害。每個女人都必須運用她覺得最適合治療自己的方式，面對她經歷過的性侵害。當我談起我的治療時，我堅持這段對話不能止於我遭受的傷害，我們必須繼續談論我治療的過程中充滿了許多雙方同意的愉悅性愛，談論這種性愛與我遭受的性侵害與我被威脅的輪姦之間的對比。我享受我的身體，再次透過歡愉與渴求找回喜悅對我來說是很重要的一件事。這並不代表「我擁有我的身體」宣言是要排除身分認同為無性戀的人，也不代表他們無法從他們的身分認同中找到喜悅。事實上，這種宣言的力量能確保的是，無論我們選擇要不要性交，無論我們的身分認同為何，那都是**我們的**選擇，而不是由父權主義與跟隨其後的壓迫，強加在我們身上的決定。

二〇一六年五月，南非女性主義者恩沙比森・努伊（Nthabiseng Nooe）發動了全國性的「#填滿這個穴」（#FillUpThisPussy）運動，讓南非人一起談論同意、蕩婦羞辱和女人的歡愉，她的願景是「創造一個世界讓所有人都能獲得讓她們腳趾捲曲的高潮，並體驗這種性經驗帶來的狂歡。」[20]

努伊告訴「好的非洲」（Okay Africa）網站：「我決定要討論女人在性行為中成為接受者這件事，我要確保她們在她們同意的性交過程中，獲得了她們想要的事物。這樣的討論包括了談論蕩婦羞辱與性平等，其中又包含了雙方應該在不影響如何評斷女人價值的狀況下，決定想要或不想要性行為。我想要討論性政治和官能感覺，討論性關係和所有相關事物。我很清楚我需要允許人們用他們覺得舒適的方式提供意見。」

當努伊被問及她覺得南非在女人與性的保守觀念方面需要什麼改變時，她的回答讓全世界的女人都有共鳴。

> 我覺得我的基本性教育中缺乏了很重要的一件事：討論同意權。我從小被教導要節制性慾，要害怕性教育。所以當有些人說我不該坦誠地說我想要性交，說我一定要等到有人追求我和說服我再進行性交時，那些都是我很熟悉的說詞……從我自己的經驗來看，這是父權主義訓練社會帶來的結果。我的性教育中缺乏了對於同意權、決策權與各種形式的性特質的大

量討論。若我小時候就能瞭解性騷擾的意思，就是某些人渴望性而某些人不渴望性的話，我將能獲得很大的助益。性不只是用陰莖插進陰道裡面。性可以是一種享受，身為渴望性的女人並不代表我們「放蕩」。

傾聽全世界各地擁有渴望與歡愉的女人說出的話是很重要的一件事。對我來說，找到能挑戰異性戀霸權與單一伴侶霸權的非白人與非西方人聲音尤其重要，所謂的單一伴侶霸權指的是世人所謂的「正常」戀愛關係，也就是只限於兩名伴侶之間的性關係。

隨著時間年年過去，我也開始更坦白地談論我不再遵循單一伴侶制。我過去等待那麼長的時間才發生性關係的其中一個原因，就是因為父權主義把純潔與端莊的負擔，以不公平的方式加諸在女人與女孩身上，我被這種規定限制了。一旦我打破了那些規定，我就決心要獲得徹底的自由。我想要和那些規定撇清關係，它們全都源自父權主義，將在瓊・喬登稱之為性政治的領域賦予男性特權。在我決定要拒絕單一伴侶制並接受多重伴侶——有時又被稱做倫理上的非單一伴侶——的身分認同的時候，我還沒讀到喬登描寫雙性戀革命潛力的文章。但我這麼決定是因為我理解喬登所謂的「性特質的壓迫」，的確如她所說，「比任何一種壓迫更深入也更普遍」。[21]

我無法成為任何人的所有物，我也不想要任何人成為我的所有物。我目前正在發展一段美好的主要情感關係，我的伴侶和我會公開討論界線，討論我們想要感覺、愛與尊重的需求，同時我們不要求彼此遵循單一伴侶制這種會否認我們自由的制度。我自認為酷兒，大致上也是因為我認同多重伴侶制。我認同多重伴侶制，藉此挑戰、不服從與瓦解父權主義對性下達的命令。

蘇珊・宋（Susan Song）在她的文章〈多重伴侶制與酷兒無政府主義：反抗的無限可能〉（*Polyamory and Queer Anarchism: Infinite Possibilities for Resistance*）中寫道：「『酷兒』這個用詞暗示了對『正常』的反抗⑬，一般人認為『正常』才是自然的、原本的狀態。」[22]

宋在該篇文章中討論「酷兒理論與無政府主義者性行為之間的關聯，以及為什麼無政府主義者會批評**義務性**的單一伴侶關係。（粗體為本書作者加註）」她將多重伴侶制定義為（我也同意這樣的定義）「誠實坦白地在同一時間擁有數量大於一的親密關係，且所有親密關係人都知情並瞭解此狀況……多重伴侶制的誠實與坦白，代表了無政府主義的自願合作性質與互助性質。多重伴侶制也允許我們自由相愛，這是單一伴侶制的性觀念所不允許的。」

「多重伴侶制與義務性的單一伴侶制相反，多重伴侶制允許我們擁有一位以上的伴侶，挑戰正常情感關係與自然情感關係的既有概念，成為一種酷兒形式的情感關係。」宋補充道。「義務單一伴侶制的概念已全面滲透進我們的法律與組織之中，在此種組織架構下，遵

⑬ 「酷兒」的英文queer也有「異常」的意思。

守單一伴侶制的期待與壓力來自物質與社會利益。」

宋宣告：「我們想要的不只是階級解放。」接著她說出了一段宣言，我很樂意在解釋我為何採用多重伴侶制時，和你們分享這段宣言：「資產階級期待我們應該結婚，認為只有完全符合正常角色地位的二元性別男人與女人可以遵循單一伴侶制、彼此約會，並用正常、嚴格的方式表達自己的性別，而我們想要從這種期望中解放。我們應該要為了性別僭越的朋友與同志們挺身爭取性別解放，爭取合意的性表達與愛人的自由。這樣的抗爭不只是存在於街道上。」

就像我曾說過的，有許多宣稱自己正努力推動解放運動的男人，其實是在努力和其他男人競爭更多權力，我不認為他們做的事是能夠真正毀滅父權主義的革命行動，宋也清楚描述了這場抗爭：「在我們的聚會與運動當中，那些不屬於異性戀白種順性別男性的批評聲音會被邊緣化。我們應該創造嶄新的、不同的生活方式，允許人們用更加酷兒的形式建立關係與生活。」

認識正在進行此類努力的社運人士對我來說特別重要。能夠受邀至世界各地這麼多地方演講，實在是我莫大的榮幸。無論我參加的是文學季或人權研討會，我的目的一直以來都是盡可能地認識許多女性主義者與ＬＧＢＴＱ社運人士。這些社運人士為了瓦解世界各地的父權主義、厭女情結、恐同情結、跨性別恐懼情結等偏執心理付出了許多努力，令我深受啟發，也提醒了我全球各地都有女性主義與ＬＧＢＴＱ行動主義。

我在二〇一八年認識了兩位中國社運人士，兩人融合了他們的女性主義與酷兒性後，創造的運動大受歡迎，甚至威脅到了掌權已將近七十年的父權主義權威中國共產黨，我在紐約透過《背叛老大哥：覺醒的中國女性主義》的作者洪理達認識了鄭楚然和梁小門，洪理達藉由此書探討當代中國的女性主義，其中也描寫了這兩位社運人士的故事和她們參加的社會運動。[23]

鄭楚然綽號大兔，她是中國女權五姊妹的成員之一，她們在二〇一五年因準備在當年的國際女人節到大眾運輸工具上發放反性騷擾貼紙而被拘留三十七天。我在她們被逮捕後初次聽說這個組織。在那一年的推書巡迴途中，我總是會提起她們的社會行動與她們被捕一事，藉此提醒眾人女權運動的力量，以及我們要運用跨國的運動來對抗父權主義。

鄭楚然和梁小門在二〇一一年進入一個LGBT青年組織當志工時結識。七年後，我為線上雜誌《姊妹情誼》（*Sister-hood*）採訪兩人，該雜誌是專為穆斯林女人成立的雜誌，創辦人是紀錄片製片人、社運人士暨聯合國教科文組織（UNESCO）藝術自由與創意親善大使迪雅．可汗（Deeyah Khan）。我詢問她們的酷兒性與女性主義之間有怎麼樣的連結，鄭楚然告訴我：「許多女同性戀社運人士都認為，很多LGBT組織雖然並不贊同異性戀常態，但其實那些組織內部都是很父權的。我不滿意那個組織的運作方式，也不滿意組織從來不討論性別平等。我很氣憤，後來我離開了那個組織，創辦了我自己的組織。」[24]梁小門解釋，她是新組織的共同創辦人，她和鄭楚然把新組織取名為「Sinner-B女權拉拉小組」。

「用Sinner（罪人）這個字是因為我們承認自己是罪人，因為我們決定要成為不順從的女人。」梁小門解釋，這個名稱的涵義和我在本書中使用的「原罪」有異曲同工之意。「B代表的是Bitch（賤人）。」鄭楚然補充道。

後來她們離開了Sinner-B，聚焦在女權運動上，最後導致鄭楚然與其他四位女性主義者被拘留。她們既是女性主義者也是酷兒的身分，讓這些年輕的社運人士具有一定的深度，也使她們和男性主導又充滿父權行動主義的社運圈有所區隔，她們能用不一樣的方式接觸其他年輕的酷兒女性。

「在〔中國的〕人權與LGBTQ社群中，男性社運人士通常都會表現出他們並不真正把女人的權益視為人權。我採訪的好幾位女性主義社運人士都跟我抱怨男性人權社運人士的性別主義態度。」洪理達在《背叛老大哥》中解釋。這段十分基礎的文本，讓我們看見女性主義社運人士能擁有的權力與能擴及的範圍，也提醒我們必須格外注意世界各地的女性主義者並從她們身上學習。

我曾數次參加由作家勞拉·施尼因（Lola Shoneyin）在奈及利亞創辦的阿凱藝術與圖書節（Ake Arts and Book Festival），並在參加期間見證了當人們將LGBTQ群體的對話擴展至男性對話之外時，能帶來怎麼樣的力量。在二〇一四年，也就是我初次參加阿凱藝術與圖書節的前一年，奈及利亞當時的總統古德勒克·強納森（Goodluck Jonathan）簽署了「同性婚姻禁止法案」（Same Sex Marriage Prohibition Act，SSMPA）。[25]該法案又被稱做「監禁同志」法，其中的規定包括同性婚姻可判處最高十四年有期徒刑，鼓勵或參加LGBTQ俱樂部、社團或組織最高則可判處十年有期徒刑。在美國白種人福音教派恐同群體的遊說與金援下，非洲大陸有數個國家都開始宣布同性傾向犯法。

我在二〇一五年初次前往奈及利亞，而後又在二〇一七年與二〇一八年再次造訪。我見證了阿凱藝術與圖書節成為胡克斯所說的激進開放的空間，LGBTQ奈及利亞人可以在那裡認識作者與創作者，有些人是酷兒，其他人則是異性戀。我在二〇一五年初次參加該節慶的期間，他們放映了一部與歐洲LGBTQ社群有關的電影，映後座談是由男性聲音主導。能聽到公開出櫃的男同性戀者勇敢地站上臺，在一個他們可能會因為SSMPA而當場被逮捕的國家，談論性傾向是一件很棒的事，但是這場討論明顯缺乏女人和非二元性別者的聲音。參與該座談的部分社運人士與聽眾，因為太過憂慮而舉辦了一場非官方的附屬活動，旨在討論「女人和非二元性別者在哪裡？」我在三年後，也就是二〇一八年再次參加阿凱藝術與圖書節，這次的座談會出現了三名酷兒女人與非二元性別者上臺討論酷兒性。這顯示了施尼因、阿凱工作人員與奈及利亞的女性主義者和酷兒社運人士付出了多大的努力。除此之外，同樣參加那場座談會的還有雅茲娜・穆罕默德（Azeenarh Mohammed）和奇特拉・納格拉賈（Chitra Nagarajan），她們是該國第一本女同性戀、雙性戀與跨性別女人文集《她稱我為女人：奈及利亞的酷兒女性論述》（*She Called Me Woman: Nigeria's Queer Women Speak*）的三位共同編輯之一（第三位是拉菲特・阿里尤〔Rafeeat Aliyu〕）。[26]這本文集——我要在此和盤托出，我當時非常興奮地替那本書寫了推薦短文——是由奈及利亞的出版社卡薩瓦共和國（Cassava Republic）出版。該出版社的共同創辦人比比・巴卡里-尤瑟夫（Bibi Bakare-Yusuf）是二〇一五年那場有關ＬＧＢＴＱ社群的映後座談會的主持人。巴卡里-尤瑟夫出版這本文集顯然是為了要對那場非官方附屬活動做出必要的直接回覆，納格拉賈正是協助舉辦那場附屬活動的其中一人。

「我們決定把這三十則敘述集結成冊，矯正那些不被看見的、混淆的、誇飾的和歷史書寫的錯誤。」《她稱我為女人》的編輯們在引言中寫道。[27]

我們應該要意識到有色人種酷兒反抗父權主義的聲音存在於世界各地。他們在過去很長一段時間，都受到白人中心觀點與順性別觀點的控制。我要放大酷兒的聲音，超越白人與順性別這一類的身分認同，這對我來說是很重要的事。我在初次參加阿凱節慶時，和來自各個大陸的幾位作家與創作者成為終生好友，其中包括了奈及利亞ＬＧＢＴＱ社運人士比西・阿里米（Bisi Alimi）和新聞學教授奇克・法蘭奇・艾多辛（Chike Frankie Edozien），能認識他們並知道有非洲同志一起參與顛覆父權主義的戰爭讓我感到很榮幸。

阿里米在二〇〇四年創造了歷史性的一刻，他是第一個在熱門電視節目上公開出櫃的男同性戀者。[28]他告訴我，電視節目在播放到一半時被斷訊了，他之後就遭到攻擊與威脅，不得不逃亡到國外。阿里米的丈夫安東尼是一位澳洲人，他們兩人的婚禮是我第一次參加的同性婚禮。婚禮辦在英國，因為在二〇一七年，他們兩人的母國都不允許同性婚姻。澳洲在他們舉辦婚禮後通過了同性婚姻法。

艾多辛的回憶錄《大人物們的生活：一名澳洲男同性戀者的生活與愛》（*Lives of Great Men: Living and Loving as an African Gay Man*）在許多國家出版，贏得了二〇一八年浪達文學獎（Lambda Literary Award）的男同志回憶錄獎。[29]

在二〇一八年的阿凱節慶中，施尼因和她的團隊為聽眾們播放了瓦努莉・卡修（Wanuri Kahiu）導演的肯亞影片《螢光下，戀上你》（*Rafiki*）。《螢光下，戀上你》的原片名「Rafiki」是斯瓦希里語，意思是「朋友」，這部片被認為是非洲第一部女同性戀愛情電影，在二〇一七年四月因為推廣同性戀傾向而違反了肯亞的英國殖民時期法律，而在肯亞被禁播。[30]

二〇一八年五月，《螢光下，戀上你》成為了第一部在法國坎城影展上播放的肯亞電影。該片導演卡修為了讓《螢光下，戀上你》能符合奧斯卡外語片競賽資格而提起訴訟，要求肯亞允許該片在家庭內放映，法官因此撤銷該禁令一週的時間。雖然禁令撤銷了，但該片只能在白天時間於特定的奈洛比戲院播放，票券很快就銷售一空。根據路透社報導，肯亞的電影審查員表示他們依然認為《螢光下，戀上你》是一部破壞道德觀的電影。

不過，對於那些進入電影院的人來說，《螢光下，戀上你》是具有重要肯定意義的作品。「這一週對許多人來說都意義重大。」奈洛比攝影師維琪（Vicky）說道，她選擇只提供名字，不提供姓氏。她告訴路透社，她是LGBTQ社群的一員，並補充：「人們可以看到他們出現在螢幕上，這讓他們知道用這種方式表達自我是可以被接受的。」[31]肯亞的LGBTQ權益社運人士正為了肯亞同性關係除罪化努力抗爭。他們在看到印度在二〇一八年的同性戀傾向除罪化時受到了很大的鼓勵。[32]

印度就像肯亞以及許多曾受英國殖民的國家一樣，因為保守且過度拘謹的白種基督徒的影響，認為同性戀傾向是不道德且犯罪的。「印度的流動性別和性常態都不符合英國在嚴謹的維多利亞時代認同的性行為。」馬里蘭大學巴爾的摩分校的性別與女性研究副教授艾咪．巴特（Amy Bhatt）寫道。[33]當政府將同性關係除罪化時，達到的「遠不只是人權的勝利，」她說道。「也同時恢復了古印度的性常態。」

當印度終於廢除了殖民時代建立的《印度刑法典》（*Indian Penal Code*）第三七七節的「非自然罪刑」時，這件事代表的不是「進步」或「現代化」，而是擺脫帝國強行植入法律中的恐同情結。

從古至今，全球各地一直都有同性關係存在。英國一邊輸出他們的保守恐同情結到殖民地中，一邊竊取殖民地的資源、資產與古物，異性戀白種人父權主義用這種方式管控身體，管控欲望、渴求與歡愉的表達。請記得，烏干達曾使用激進粗魯的行徑來反抗英國殖民者。殖民者在強制執行文明法律的同時，常會一併加入行為規範，而這種規範控制的遠不只是語言。他們控制身體，也控制人民表達性特質與性別的方法，因為這些事物會威脅到特權、白人特質與異性戀傾向——也就是會威脅到父權主義。那些殖民時代的恐同者，在現代變成了白種美國福音派基督徒，他們近期在非洲大陸推動的法規，使得同性戀傾向變成一種犯罪。在大英帝國時期，是信奉基督教、過度拘謹的白種維多利亞人規範了誰可以操誰。如今在美國帝國時代，信奉福音派基督教的白種美國人變成了性與性別的道德守護者。

我們在世界各地越來越明顯地注意到，女性主義與酷兒的聯盟，是對抗父權主義的過程中不可或缺並且格外有效的力量。他們的革命宣言是：「我擁有我的身體。」性平等是他們的重要目標之一。在阿根廷就有一個這樣的聯盟站出來，要求政府允許女人在懷孕前十四週選擇性墮胎，然而在二〇一九年八月，議員們以些微的票數差距，否決了墮胎合法化的法案。[34]阿根廷群眾以反對拉丁美洲性別暴力的「＃一個都不能少」（#NiUnaMenos）作為口號，在投票的前一天發表聲明，表示無論阿根廷參議員最後做的決定為何，他們都要慶祝這一次的聯盟：「對我們這些女人、男人和跨性別者來說，我們已經獲得了集體勝利：我們不再隱藏我們的身體、我們的墮胎與我們的欲望，未來我們再也不會躲回去。」[35]

在眾人彼此爭論的這幾個月，我們的聲音被擴大到了每一個角落：從國會到我們的家庭，從學校到工會，從鄰里間的組織到農夫的田地，而我們討論的是我們的自主權。這種自主權不認為身體是私有財產，它認為身體是一種社區網絡，我們所有人都倚賴這種網絡生存與發展，共同照顧彼此。我們藉由這種網絡實踐性特質平等的權利，並藉此與我們喜歡的人在我們喜歡的時間點，打造我們喜歡的家庭。

「＃一個都不能少」抗議運動強調無論法條是否通過，他們都會持續在街上抗議，直到阿根廷擁有合法、安全、自由的墮胎為止，根據阿根廷的官方數據統計，百分之六十的民意都贊同法案通過，阿根廷每小時有四十一例墮胎。[36]

將墮胎規範視為違法並不會使墮胎案例變少。事實正好相反，將墮胎規範視為合法且易於施行才是最好的應對方法。「如果法條沒有通過的話，我們將不會離開街上，我們也將不會離開國會大樓，因為合法墮胎已經是現實世界的法律了。」「＃一個都不能少」抗議運動保證道。

他們以一段戰鬥宣言作為這篇聲明的最後結尾，這段宣言強大到我將之應用於我在公眾演說的結尾。我的演講總是始於：「操你的父權主義。」最後以這句話作為總結：

「我們不會讓自己被燒死，因為在這個時代，火焰是我們的了。」

結語

正如我在本書開頭所說的，我寫下這本書時的滿腔怒火，多到足以拿去給一艘火箭當燃料。就在我包裝這團怒火的期間，大概是我撰寫暴力與欲望這兩章之間，一位十八歲的女人以多到令人驚嘆的挑戰、不服從與破壞，發射了她自己的那艘火箭，迫使整個世界看見一位知道自己值得自由的女人，並接受她魯莽行為的洗禮。

那個女人來自沙烏地阿拉伯，她的名字是拉哈夫·穆罕默德（Rahaf Mohamed）。她說她在沙烏地阿拉伯的家庭傷害她，她極度需要逃離那裡，因為她否定了伊斯蘭教，她逃離沙烏地阿拉伯抵達加拿大，並在那裡獲得難民身分，這段過程足以讓我們將她視為超級英雄。如果說有哪一個人體現了我在本書寫的每一種「原罪」的話，拉哈夫絕對是最佳人選。（在她逃離後，拉哈夫的家人立刻公開指責她並與她斷絕關係，在這之後她便放棄了她的姓氏。她在社群網站上的困境非常引人注目，許多人都只知道她叫做拉哈夫，這也是為什麼我用她的名字稱呼她。）

我第一次聽說拉哈夫的狀況，是一位同樣是政治難民的沙烏地阿拉伯女性主義者在推特上傳訊息給我，請我幫忙廣傳拉哈夫的處境。拉哈夫在二〇一九年一月和家人一起到科威特度假時，她搭機去到泰國，打算前往澳洲，計畫要在那裡尋求庇護。在抵達泰國曼谷機場時，沙烏地阿拉伯大使沒收了拉哈夫的護照，他們告訴拉哈夫，她將會被遣返回科威特，接著被遣返回沙烏地阿拉伯。

父權主義無所不在。沙烏地阿拉伯的父權主義尤其極端，那裡的監護人系統讓男人幾乎有能力控制女孩與女人生命中的每一個層面。正如人權觀察組織所解釋的，在這樣的系統之下，所有女人都必須要有男性監護人才能拿到國家給予的護照，才能出國、結婚，才能在獲得政府獎學金時出國留學或離開監獄，她也需要男性監護人的允許才能去工作和獲得健康保險。[1]

沒有任何例外。每一個沙烏地阿拉伯女人都必須遵守監護人系統，該系統使女人一輩子都被視為未成年人。她的監護人可以是她的父親、丈夫、兄弟甚至兒子。我們必須用正確的名稱稱呼這種制度：性別隔離。[2]

種族隔離使南非人被合理地視作賤民，這件事被世界各地抵制，直到人們瓦解了這個令人髮指的制度為止。然而，沙烏地阿拉伯國內至今依然有一半的人口受到性別隔離迫害，沒有任何人對此負責或承受後果。如果你像拉哈夫一樣，是一名試圖逃離國家的性別隔離制度的沙烏地阿拉伯女人，強迫遣返回國會是一場可怕的災難。她的男性監護人可以正式申訴她「不服從」。她可能必須面對刑事訴訟與刑罰，入獄服刑也包括在內，這代表了她有可能最後會永遠被關在監獄裡，因為女人需要監護人的許可才能出獄。這也可能代表就算監護人虐待她，基本上就是她一開始想要逃離的理由，她也必須回到監護人的家裡，拉哈夫的例子就是如此。[3]

在我聽說拉哈夫的處境時，我腦海裡最先想到的是另一位沙烏地阿拉伯女人迪娜．阿里．拉斯盧姆（Dina Ali Lasloom），她在二〇一七年時也同樣試圖逃到澳洲，當時她二十四歲。拉斯盧姆轉機的國家不是泰國，而是菲律賓。馬尼拉機場的工作人員沒收了拉斯盧姆的護照和前往雪梨的機票，將她拘禁在機場休息室中，直到她的叔叔們抵達機場，毆打她，再把她拖上飛往沙烏地阿拉伯的飛機，飛行途中他們把拉斯盧姆的嘴巴封住，雙手與雙腳都綁在一起。根據社運人士所說，拉斯盧姆在被迫遣返回國後，被關進了沙烏地阿拉伯的女性監獄中。我們無從得知在那之後她怎麼樣了。[4]

我當時無法確知拉哈夫是不是真有其人，又或者只是有人假藉拉哈夫的名字推文要求全世界提供幫助，但其實只是在釣魚，無論如何，我都無法忍受自己不提供幫助，之後又發現她是真實存在的。所以我把她的推特翻譯成英文，描述她在機場的遭遇，並提醒我認識的人權社運人士和記者提供幫助。我至少能提供的微薄幫助，是鼓勵我在社群媒體上的大量追隨者，請他們用任何可能的方式幫助她。拉哈夫的其中一個推文讓我特別驚訝，她在那則推文中清楚直白地要求：「**我應該要能夠獨自一人、自由地、獨立地生活，脫離所有不尊重我的尊嚴與我身為女人身分的人。**」[5]

說得真是操他的太對了！我的家人搬到沙烏地阿拉伯時，我才十五歲，大概要一整支軍隊的十五歲的我，才能及得上如今這名沙烏地阿拉伯少女所擁有的勇氣，她批評的是當時點燃了我心中女性主義之火的制度。她說的話充滿革命意義。

總有一天，拉哈夫會寫出一本她如何拯救自己的書。在我第一次翻譯她在曼谷機場發的推文過後八天，我們終於在多倫多見面了，她告訴我她是朋友圈中最後一個逃離的。她過去兩年一直想要逃跑。在她陷入絕望無助的那幾個小時之間，全世界都在密切關注她為了獲得自由而進行的努力。她用各種障礙物把自己關在飯店的房間裡拒絕離開，直到聯合國難民事務高級專員署（United Nations High Commission for Refugees）來到飯店，將她納入難民署的監管下，直到他們評定完她的案件為止。澳洲記者蘇菲・麥克尼爾（Sophie McNeill）自費從雪梨搭機到曼谷去陪伴過去從沒跟她見過面的拉哈夫，在泰國政府試圖驅逐拉哈夫出境時擔任證人。[6]

最後，拉哈夫贏了。她拯救了自己，她為了逃跑而起跳——她的勇氣讓她在起跳後得以起飛——之後則是不可思議的網路為她放大了聲量並支持她。拉哈夫的三個朋友——她們都是同樣逃離了沙烏地阿拉伯的女人，分別在澳洲、加拿大與瑞典等待庇護——在推特上為拉哈夫提供了令人難以置信的支持，她們替她廣傳訊息，進一步告訴更多人她陷入了何種困境。看到沙烏地女性主義者在推特上大量轉傳拉哈夫的訊息，並且擊退了那些試圖抹黑拉哈夫、攻擊猛烈又經過精心策畫的政府網路酸民，真是令人精神振奮。那些沙烏地女性主義者利用社群網路的方式與革命別無二致。她們每天都不顧國家的恐嚇，反抗種族隔離，說出：

「我們在這裡，我們存在。」

這名十八歲的女孩使沙烏地的專制王朝方寸大亂，陷入尷尬的境地。雖然她經歷的危機十分悲慘，但到了最後，拉哈夫的作為迫使沙烏地阿拉伯的性別隔離制度躍入全球各國的視野中。她迫使這個世界發問：「沙烏地阿拉伯到底操他的是怎麼對待女人，搞到她們想要逃跑的？」

我們這些熟悉沙烏地阿拉伯的人，早就知道它是用多麼殘酷的態度對待女人，但世界各國太常因為地緣政治而放過沙烏地政權一馬。對西方世界而言，沙烏地政權會賣油又會買武器，因此它成為數任美國掌權者——共和黨與民主黨皆然——的珍貴朋友，歐洲的好幾個國家也抱持同樣的態度。伊斯蘭教有兩個最神聖的地點都位於沙烏地阿拉伯境內，卻沒有任何以伊斯蘭教為主的國家對該王國違反的各種人權（包括性別隔離制度）提出譴責。

若想要瞭解拉哈夫所做的事有多重要，我們需要先理解監護人制度是厭女三連擊的核心，而厭女三連擊又是支持父權主義的重要力量。沙烏地專制王朝的名字來自於皇室中的男性權威，我們可以確定這個王國正在壓迫身在其中的所有人。但強制執行監護人制度的同時，這個國家也就把國家與家園納入了執行厭女情結的行列中。若要理解監護人制度為什麼是政權的中心，我們必須記得，當拉哈夫在二〇一九年一月逃離該國時，有十八名女權社運人士因為反對監護人制度而被關進了沙烏地的監獄裡。王儲穆罕默德・賓・沙爾曼（Mohammed bin Salman）是該國的實際領導人，他從二〇一八年五月開始監禁這些女人，而後撤銷了全世界唯一一條禁止女人駕車的法律。這些女權社運人士一直以來都在反對這條禁令，其中有數人是因為在開車時讓朋友在駕駛座拍攝她們駕駛的影片，因而違法被逮捕。王儲顯然想要聲明他是出於自己的意願而撤銷禁令的，他想要告訴眾人那些行動主義和反抗都沒有奏效，他想宣稱這些權利是皇室政權給予的，而非那些挑釁抗議帶來的結果。拉哈夫逃離時，那些被關進牢裡的女權社運人士都沒有被起訴任何罪名。沙烏地政府成立的媒體把她們抹黑成「叛國者」。二〇一九年，社運人士被起訴——不過沒人清楚罪名是什麼——接著就被送上法庭了。7 人權團體引述了這些被拘留的女權社運人士的親屬所說的話，至少有八個人遭受過不同形式的刑求，包括了電擊、鞭打與強暴威脅。還有一個刑求方式是坐水凳（waterboard），通常是用來刑求恐怖分子嫌疑人的方法。8

他們用對待恐怖主義的方式對待女性主義。

雖然你可能會覺得這件事聽起來很荒謬，但在拉哈夫逃離之後，沙烏地政權的確表明了這樣的訊息。她的成功逃離不只使專制王朝感到心神不定，也使無數沙國女人決定付諸行動。在拉哈夫逃離的隔天，「結束監護人制度，否則我們全都會尋求庇護。」的主題標籤在沙烏地阿拉伯與鄰近國家瘋傳。沙烏地政權認知到一名勇敢的女人會帶來多大的危險，立刻不遺餘力地將女性主義與恐怖主義合併在一起，把女性主義者描繪得就像所謂伊斯蘭國中的暴力強暴犯與殺人兇手一樣危險，像蓋達組織與其招聘人員一樣危險。沙烏地政府的一個反極端主義機構發布了一支影片，開頭是分成兩半的畫面：左半部是拿著步槍的男人，右半部是拿著行李箱的女人。簡直超乎想像！他們竟然認為一位決定要逃離性別隔離制度的沙國女人，和加入暴力極端組織的男人一樣危險！沙烏地阿拉伯的每一名女人都應該要在無須逃離至他國接受庇護的狀況下，有權利「獨自一人、自由地、獨立地生活，脫離所有不尊重『她』的尊嚴與〔她〕身為女人身分的人。」我們認為尋求庇護的人與難民都是需要逃離壓迫與戰爭的人。沙烏地阿拉伯的性別隔離政策代表的正是對女人的壓迫與戰爭。女人不應該直到逃離至別的國家才能有尊嚴地自由生活。

由於我翻譯了拉哈夫的推文並請我的朋友們幫忙轉傳她的請求，藉此擴大了拉哈夫的聲量，所以我變成了沙烏地政權實際上最痛恨的女人之一。該政權利用「電子蒼蠅」（Electronic Fly）精心策劃了一連串針對我的持續攻擊，所謂的電子蒼蠅指的是他們用來打壓異議分子和反對派的「酸民農場」。值得注意的是，他們集中攻擊的是我的外表。我在數年前接受過的幾次訪問中曾談及我對性自由的看法，他們藉此對我進行蕩婦羞辱，想要搞壞我的名聲。他們把我的臉修圖放到一位站在成人影片女星身旁的女人臉上，藉此暗示我也參與了成人影片產業。至少五家沙烏地報紙出版了與我有關的文章，標題大多類似於「色情產業社運人士在加拿大歡迎拉哈夫的到來：有關這名紅髮女人的十二個真相」。[9]而阿拉伯世界最大的媒體公司中東廣播公司（Middle East Broadcasting Corporation，MBC，據信擁有該公司的是沙烏地王儲）發布了一段「新聞片段」，說拉哈夫的「家庭問題」被「激進女性主義運動」用來當作政治武器，藉此打擊她的家庭與沙烏地王國，而我是其中的「明星」。[10]

「莫娜・艾塔哈維這個女人認為自己是女權的捍衛者，她公開聲稱她痛恨男人並呼籲眾人在街上性交。」這是新聞報導的其中一段，此外，那篇報導也暗示我巧妙地策劃了拉哈夫的逃亡。這就是沙烏地王國使用的煽動與宣傳方式，這種手法厚顏無恥且令人震驚——我會永遠對於這是我引發的煽動與宣傳感到自豪。

想像看看：一名十八歲的女人成功逃離並投入自由的懷抱，一名五十一歲的女人幫助她逃離，導致沙烏地政權方寸大亂，精心策劃了政治宣傳，說我們會對皇室與國家造成危害。

女性主義嚇壞了當權政府。

為了避免那些指責沙烏地父權主義的人過得太舒適，讓我來提醒你們，許多指責沙烏地父權主義又全心支持拉哈夫逃離的白種美國女人也正是川普的支持者，她們十分恰巧地忘記了自己在家鄉支持的就是父權主義。指出「她們那裡」的父權主義，並忽略出現在「我們這裡」的父權主義，當然能讓她們過得比較輕鬆愜意。支持監護人制度的沙國女人——雖然令人難過，但這些女人的確存在——就是父權主義的步兵，正如那些把票投給川普的白種美國女人一樣，她們讓川普繼續支持白人至上主義與隨之而來的厭女情結。這兩群女人都誤以為她們在自己的國家足夠接近權力，以為權力會保護她們不會被父權主義用最可怕的暴行傷害。除此之外，在我的社群媒體訊息流裡，這些白種美國女人中有一些人看到我說支持川普就是父權主義的步兵，她們非常生氣地在社群媒體上告訴我，她們從此之後再也不會關心拉哈夫和其他沙國女人了。說得好像她們的支持是立基於我們只能說出一半的父權主義事件，好像和沙國女人團結的前提是我們只能把手指向「她們那裡」的父權主義，永遠不能指向「我們這裡」，而女性主義只能忙著「拯救」那些有色人種女人，不該花時間毀滅任何地方——也包括美國本土——的父權主義。

許多白種美國男人也加入了社群媒體中的爭論，他們大喊著「那些在沙烏地阿拉伯那裡掙扎的才是真正的女性主義者，在美國這裡都不是真的女性主義者，她們只會抱怨『男性開腿』（manspreading）這種微不足道的事。」男性開腿指的是男人在大眾運輸工具上坐下時會雙腿大張，占據超過合理範圍的空間。

值得注意的是，在精心策劃下用網路攻擊拉哈夫的沙烏地政權，和那些支持她的人有一個十分相似的地方，他們都喜歡使用「你怎麼不說他」（whataboutery）的手法，也就是在想要轉移焦點時反問：「你怎麼不說甲、乙和丙？」沙烏地的厭女者也一樣想要把焦點放在「他們那裡」——例如加拿大的家暴比例或遊民比例，說得好像我們不可能同時反對所有不公義的議題一樣。

隨著美國政治情勢演變得越來越緊張，我們要知道我們有許多種靈活的方法能對抗父權主義與它利用的各種壓迫，其中也包括了「你怎麼不說他」。我們越來越清楚地看見，在二〇一八年當選美國國會議員的有色人種女人，有能力瓦解父權主義等不習慣面對挑戰的強權。很顯然地，許多怒火與新聞標題都和這些議員真正說的話無關，而和她們說話的對象有關。

人們很容易忘記拉哈夫在逃離時才十八歲。當你們為她的勇氣感到驚嘆時，也請問問自己，你們在她的年紀時能否做到同樣的事。在我們全都在為拉哈夫喝采時，有幾位年紀比較長的女人告訴我：「真希望當時我也這麼做。」年紀較長的女人在這位年輕女人身上看到了年輕時的自己——更勇敢的自己。我很開心拉哈夫不是如今唯一一個有勇氣挑戰世界的青少女。

二〇一八年，十六歲的瑞典氣候變遷社運人士格蕾塔・桑伯格（Greta Thunberg）開始每週到瑞典國會外抗議。在歐洲與亞洲的數個國家，也陸續有青少女下定決心參與這場把焦點放在氣候變遷的罷課運動，她們走出學校抗議，堅持國家政府應該更重視氣候變遷的議題。

根據CNN的報導，在這之中有許多國家都有人抹黑這些青少女被某些政黨或知名的年長男性社運人士給利用了。[11]「很多人喜歡散布謠言，說有人『在我後面』指使這件事，或者有人『付費』或『利用』我做這些事情。但我『後面』什麼人都沒有，只有我自己。」桑伯格在臉書上寫道。[12]「我沒有參加任何組織，我有時會支持某些非政府組織或和它們合作推廣氣候與環境議題。」

在比利時，由女學生阿努娜・德威佛（Anuna De Wever）和她的摯友凱拉・岡圖斯（Kyra Gantois）一起組織的氣候遊行在二〇一九年一月吸引了三萬五千人。CNN指出：「有一些針對〔德威佛的〕這場遊行的不實指控……導致一位環境部長辭職，他錯誤地指出該國的情報機構有證據顯示這些抗議活動背後受到匿名力量的操控。」[13]女學生告訴

CNN，她認為「那些不信任感源自於深植於社會的父權態度，人們覺得難以相信年輕的女人〔有能力〕推動並主導屬於自己的運動。『我認為那種想法是一種汙辱。』」德威佛的母親說：「人們難以想像年輕女人能掌握權力……他們覺得一定有一些成年男性在背後操控一切。」

請仔細想一想。就像拉哈夫逃離時，政府把錯都怪在洗腦與危險的「策劃者」身上一樣，在青少女建立的全球性氣候變遷運動帶來越來越大的影響力時，人們開始說還有其他「策劃者」。父權主義拒絕相信女孩和年輕女人有這麼大的膽子，敢看著它的眼睛說出：「夠了！」父權主義拒絕相信女孩和年輕女人也可以是憤怒的、追求關注的、說髒話的、充滿野心的、掌握權力的、暴力的和擁有欲望的。

拉哈夫靠著挑戰、反抗與瓦解獲得了自由。全世界的青少女在抗爭的過程中挑戰、反抗與瓦解，希望等到她們繼承這個星球後還能有未來可言。

讓我們一起慶祝這些已拯救自己的青少女，與這些將要拯救地球的青少女所擁有的勇氣。讓我們慶祝這些擁有「原罪」的少女吧，這些原罪使她們超越了那些針對同齡人的嘲笑。

讓我們慶祝擁有原罪的女人與女孩！

致謝

我撰寫這本書的時候滿腔怒火，多虧了以下這些傑出的人對我的支持，我才得以站在這裡，準備迎接更多挑戰：

感謝我的經紀人潔西卡・帕潘（Jessica Papin），你總是知道我的書最適合歸於何處。

感謝我的編輯拉奇雅・克拉克（Rakia Clark），你閱讀了爆炸多的提案之後說出我想要協助這本書爆發。

感謝畢肯出版社（Beacon Press）的路易斯・羅伊（Louis Roe）與卡蘿・朱（Carol Chu），你們設計出了讓我每次看到都開心得暈頭轉向的封面。感謝畢肯出版社的整個團隊，你們態度熱忱地相信我的書，這是所有作者都渴望得到的信任。

感謝我的朋友們，你們帶給我的溫暖是我在全世界每個城市的家園。

感謝我的伴侶、我的手足、我手足的伴侶與他們的孩子，你們總是如此地愛我。

感謝我的愛人羅伯・E・拉特利奇（Robert E. Rutledge），我熱愛你，也熱愛我們華美的愛的冒險。

原文註釋

引言　挑戰、反抗並瓦解父權主義

1. Audre Lorde, "The Transformation of Silence into Language and Action," in Lorde, *Sister Outsider: Essays and Speeches* (Berkeley, CA: Crossing Press, 2007).
2. Mona Eltahawy, *Headscarves and Hymens: Why the Middle East Needs a Sexual Revolution* (New York: Farrar, Straus and Giroux, 2015).
3. Libby Nelson and Sarah Frostenson, "A Brief Guide to the 17 Women Trump Has Allegedly Assaulted, Groped or Harassed," *Vox*, October 20, 2016, https://www.vox.com/2016/10/13/13269448/trump-sexual-assault-allegations.
4. Mona Eltahawy, "These 'Virginity Tests' Will Spark Egypt's Next Revolu-tion," *Guardian*, June 2, 2011, http://www.theguardian.com/commentisfree/2011/jun/02/egypt-next-revolution-virginity-tests.
5. Mona Eltahawy, "The American Sisi," *New York Times*, January 20, 2017, https://www.nytimes.com/interactive/projects/cp/opinion/presidential -inauguration-2017/the-american-sisi.
6. Jung Hawon, "'Spycam Porn' Sparks Record Protests in South Korea," Agence France Presse, August 4, 2018, https://sg.news.yahoo.com/spycam-porn -sparks-record-protests-south-korea-063841341.html.
7. Ni Una Menos, "The Fire Is Ours: A Statement from Ni Una Menos," Verso blog, August 7, 2018, https://www.versobooks.com/blogs/3966-the-fire-is-ours-a -statement-from-ni-una-menos.

第一章　憤怒：如果教導女孩把情緒爆發，世界將會是什麼樣子？

1. Ntozake Shange, *For Colored Girls who Have Considered Suicide/When the Rain-bow is Enuf* (1975) (New York: Simon and Schuster, 2010).
2. Belinda Luscombe, "Kids Believe Gender Stereotypes by Age 10, Global Study Says," *Time*, September 20, 2017, http://time.com/4948607/gender-stereotypes-roles.
3. Luscombe, "Kids Believe Gender Stereotypes by Age 10."
4. "Teen Girls Twice as Likely to Suffer Depression Than Boys, Research Shows," Australian Broadcasting Corporation, January 16, 2014, https://www.abc .net.au/news/2014-01-16/teen-girls-twice-as-likely-to-suffer-depression-than -boys2c-re/5203626.
5. "Q & A: Child Marriage and Violations of Girls' Rights," Human Rights Watch, June 14, 2013, https://www.hrw.org/news/2013/06/14/q-child-marriage -and-violations-girls-rights.
6. "Women and Girls, HIV and AIDS," AVERT, July 21, 2015, https://www .avert.org/professionals/hiv-social-issues/key-affected-populations/women.
7. Jacqueline Howard, "Adults View Black Girls as 'Less Innocent,' Study Says," CNN.com, June 28, 2017, https://www.cnn.com/2017/06/28/health/black-girls -adultification-racial-bias-study/index.html.
8. Howard, "Adults View Black Girls as 'Less Innocent,' Study Says."
9. Owethu Makhatini, "A Lot to Be Mad About: Advocating for the Legitimacy of a Black Woman's Anger," in *Feminism Is: South Africans Speak Their Truth*, ed. Jen Thorpe (Kwela Books, 2018), Kindle ed., https://www.litnet.co.za/feminism-south -africans-speak-truth-edited-jen-thorpe-book-review.
10. Makhatini, "A Lot to Be Mad About."

11. Will Hobson "At Larry Nassar Sentencing Hearing, a Parade of Horror and Catharsis," *Washington Post*, January 18, 2018, https://www.washingtonpost .com/sports/olympics/at-larry-nassar-sentencing-hearing-a-parade-of-horror -and-catharsis/2018/01/18/19bed832-fc55-11e7-8f66-2df0b94bb98a_story .html.
12. Nawal El Saadawi, *The Hidden Face of Eve* (London: ZED Books, 2007).
13. Hobson "At Larry Nassar Sentencing Hearing, a Parade of Horror and Catharsis."
14. Ursula K. Le Guin, "Bryn Mawr Commencement Address," in *Dancing at the Edge of the World: Thoughts on Words, Women, Places* (New York: Grove Atlantic, 1997), Kindle ed.
15. June Jordan, "Poem About My Rights," in *Directed by Desire: The Collected Poems of June Jordan* (Port Townsend, WA: Copper Canyon Press, 2007).
16. June Jordan, introduction, *Some of Us Did Not Die: New and Selected Essays of June Jordan* (New York: Civitas Books, 2003).
17. June Jordan, "Where Is the Rage?," in *Life as Activism: June Jordan's Writings from the Progressive* (Sacramento: Litwin Books, 2014).
18. Alex Frank, "Stream a New Song from Alt-Pop Artist Halsey," Vogue.com, September 25, 2014, https://www.vogue.com/article/singer-halsey-new-song -hurricane.
19. Audre Lorde, "The Uses of Anger: Women Responding to Racism," in Sister Outsider.
20. Pew Research Center, *For Most Trump Voters, "Very Warm" Feelings for Him Endured* (August 2018), http://www.people-press.org/2018/08/09/an-examination -of-the-2016-electorate-based-on-validated-voters.

第二章　關注：女人與女孩應該要求獲得關注的權利，甚至被稱為「關注婊」。

1. Virgie Tovar, *You Have the Right to Remain Fat* (New York: Feminist Press, 2018), Kindle ed.

2. Sigal Samuel, "Battle of the Subway Ads," *Daily Beast*, October 9, 2012, https://www.thedailybeast.com/battle-of-the-subway-ads.
3. Jennifer Hansler and Maegan Vazquez, "Wilson Hits Back at Trump: Niger Is His Benghazi," CNN.com, October 22, 2017, https://www.cnn.com/2017/10/22/politics/frederica-wilson-tweets-trump/index.html.
4. Dr. Gina Loudon, "Rep. Frederica Wilson Desperately Seeking Attention?," Fox News.com, October 19, 2017, https://www.foxnews.com/opinion/rep-frederica -wilson-desperately-seeking-attention.
5. Moya Bailey and Trudy, "On Misogynoir: Citation, Erasure, and Plagiarism," *Feminist Media Studies* 18, no. 4 (2018): 762–68, https://www.tandfonline.com/doi/abs/10.1080/14680777.2018.1447395.
6. "Piers Morgan Slams Amber Rose for Baring It All for Feminism," *Just Jared*, June 11, 2017, http://www.justjared.com/2017/06/11/piers-morgan-slams-amber -rose-for-baring-it-all-for-feminism.
7. Sarah Millar, "Police Officer's Remarks at York Inspire 'SlutWalk,'" *Toronto Star*, March 17, 2011, https://www.thestar.com/news/gta/2011/03/17/police _officers_remarks_at_york_inspire_slutwalk.html.
8. "Women Journalists Report Less News Than Men; TV Gender Gap Most Stark," press release, Women's Media Center, March 22, 2017, http://www.womens mediacenter.com/about/press/press-releases/womens-media-center-report-women -journalists-report-less-news-than-men-tv-g.
9. Stacy L. Smith, Marc Choueiti, Katherine Pieper, Ariana Case, and Angel Choi, *Inequality in 1,100 Popular Films: Examining Portrayals of Gender, Race/Ethnicity, LGBT & Disability from 2007 to 2017* (Los Angeles: Annenberg Foundation, July 2018), http://assets.uscannenberg.org/docs/inequality-in-1100-popular-films.pdf.
10. Brett Lang, "Despite Diversity Push, Women and Minorities Aren't Getting Better Movie Roles (Study)," *Variety*, July 31, 2018, https://variety.com/2018/film/news/women-minorities-hollywood-movie-roles-study-1202890199.
11. "Happy to Fire, Reluctant to Hire: Hollywood Inclusion Remains Un-changed," USC Annenberg, July 30, 2018,

updated October 17, 2018, https://annenberg.usc.edu/news/research/happy-fire-reluctant-hire-hollywood-inclusion -remains-unchanged.

12. Inter-American Commission on Human Rights, An Overview of Vio-lence Against LGBTI Persons: A Registry Documenting Acts of Violence Between January 1, 2013 and March 31, 2014 (Washington, DC: IACHR, December 2014), http://www.oas.org/en/iachr/lgtbi/docs/Annex-Registry-Violence-LGBTI.pdf.
13. "Exit Poll Indicates Large Majority Vote to Change Abortion Laws," RTE, May 30, 2018, https://www.rte.ie/news/politics/2018/0526/966120-eighth -amendment-referendum.
14. "Killings of High-Profile Women in Iraq Spark Outrage," DW.com, Octo-ber 2, 2018, https://www.dw.com/en/killings-of-high-profile-women-in-iraq -spark-outrage/a-45732835.
16. 15. "Killings of High-Profile Women in Iraq Spark Outrage."
Juliet Perry and Sophia Saifi, "Brother 'Proud' of Killing Pakistan Social Media Star," CNN.com, July 18, 2016, https://www.cnn.com/2016/07/18/asia/pakistan-qandeel-baloch-brother-confession/index.html.
17. Issam Ahmed, "I Wish I'd Sent That Message," Agence France Correspon-dent, July 20, 2016, https://correspondent.afp.com/i-wish-id-sent-message.
18. Juliet Perry and Sophia Saifi, "Brother of Pakistan's Qandeel Baloch Charged with Crime Against State," CNN.com, July 19, 2016, https://www.cnn.com/2016/07/19/asia/pakistan-qandeel-baloch-brother-charged/index.html.
19. Jon Boone, "'She Feared No One': The Life and Death of Qandeel Baloch," Guardian, September 22, 2017, http://www.theguardian.com/world/2017/sep/22/qandeel-baloch-feared-no-one-life-and-death.
20. Tovar, *You Have the Right to Remain Fat*.

第三章　粗話：罵髒話具有力量，代表能隨心所欲地使用語言。

1. Julia Reinstein, "Cardi B Wants the Government to Tell Her 'What You're Doing with My Fucking Tax Money,'" *BuzzFeed News*, March 23, 2018, https://www.buzzfeednews.com/article/juliareinstein/cardi-b-taxes.
2. Emily Stewart, "The Past 72 Hours in Sarah Sanders's Dinner and the Civility Debate, Explained," *Vox*, June 25, 2018, https://www.vox.com/policy-and-politics/2018/6/25/17500988/sarah-sanders-red-hen-civility.
3. "Comic Michelle Wolf Responds to Backlash: 'I'm Glad I Stuck to My Guns,'" *Fresh Air*, NPR.org, May 1, 2018, https://www.npr.org/2018/05/01/607262463/comic-michelle-wolf-responds-to-backlash-im-glad-i-stuck-to-my-guns.
4. Chris Cillizza, "5 Takeaways on Michelle Wolf's Hugely Controversial Speech at the White House Correspondents' Dinner," CNN.com, April 29, 2018, https://www.cnn.com/2018/04/29/politics/michelle-wolf-whcd-takeaways/index.html.
5. April Ryan, "April Ryan: I'm a Black Woman. Trump Loves Insulting People Like Me," *Washington Post*, November 10, 2018, https://www.washingtonpost .com/outlook/2018/11/10/im-black-woman-white-house-reporter-trump-loves -insulting-people-like-me.
6. Stella Nyanzi, @drstellanyanzi, Twitter account, https://twitter.com/drstellanyanzi?lang=en; Patience Akumu, "How Insults and a Campaign over Sanitary Towels Landed Activist in Jail," Guardian, April 22, 2017, http://www . theguardian.com/world/2017/apr/22/activist-uganda-president-buttocks-jail -stella-nyanzi.
7. "30% of Girls Leaving School for Lack of Sanitary Pads," New Vision, August 4, 2013, http://www.newvision.co.ug/new_vision/news/1328198/-girls-leaving -school-lack-sanitary-pads.
8. Geoffrey York, "Stella Nyanzi: The Woman Who Used Facebook to Take On Uganda's President," *Globe and Mail*, May 30, 2017, https://www.theglobeand mail.com/news/world/ugandan-scholar-stella-nyanzi-the-woman-who-tickled

-the-leopard/article35159152.

9. Nicola Slawson, "Fury over Arrest of Academic Who Called Uganda's Presi-dent a Pair of Buttocks," *Guardian*, April 13, 2017, http://www.theguardian.com/global-development/2017/apr/13/stella-nyanzi-fury-arrest-uganda-president-a-pair-of-buttocks-yoweri-museveni-cyber-harassment.
10. Akumu, "How Insults and a Campaign over Sanitary Towels Landed Activist in Jail."
11. York, "Stella Nyanzi."
12. Carol Summers, "Radical Rudeness: Ugandan Social Critiques in the 1940s," *Journal of Social History* 39, no. 3 (2006): 741–70, http://www.jstor.org/stable/3790288.
13. Emma Batha, "Ugandan Girls Forced into Child Marriage Because They Can't Afford Sanitary Pads," Reuters, October 24, 2017, https://www.reuters.com/article/us-uganda-girls-childmarriage-idUSKBN1CT01R.
14. Akumu, "How Insults and a Campaign over Sanitary Towels Landed Activist in Jail."
15. Slawson, "Fury over Arrest of Academic Who Called Uganda's President a Pair of Buttocks."
16. Slawson, "Fury over Arrest of Academic Who Called Uganda's President a Pair of Buttocks."
17. "Uganda's BBC Documentary Actor of 'My Mad World' Joseph Atukunda Visits Dr Stella Nyanzi in Prison, Calls Her 'Extraordinary,'" Alleastafrica.com, April 15, 2017, https://www.alleastafrica.com/2017/04/15/ugandas-bbc-documentary -actor-of-my-mad-world-joseph-atukunda-visits-dr-stella-nyanzi-in-prison-calls -her-extraordinary.
18. Haggai Matsiko, "Stella Nyanzi's Obscenity War," *Independent*, April 17, 2017, https://www.independent.co.ug/stella-nyanzis-obscenity-war.
19. York, "Stella Nyanzi."
20. York, "Stella Nyanzi."
21. Sumi Sadurni, "Women Activists Take to the Streets of Kampala to Demand More Police Action," Public Radio

International, July 3, 2018, https://www.pri .org/stories/2018-07-03/women-activists-take-streets-kampala-demand-more -police-action.

22. Jackline Kemigisa, “The Homophobic Backlash That Followed the Ugandan Women’s March,” Women’s Media Center, August 22, 2018, http://www.womens mediacenter.com/f bomb/the-homophobic-backlash-that-followed-the-ugandan -womens-march.
23. Kemigisa, “The Homophobic Backlash That Followed the Ugandan Wom-en’s March.”
24. Mary Serumaga, “‘You Should Have Died at Birth, Oh Dirty Delinquent Dictator’: A Poet’s Rage Against Museveni in the Bobi Wine Age,” *East African Review*, September 22, 2018, https://www.theeastafricanreview.info/op-eds/2018/09/22/you-should-have-died-at-birth-oh-dirty-delinquent-dictator-a-poets-rage -against-museveni-in-the-bobi-wine-age.
25. Sam Jones, “Vaginagate: US Politician Banned for Saying ‘Vagina’ in Abor-tion Bill Debate,” Guardian, June 15, 2012, http://www.theguardian.com/world/2012/jun/15/michigan-politician-banned-using-word-vagina.
26. “Pussy Riot: The Story So Far,” BBC News.com, December 23, 2013, https://www.bbc.com/news/world-europe-25490161.
27. Nadya Tolokonnikova, *Read & Riot: A Pussy Riot Guide to Activism* (New York: HarperOne, 2018).
28. “One of my favorite . . . ,” Angela (@ducgummybuns), Twitter, February 16, 2018, https://twitter.com/ducgummybuns/status/964562324228136960.
29. “Because ‘fuck’ . . . ,” M. (@Mandy_RN13), Twitter, February 16, 2018, https://twitter.com/Mandy_RN13/status/964626969274077184.
30. “For me a reaction . . . ,” Michele McKenzie (@McolvinMcKenzie), Twit-ter, February 16, 2018, https://twitter.com/search?f=tweets&q=For%20me%20a %20reaction%20to%20being%20expected%20to%20be%20quiet%20and%20

ladylike&src=typd.

31. Mona Eltahawy, "I Swear to Make the Patriarchy Uncomfortable. And I'm Proud of It," *Think*, NBCNews.com, May 6, 2018, https://www.nbcnews .com/think/opinion/i-swear-make-patriarchy-uncomfortable-i-m-proud-it-ncna 870736.
32. Doreen St. Félix, "Cardi B, the Female Rapper Who Ousted Taylor Swift from the Top of the Charts," *New Yorker*, September 27, 2017, https://www.new yorker.com/culture/culture-desk/cardi-b-the-female-rapper-who-ousted-taylor -swift-from-the-top-of-the-charts-bodak-yellow.
33. Cardi B Defends Cursing to High Schoolers—"I'm Real. They Can Relate," MTO News, November 29, 2018, https://mtonews.com/cardi-b-defends-cursing -to-high-schoolers-im-real-they-can-relate.
34. Jasmine BRAND, "#CardiB Responds to Criticism of Her Using Profanity While Speaking to High School Kids," Instagram, November 29, 2018, https://www.instagram.com/p/BqxMPdOFDh1.
35. Evelyn Brooks Higginbotham, *Righteous Discontent: The Women's Movement in the Black Baptist Church, 1880–1920* (Cambridge, MA: Harvard University Press, 1994).
36. Ashley Iasimone, "Cardi B Responds to Critics of Her Nude Photo, Talks Plastic Surgery Plans & More," Billboard, August 26, 2018, https://www.billboard .com/articles/columns/hip-hop/8472202/cardi-b-nude-photo-plastic-surgery -trump-taxes-instagram-video.
37. Eltahawy, Headscarves and Hymens.
38. In Cherrie Moraga and Gloria Anzaldua, eds., *This Bridge Called My Back: Writings by Radical Women of Color* (New York: Kitchen Table/Women of Color Press, 1994).
39. Melanie Mignucci, "Helen Mirren Would Have Taught Her Daughter to Say, 'Fuck Off!,'" BUST, https://bust.com/feminism/10306-helen-mirren-would -have-taught-her-daughter-to-say-fuck-off.html; originally published *Daily Mail*, July 20, 2013.

第四章　野心：讓全世界的人都閱讀我的文字。

1. Mindy Kaling, *Why Not Me?* (New York: Crown Archetype, 2015), 220–21.
2. Octavia E. Butler, *Parable of the Sower* (New York: Four Walls Eight Win-dows, 1993).
3. Desiree Martinez, "Dear High School Teacher Who Tried to Discourage Me from Applying to UCLA, I'm a BRUIN Now!," *La Comadre*, August 15, 2017, http://lacomadre.org/2017/08/dear-high-school-teacher-tried-discourage-applying -ucla-im-bruin-now.
4. Desiree Martinez, "Students Don't Enroll in School to Make a Political State-ment, They Go to Learn," *La Comadre*, October 26, 2018, http://lacomadre.org/2018/10/students-dont-enroll-in-school-to-make-a-political-statement-they-go-to-learn.
5. Seth Gershenson, Stephen B. Holt, and Nicholas W. Papageorge, "'Who Believes in Me?' The Effect of Student-Teacher Demographic Match on Teacher Expectations," Upjohn Institute Working Paper 15-231, 2015, https://doi.org/10.17848/wp15-231.
6. Scott Jaschik, "Study Finds High School Teachers Have Differing Expec-tations of Black and White Students," *Inside Higher Ed*, October 24, 2017, https://www.insidehighered.com/news/2017/10/24/study-finds-high-school-teachers -have-differing-expectations-black-and-white.
7. Martinez, "Dear High School Teacher Who Tried to Discourage Me from Applying to UCLA."
8. Louisa Loveluck, "Education in Egypt: Key Challenges," background paper, Middle East and North Africa Programme, Chatham House (London), March 2012, https://www.chathamhouse.org/sites/default/files/public/Research/Middle%20 East/0312egyptedu_background.pdf.
9. "Japan Says 10 Med Schools Altered Admissions, Some Kept Out Women," France24, December 14, 2018, https://

www.france24.com/en/20181214-japan-says -10-med-schools-altered-admissions-kept-out-women.

10. "Medical Schools 'Rigged Women's Results,'" BBC News.com, December 14, 2018, https://www.bbc.com/news/world-asia-46568975.
11. "Japan Says 10 Med Schools Altered Admissions, Some Kept Out Women," AFP, December 14, 2018, https://www.france24.com/en/20181214-japan-says-10 -med-schools-altered-admissions-kept-out-women.
12. Jake Sturmer, "This Japanese University Penalised Women Because It Believed They Were 'Too Mature,'" Australian Broadcasting Corporation, Decem-ber 11, 2018, https://www.abc.net.au/news/2018-12-12/japanese-universities-rig-entrance-exams-to-keep-women-out/10608548.
13. Joya Bahaar, "What Ambition Gap? Women as Ambitious as Men Unless Companies Block Them: Study," Reuters, April 5, 2017, https://www.reuters.com/article/us-women-ambition-study/what-ambition-gap-women-as-ambitious-as-men-unless-companies-block-them-study-idUSKBN1772AB.
14. Jake Sturmer, "Japan's Juntendo University Admits Rigging Interviews to Keep Women Out," Australian Broadcasting, December 11, 2018, https://www.abc.net.au/news/2018-12-12/japanese-universities-rig-entrance-exams-to keep-women-out/10608548.
15. Bahaar, "What Ambition Gap?"
16. Katie Abouzahr et al. "Dispelling the Myths of the Gender 'Ambition Gap,'" BCG.com, April 5, 2017, https://www.bcg.com/en-ca/publications/2017/peopleorganization-leadership-change-dispelling-the-myths-of-the-gender-ambition-gap.aspx.
17. Bahaar, "What Ambition Gap?"
18. Dorothy Sue Cobble, Linda Gordon, and Astrid Henry, prologue, *Feminism Unfinished: A Short, Surprising History of American Women's Movements* (New York: Liveright, 2015), Kindle ed.

19. Erika L. Sánchez, "Crying in the Bathroom," in *Double Bind: Women on Ambition*, ed. Robin Romm (New York: Liveright, 2018).
20. Diana Tourjée, "Men Are Losing Their Minds over the New Female 'Doc-tor Who,'" *Broadly*, July 17, 2017, https://broadly.vice.com/en_us/article/evdq8z/men-are-losing-their-minds-over-the-new-female-doctor-who; David Sims, "The Outcry Against the All-Female 'Ghostbusters' Remake Gets Louder," Atlantic, May 18, 2016, https://www.theatlantic.com/entertainment/archive/2016/05/the-sexist -outcry-against-the-ghostbusters-remake-gets-louder/483270.
21. Isaac Stanley-Becker, "'I Prefer to Hear a Male Voice': Female Commenta-tors Find Harsh Judgment at World Cup," *Washington Post*, June 26, 2018, https://www.washingtonpost.com/news/morning-mix/wp/2018/06/26/i-prefer-to-hear -a-male-voice-women-commentators-find-harsh-judgment-at-world-cup.
22. Aditya Kalra, "India Triumphs in Maiden Mars Mission, Sets Record in Space Race," Reuters, September 4, 2014, https://www.reuters.com/article/us -india-mars-idUSKCN0HJ05J20140924.
23. Tracey Bashkoff, "Hilma af Klint: Paintings for the Future," Guggenheim press kit, August 17, 2017, https://www.guggenheim.org/wp-content/uploads/2018/10/Gugg-Press-Hilma-af-Klint-Paintings-for-the-Future-Press-Kit.pdf.
24. Ghada Amer, "We are the granddaughters . . ," #WomensArt (@womens art1), Twitter, October 31, 2017, https://twitter.com/womensart1/status/92527034 9314494464.

第五章　權力：不徵詢許可的女人才是擁有權力的女人。

1. June Jordan, On Call: Political Essays (Boston: South End Press, 1985).
2. Kara Cooney, preface, *The Woman Who Would Be King: Hatshepsut's Rise to Power in Ancient Egypt* (New York: Crown, 2014), Kindle ed.

3. Adriana Carranca, "The Women-Led Opposition to Brazil's Far-Right Leader," Atlantic, November 2, 2018, https://www.theatlantic.com/international/archive/2018/11/brazil-women-bolsonaro-haddad-election/574792.
4. Jonathan Watts, "Dilma Rousseff Impeachment: What You Need to Know," Guardian, August 31, 2016, http://www.theguardian.com/news/2016/aug/31/dilma -rousseff-impeachment-brazil-what-you-need-to-know.
5. Dom Phillips, "Bolsonaro Declares Brazil's 'Liberation from Socialism' as He Is Sworn In," Guardian, January 1, 2019,http://www.theguardian.com/world/2019/jan/01/jair-bolsonaro-inauguration-brazil-president.
6. Chayenne Polimédio, "Women for Bolsonaro: What Drives Female Support for Brazil's Far Right," *Foreign Affairs*, October 26, 2018, https://www.foreignaffairs .com/articles/brazil/2018-10-26/women-bolsonaro.
7. "Congratulations . . . ," Donald J. Trump (@realDonaldTrump), Twitter, January 1, 2019, https://twitter.com/realDonaldTrump.
8. Anna Jean Kaiser, "'I Don't See Any Reason for Feminism': The Women Backing Brazil's Bolsonaro," *Guardian*, October 14, 2018, http://www.theguardian .com/world/2018/oct/14/bolsonaro-brazil-presidential-candidate-women-voters -anti-feminism.
9. Anna Jean Kaiser, "Woman Who Bolsonaro Insulted: 'Our President-Elect Encourages Rape,'" *Guardian*, December 23, 2018, http://www.theguardian.com/world/2018/dec/23/maria-do-rosario-jair-bolsonaro-brazil-rape.
10. Kaiser, "Woman Who Bolsonaro Insulted."
11. Kaiser, "Woman Who Bolsonaro Insulted."
12. Carranca, "The Women-Led Opposition to Brazil's Far-Right Leader."
13. Pablo Uchoa, "Why Brazilian Women Are Saying #NotHim," BBC News, September 21, 2018, https://www.bbc.com/news/world-latin-america-45579635.
14. Kaiser, "Woman Who Bolsonaro Insulted."

15. Dom Phillips, “Bolsonaro to Abolish Human Rights Ministry in Favour of Family Values,” *Guardian*, December 10, 2018, https://www.theguardian.com/world/2018/dec/06/outcry-over-bolsonaros-plan-to-put-conservative-in-charge -of-new-family-and-women-ministry.
16. Phillips, “Bolsonaro to Abolish Human Rights Ministry in Favour of Family Values.”
17. Polimédio, “Women for Bolsonaro.”
18. “Brazil’s New Far-Right Leader Urges Unity,” BBC News, January 1, 2019, https://www.bbc.com/news/world-latin-america-46720899.
19. Carranca, “The Women-Led Opposition to Brazil’s Far-Right Leader.”
20. Polimédio, “Women for Bolsonaro.”
21. Uchoa, “Why Brazilian Women Are Saying #NotHim.”
22. Jill Langlois, “Brazil Condemns Violence Against a Candidate, but Marielle Franco’s Killers Remain Free,” *Washington Post*, September 12, 2018, https://www .washingtonpost.com/news/global-opinions/wp/2018/09/12/brazil-condemns -violence-against-a-candidate-but-marielle-francos-killers-remain-free.
23. Amy Gunia, “Two Former Police Officers Have Been Arrested for Brazilian Activist Marielle Franco’s Murder,” *Time*, March 13, 2019, http://time.com/5550428/brazil-marielle-franco-murder-arrests.
24. Elisa Gutsche, ed., *Triumph of the Women? The Female Face of the Populist & Far Right in Europe* (Berlin: Friedrich Ebert Stiftung, 2018).
25. Friedel Taube, “Women Increasingly Drawn to Right-Wing Populist Parties, Study Shows,” *Deutsche Welle*, August 30, 2018, https://www.dw.com/en/women -increasingly-drawn-to-right-wing-populist-parties-study-shows/a-45284465.
26. Kelly Weill, “German Neo-Nazis Say These Women Were Abused by Mus-lim Immigrants. They’re Actually

American Victims of Domestic Violence," Daily Beast, August 30, 2018, https://www.thedailybeast.com/german-neo-nazis-say -these-women-were-abused-by-muslim-immigrants-theyre-actually-american -victims-of-domestic-violence.

27. Paul Hockenos, "Meet the Lesbian Goldman Sachs Economist Who Just Led Germany's Far Right to Victory," *Foreign Policy*, September 24, 2017, https://foreignpolicy.com/2017/09/24/meet-the-lesbian-goldman-sachs-economist-who -just-lead-germanys-far-right-to-victory.
28. Eugene Scott, "White House Is Playing the "Woman" Card in Response to Concerns About Gina Haspel," *Washington Post*, May 7, 2018, https://www .washingtonpost.com/news/the-fix/wp/2018/05/07/the-white-house-is-playing -the-woman-card-in-its-response-to-concerns-about-gina-haspel.
29. Jennifer Williams, "Gina Haspel, Trump's Controversial Pick for CIA Direc-tor, Explained," *Vox*, May 8, 2018, https://www.vox.com/policy-and-politics/2018/5/8/17326638/gina-haspel-bio-new-cia-director-nominee-torture-war -crimes-trump-bush-confirmation.
30. Ian Cobain, "CIA Rendition: More Than a Quarter of Countries 'Offered Covert Support,'" *Guardian*, February 5, 2013, http://www.theguardian.com/world/2013/feb/05/cia-rendition-countries-covert-support.
31. Max Fisher, "A Staggering Map of the 54 Countries That Reportedly Participated in the CIA's Rendition Program," *Washington Post*, February 5, 2013, https://www.washingtonpost.com/news/worldviews/wp/2013/02/05/a -staggering-map-of-the-54-countries-that-reportedly-participated-in-the -cias-rendition-program.
32. Jane Mayer, "Outsourcing Torture," *New Yorker*, February 7, 2005, https://www.newyorker.com/magazine/2005/02/14/outsourcing-torture.
33. Peter Finn, "Detainee Who Gave False Iraq Data Dies in Prison in Libya," *Washington Post*, May 12, 2009, http://www.washingtonpost.com/wp-dyn/content/article/2009/05/11/AR2009051103412.html.

34. Jenna Johnson, “Trump Says ‘Torture Works,’ Backs Waterboarding and ‘Much Worse,’” *Washington Post*, February 17, 2016, https://www.washingtonpost .com/politics/trump-says-torture-works-backs-waterboarding-and-much-worse/2016/02/17/4c9277be-d59c-11e5-b195-2e29a4e13425_story.html.
35. Molly Redden, “Trump Is Assembling the Most Male-Dominated Govern-ment in Decades,” *Guardian*, September 21, 2017, http://www.theguardian.com/us-news/2017/sep/21/trump-is-assembling-the-most-male-dominated-government -in-decades.
36. Juan E. Méndez, “I Was Tortured. I Know How Important It Is to Hold the CIA Accountable,” *Politico*, June 23, 2015, https://www.politico.com/magazine/story/2015/06/cia-torturers-should-be-held-accountable-119345.
37. Marc A. Thiessen, “Gina Haspel Is Too Qualified to Pass Up,” *Washington Post*, May 8, 2018, https://www.washingtonpost.com/opinions/gina-haspel-is-too -qualified-to-pass-up/2018/05/08/3cf5b7ba-52dd-11e8-9c91-7dab596e8252_story .html.
38. Carmen Landa Middleton, “Gina Haspel Stands Ready to Break the Glass Ceiling. Let Her,” *Cipher Brief*, April 3, 2018, https://www.thecipherbrief.com/column_article/gina-haspel-stands-ready-break-glass-ceiling-let.
39. Philip Bump, “Donald Trump Responds to the Khan Family: ‘Maybe She Wasn’t Allowed to Have Anything to Say,’” *Washington Post*, July 30, 2016, https://www.washingtonpost.com/news/the-fix/wp/2016/07/30/donald-trump-responds -to-the-khan-family-maybe-she-wasnt-allowed-to-have-anything-to-say.
40. Karen Zraick, “As Rashida Tlaib Is Sworn In, Palestinian-Americans Re-spond With #TweetYourThobe,” *New York Times*, January 3, 2019, https://www .nytimes.com/2019/01/03/us/politics/rashida-tlaib-palestinian-thobe.html.
41. Pete Williams, “Supreme Court Upholds Trump Travel Ban, President Claims Vindication from ‘Hysterical’ Critics,” NBC News.com, June 26, 2018, https://www.nbcnews.com/politics/supreme-court/supreme-court-upholds-trump -travel-ban-n873441.

42. Erin Golden, "Ilhan Omar Makes History, Becoming First Somali-American Elected to U.S. House," *Star Tribune*, November 7, 2018, http://www.startribune .com/ilhan-omar-becomes-first-somali-american-elected-u-s-house/499708271.
43. Treva B. Lindsey, "The Betrayal of White Women Voters: In Pivotal State Races, They Still Backed the GOP," *Vox*, November 9, 2018, https://www.vox .com/first-person/2018/11/9/18075390/election-2018-midterms-white-women -voters.
44. "2018 Midterms: Exit Polling," CNN.com, November 6, 2018, https://www.cnn.com/election/2018/exit-polls/georgia.
45. Rashida Tlaib, "Why I Disrupted Donald Trump," *Detroit Free Press*, August 24, 2016, https://www.freep.com/story/opinion/contributors/2016/08/24/rashida -tlaib-why-disrupted-donald-trump/89251860.
46. Doualy Xaykaothao, "Trump's Comments on MN Somalis Draw Sharp Response," MPRNews, November 7, 2016, https://www.mprnews.org/story/2016/11/07/trumps-comments-on-mn-somalis-draw-sharp-response.
47. Mona Eltahawy, "Rashida Tlaib and Ilhan Omar Make Midterms History While Complicating Stereotypes of Muslim American Women," *Think*, November 9, 2018, https://www.nbcnews.com/think/opinion/rashida-tlaib-ilhan-omar-make -midterms-history-while-complicating-stereotypes-ncna934561.
48. Katie Mettler, "'Just Deal,' Muslim Lawmaker Ilhan Omar Says to Pastor Who Complained About Hijabs on House Floor," *Washington Post*, December 7, 2018, https://www.washingtonpost.com/religion/2018/12/07/just-deal-muslim -lawmaker-ilhan-omar-says-pastor-who-complained-about-hijabs-house-floor.
49. Cody Nelson, "Minnesota Congressswoman Ignites Debate on Israel and Anti-Semitism," NPR, March 7, 2019, https://www.npr.org/2019/03/07/700901834/minnesota-congresswoman-ignites-debate-on-israel-and-anti -semitism.
50. Vivian Ho, "Ilhan Omar Takes Trump's Venezuela Envoy to Task over His Political Past," *Guardian*, February 13, 2019, https://www.theguardian.com/politics/2019/feb/13/ilhan-omar-elliott-abrams-trump-venezuela.

51. "Bullies Don't Win," posted by demsocialism, YouTube, posted January 3, 2019, https://www.youtube.com/watch?v=Bub4bRNy8YQ.
52. Lisa Anderson, "Woman Leads Prayer for Muslims in NYC," *Chicago Tri-bune*, March 19, 2005, https://www.chicagotribune.com/news/ct-xpm-2005-03 -19-0503190168-story.html.
53. "Woman Leads Controversial US Prayer," *Al Jazeera*, March 19, 2005, https://www.aljazeera.com/archive/2005/03/200849145527855944.html.
54. Nadia Abou El-Magd, "Muslims in Middle East Outraged After a Woman Conducts Mixed-Gender Islamic Prayer Service in New York," *Seattle Times*, March 19, 2005, https://www.seattletimes.com/nation-world/muslims-in-middle-east -outraged-after-a-woman-conducts-mixed-gender-islamic-prayer-service-in-new -york; Andrea Elliott, "Woman Leads Muslim Prayer Service in New York," New York Times, March 19, 2005, https://www.nytimes.com/2005/03/19/nyregion/woman-leads-muslim-prayer-service-in-new-york.html.
55. "Singing a Song Many Women Have Been Humming," *Richmond Times-Dispatch*, October 7, 2005, https://www.dailypress.com/news/dp-xpm-20051007 -2005-10-07-0510070026-story.html.
56. "Enough Is Enough: India Women Fight to Enter Temples," BBC News, February 18, 2016, https://www.bbc.com/news/world-asia-india-35595501.
57. "Enough Is Enough."
58. "Shani Shingnapur Temple Lifts Ban on Women's Entry," *Hindu*, April 8, 2016, https://www.thehindu.com/news/national/other-states/shani-shingnapur -temple-lifts-ban-on-womens-entry/article8451406.ece.
59. "Enough Is Enough."
60. Lauren Frayer and Sushmita Pathak, "India's Supreme Court Orders Hindu Temple to Open Doors to Women, but Devotees Object," NPR, December 22, 2018, https://www.npr.org/2018/12/22/675548304/indias-supreme-court-

orders -hindu-temple-to-open-doors-to-women-but-devotees-obj.

61. "Shani Shingnapur Temple Lifts Ban on Women's Entry."
62. Niha Masih, "In India, Two Women Defy Protests," *Washington Post*, January 3, 2019, https://www.washingtonpost.com/world/asia_pacific/protesters -kept-women-out-of-a-prominent-indian-temple-for-months--until-today/2019/01/02/f01304e0-0e64-11e9-831f-3aa2c2be4cbd_story.html?utm_term= .c0b84603a65f.
63. "Sabarimala: India's Kerala Paralysed amid Protests over Temple Entry," BBCNews.com, January 3, 2019, https://www.bbc.com/news/world-asia-india -46744142.
64. "Indian Women in '620km Human Chain' Protest," BBC News, January 1, 2019, https://www.bbc.com/news/world-asia-india-46728521.
65. Cris and Saritha S. Balan, "Kerala's Wall of Resistance: Lakhs of Women Stand Up Against Patriarchy," *News Minute*, January 1, 2019, https://www.thenews minute.com/article/keralas-wall-resistance-lakhs-women-stand-against-patriarchy -94314.
66. "Indian Women in '620km Human Chain' Protest."
67. Balan, "Kerala's Wall of Resistance."
68. "Sabarimala: India Woman Who Defied Temple Ban 'Abandoned' by Fam-ily," BBC News, January 23, 2019, https://www.bbc.com/news/world-asia-india -46969160.
69. Michael Safi, "Woman Who Defied Indian Temple Ban 'Shunned' by Fam-ily," Guardian, January 23, 2019, http://www.theguardian.com/world/2019/jan/23/woman-indian-temple-family-sabarimala-kerala.
70. DeNeen L. Brown, "'I Have All the Guns and Money': When a Woman Led the Black Panther Party," *Washington Post*, May 22, 2018, https://www.washington post.com/news/retropolis/wp/2018/01/09/i-have-all-the-guns-and-money-when -a-woman-led-the-black-panther-party.

71. Elaine Brown, *A Taste of Power: A Black Woman's Story* (New York: Anchor, 1993), Kindle ed.
72. Combahee River Collective Statement, April 1977, https://americanstudies .yale.edu/sites/default/files/files/Keyword%20Coalition_Readings.pdf.

第六章　暴力：鼓勵、保護並推廣女人對男人使用合理暴力。

1. "Lorraine Hansberry: Sighted Eyes/Feeling Heart," interview, May 12, 1959, Studs Terkel Radio Archive, https://studsterkel.wfmt.com/digital-bughouse/lorraine-hansberry-sighted-eyesfeeling-heart, accessed March 21, 2019.
2. "Female Genital Mutilation Among Egyptian Teenage Girls Drops By 27 Percent," *Egyptian Streets*, February 5, 2016, https://egyptianstreets.com/2016/02/05/female-genital-mutilation-among-egyptian-teenage-girls-drops-by-27-percent.
3. Seif El Mashad, "The Moral Epidemic of Egypt: 99% of Women Are Sexually Harassed," *Egyptian Streets*, March 5, 2015, https://egyptianstreets.com/2015/03/05/the-moral-epidemic-of-egypt-99-of-women-are-sexually-harassed.
4. Frances Perraudin, "Femicide in UK: 76% of Women Killed by Men in 2017 Knew Their Killer," *Guardian*, December 18, 2018, http://www.theguardian.com/uk-news/2018/dec/18/femicide-in-uk-76-of-women-killed-by-men-in-2017 -knew-their-killer.
5. Perraudin, "Femicide in UK."
6. Mary Emily O'Hara, "Domestic Violence: Nearly Three U.S. Women Killed Every Day by Intimate Partners," NBC News.com, April 11, 2017, https://www .nbcnews.com/news/us-news/domestic-violence-nearly-three-u-s-women-killed -every-day-n745166.
7. Mary Anne Franks, "Men, Women, and Optimal Violence," *University of Illinois Law Review* (2016): 929, https://repository.law.miami.edu/fac_articles/200. Emphasis added.

8. O'Hara, "Domestic Violence."
9. Nour Naas, "When the Only Legal Option for Domestic Violence Victims Is to Not Survive," *Huffington Post*, May 8, 2018, https://www.huffingtonpost.com/entry/opinion-naas-domestic-violence-police_us_5af0645ce4b0c4f19324d6e4.
10. "Words from Prison—Did You Know . . . ?," American Civil Liberties Union, https://www.aclu.org/other/words-prison-did-you-know, accessed Febru-ary 4, 2019.
11. Sharon Angella Allard, "Rethinking Battered Woman Syndrome: A Black Feminist Perspective," *UCLA Women's Law Journal 1* (1991), https://escholarship .org/content/qt62z1s13j/qt62z1s13j.pdf, accessed January 30, 2019.
12. Franks, "Men, Women, and Optimal Violence," 958.
13. "Words from Prison—Did You Know . . . ?"
14. Rebecca McCray, "When Battered Women Are Punished with Prison," *TakePart*, September 24, 2015, http://www.takepart.com/article/2015/09/24/battered-women-prison.
15. Kirsten Powers, "Angela Corey's Overzealous Prosecution of Marissa Alex-ander," Daily Beast, July 19, 2013, https://www.thedailybeast.com/articles/2013/07/19/angela-corey-s-overzealous-prosecution-of-marissa-alexander.
16. Elizabeth Swavola, Kristi Riley, and Ram Subramanian, *Overlooked: Women and Jails in an Era of Reform* (New York: Vera Institute of Justice, August 2016), https://www.vera.org/publications/overlooked-women-and-jails-report.
17. "Words from Prison—Did You Know . . . ?"
18. Judith Herman, *Trauma and Recovery: The Aftermath of Violence—from Domestic Abuse to Political Terror* (New York: Basic Books, 1997), Kindle ed., chapter 3.
19. "An instructive example . . . ," Mary Anne Franks, @ma_franks, Twitter, February 10, 2018, https://twitter.com/ma_franks/status/962385300642304000.
20. Examples are from the following tweets: "Loving . . . ," Sunny Singh (@sunnysingh_n6), Twitter, February 10, 2018,

https://twitter.com/sunnysingh _n6/status/962445068870307840; "A man . . . ," Samia Khan (@samiakhan183), Twitter, February 10, 2018, https://twitter.com/samiakhan183/status/96242084 8060784640; "A few . . . ," Nikita Gill is on hiatus (@nktgill), Twitter, February 10, 2018, https://twitter.com/nktgill/status/962450036536827904; "Years ago . . . ," Francie Meeting You Here (@Francie_one), Twitter, February 10, 2018, https://twitter.com/Francie_one/status/962422628974809088; "When I was . . . ," Yikes (@KaleyW408), Twitter, February 10, 2018, https://twitter.com/KaleyW408/status/962425813680435201.

21. Franks, "Men, Women, and Optimal Violence," 929.
22. Emma Graham-Harrison, "Back on the Tourist Trail: The Hotel Where Women Were Raped and Tortured," *Guardian*, January 28, 2018, http://www .theguardian.com/world/2018/jan/28/bosnia-hotel-rape-murder-war-crimes.
23. Graham-Harrison, "Back on the Tourist Trail"; Nidzara Ahmetasevic, Nerma Jelacic, and Selma Boracic, "Visegrad Rape Victims Say Their Cries Go Unheard," *Balkan Insight*, December 10, 2007, http://www.balkaninsight.com/en/article/visegrad-rape-victims-say-their-cries-go-unheard.
24. Carlo Angerer and Vladimir Banic, "Hotel, Hospital Where War Crimes Occurred Remain Open in Bosnia-Herzegovina," NBC News.com, June 3, 2018, https://www.nbcnews.com/news/world/hotel-hospital-where-war-crimes-occurred -remain-open-bosnia-herzegovina-n878086.
25. Graham-Harrison, "Back on the Tourist Trail."
26. Ahmetasevic, Jelacic, and Boracic, "Visegrad Rape Victims Say Their Cries Go Unheard."
27. Laura Smith-Spark, "Denis Mukwege and Nadia Murad Win Nobel Peace Prize," CNN.com, October 5, 2018, https://edition.cnn.com/2018/10/05/europe/nobel-peace-prize-intl/index.html.
28. Danielle Paquette, "Thousands of Women Were Raped During Rwanda's Genocide. Now Their Kids Are Coming of Age," *Washington Post*, June 11, 2017, http://www.washingtonpost.com/sf/world/2017/06/11/rwandas-children-of-

rape -are-coming-of-age-against-the-odds.

29. Abby Vesoulis, "Meet the Woman Who Helped Change Jeff Flake's Mind in a Senate Elevator," *Time*, October 2, 2018, http://time.com/5412444/jeff-flake -elevator-protester.
30. Eli Rosenberg, "'Grow Up': Orrin Hatch Waves Off Female Protesters Demanding to Speak with Him," *Washington Post*, October 5, 2018, https://www .washingtonpost.com/politics/2018/10/05/grow-up-orrin-hatch-waves-off-female -protesters-demanding-speak-with-him.
31. Alexander Nazaryan, "Republican Men—and Not a Single GOP Woman— Will Be Christine Blasey Ford's Interrogators on the Senate Judiciary Committee," Yahoo News, September 18, 2018, https://ca.news.yahoo.com/republican-men-not -single-gop-woman-will-christine-blasey-fords-interrogators-senate-judiciary -committee-212116316.html.
32. "I called MOI for response . . . ," Matt Bradley, @MattMcBradley, Twitter, November 25, 2011, https://twitter.com/MattMcBradley/status/1400659796 60111872.
33. Assata Shakur, *Assata: An Autobiography* (Chicago: Lawrence Hill Books, 1999).

第七章　欲望：表達自己的意願、歡愉和性，會帶來何種權力？

1. Mitali Saran, "Square Peg, Round Hole," *Walking Towards Ourselves: Indian Women Tell Their Stories*, ed. Catriona Mitchell (Melbourne: Hardie Grant Books, 2016), Kindle ed.
2. Jordan, *Some of Us Did Not Die*, 132.
3. Jordan, *Some of Us Did Not Die*, 135.
4. Jordan, *Some of Us Did Not Die*, 135–36.
5. Heather Murdock, "'Delayed' Marriage Frustrates Middle East Youth," Voice of America.com, February 23, 2011,

https://www.voanews.com/a/delayed-marriage -frustrates-middle-east-youth-116744384/172742.html.

6. Mark Oppenheimer, "Purity Balls: Local Tradition or National Trend?," *New York Times*, July 20, 2012, https://www.nytimes.com/2012/07/21/us/purity-balls -local-tradition-or-national-trend.html.

7. Adventures from the Bedrooms of African Women, https://adventuresfrom. com, accessed February 4, 2019; Agents of Ishq, http://agentsofishq.com/home-2, accessed February 4, 2019.

8. Mitchell, ed., *Walking Towards Ourselves*.

9. Mona Eltahawy, "Why Is the Egyptian Government So Afraid of a Rainbow Flag?," *New York Times*, October 26, 2017, https://www.nytimes.com/2017/10/26/opinion/egypt-gay-lgbt-rights.html.

10. Declan Walsh, "Egyptian Concertgoers Wave a Flag, and Land in Jail," *New York Times*, September 26, 2017, https://www.nytimes.com/2017/09/26/world/middleeast/egypt-mashrou-leila-gays-concert.html.

11. Tamara Qiblawi, "Jordan Bans Lebanese Rock Band," CNN.com, June 16, 2017, https://www.cnn.com/2017/06/16/middleeast/jordan-bans-lebanese-rock -band/index.html.

12. Alliance of Queer Egyptian Organizations Facebook page, accessed March 21, 2019. https://www.facebook.com/AQEO2017.

13. My.Kali, https://medium.com/my-kali-magazine, accessed February 4, 2019.

14. "This Woman Is The Most Hated Lesbian In Egypt," BuzzFeedVideo, YouTube, posted August 24, 2017, https://www.youtube.com/watch?v=hWh1srps128.

15. Nick Cumming-Bruce, "U.N. Officials Condemn Arrests of Gays in Azer-baijan, Egypt and Indonesia," *New York Times*, October 13, 2017, https://www .nytimes.com/2017/10/13/world/asia/azerbaijan-indonesia-egypt-arrests-gays -un.html.

16. "Trans women are women too . . . ," Mona Eltahawy, @monaeltahawy, Twitter, posted March 12, 2018, https://twitter.

com/monaeltahawy/status/973266946799099904.

17. Jen Richards, "It's Time for Trans Lives to Truly Matter to Us All," op-ed, Advocate, February 18, 2015, https://www.advocate.com/commentary/2015/02/18/op-ed-its-time-trans-lives-truly-matter-us-all; Joaquín Carcaño, National Trans-gender HIV Testing Day, blog post, North Carolina AIDS Training & Education Center, https://www.med.unc.edu/ncaidstraining/clincian-resources/blog/national -transgender-hiv-testing-day-blog-post, accessed March 26, 2019.
18. Alexa Shouneyia, "Halsey & Lauren Jauregui's 'Strangers' Is a Long-Overdue Bisexual Milestone in Mainstream Music," *Billboard*, June 6, 2017, https://www.billboard.com/articles/columns/pop/7824521/halsey-lauren-jauregui -strangers-lgbtq-representation.
19. Brittany Spanos, "Janelle Monáe Frees Herself," *Rolling Stone*, April 26, 2018, https://www.rollingstone.com/music/music-features/janelle-monae-frees -herself-629204.
20. Selam Wabi, "Meet the Feminist Calling for South Africans to Talk About the Politics of Sex," OkayAfrica, August 17, 2016, https://www.okayafrica.com/south -african-feminist-sex-politics.
21. Jordan, *Some of Us Did Not Die*.
22. Susan Song, "Polyamory and Queer Anarchism: Infinite Possibilities for Re-sistance," in *Queering Anarchism: Addressing and Undressing Power and Desire*, ed. C. B. Daring et al. (Oakland: AK Press, 2012), Kindle ed.
23. Leta Hong Fincher, *Betraying Big Brother: The Feminist Awakening in China* (London: Verso, 2018).
24. Mona Eltahawy, "#MonaTalksTo: Zheng Churan and Liang Xiaowen," sister-hood, February 13, 2018, http://sister-hood.com/mona-eltahawy/monatalksto -zheng-churan-and-liang-xiaowen/.
25. Owen Bowcott, "Nigeria Arrests Dozens as Anti-Gay Law Comes into Force," *Guardian*, January 14, 2014, http://www.theguardian.com/world/2014/jan/14/nigeria-arrests-dozens-anti-gay-law.
26. Azeenarh Mohammed, Chitra Nagarajan, and Rafeeat Aliyu, eds., *She Called Me Woman: Nigeria's Queer Women*

Speak (Abuja: Cassava Republic Press, 2018).

27. *She Called Me Woman* book page, Cassava Republic Press, https://cassava republicpress.biz/shop-2/non-fiction/she-called-me-woman/?v=3e8d115eb4b3, accessed March 21, 2019.
28. James Michael Nichols, "Meet The First And Only Man To Ever Publicly Come Out In Nigeria," *Huffington Post*, March 1, 2016, https://www.huffington post.ca/entry/boy-from-mushin-kickstarter_us_56d5ea33e4b0bf0dab338eaf.
29. Chike Frankie Edozien, *Lives of Great Men: Living and Loving as an African Gay Man* (London: Team Angelica Publishing, 2017).
30. "Kenya Briefly Lifts Ban on Lesbian Film," BBC News.com, September 21, 2018, https://www.bbc.com/news/world-africa-45605758.
31. Cecilie Kallestrup, "Lesbian Romance Film Shows to Sell-Out Crowd in Nairobi After Court Lifts Ban," Reuters, September 23, 2018, https://www.reuters .com/article/us-kenya-films-idUSKCN1M30NK.
32. John Ndiso and Cecilie Kallestrup, "In Legal Battle over Gay Sex, Kenyan Court to Consider Indian Ruling," Reuters, September 27, 2018, https://www .reuters.com/article/us-kenya-lgbt-idUSKCN1M71LU.
33. Amy Bhatt, "India's Sodomy Ban, Now Ruled Illegal, Was a British Colo-nial Legacy," *Conversation*, September 18, 2018, http://theconversation.com/indias -sodomy-ban-now-ruled-illegal-was-a-british-colonial-legacy-103052.
34. Uki Goñi, "Argentina Senate Rejects Bill to Legalise Abortion," *Guardian*, August 9, 2018, http://www.theguardian.com/world/2018/aug/09/argentina-senate -rejects-bill-legalise-abortion.
35. Ni Una Menos, "The Fire Is Ours."
36. Goni, "Argentina Senate Rejects Bill to Legalise Abortion."

結語

1. Human Rights Watch, *Boxed In: Women and Saudi Arabia's Male Guardianship System* (New York: July 2016), https://www.hrw.org/report/2016/07/16/boxed/women-and-saudi-arabias-male-guardianship-system#
2. Human Rights Watch, *Boxed In*.
3. Human Rights Watch, "Thailand: Allow Fleeing Saudi Woman to Seek Ref-uge," January 6, 2019, https://www.hrw.org/news/2019/01/06/thailand-allow -fleeing-saudi-woman-seek-refuge.
4. Mona Eltahawy, "Why Saudi Women Are Literally Living 'The Handmaid's Tale,'" *New York Times*, May 24, 2017, https://www.nytimes.com/2017/05/24/opinion/why-saudi-women-are-literally-living-the-handmaids-tale.html.
5. Mona Eltahawy, retweet of Rahaf Mohamed tweet, @monaeltahawy, Twitter, January 5, 2019, https://twitter.com/monaeltahawy/status/1081660044729552896 ?lang=en.
6. Sunai Phasuk, "Saudi Woman Had Courage, Perseverance and Global Sup-port," Human Rights Watch.org, January 12, 2019, https://www.hrw.org/news/2019/01/12/saudi-woman-had-courage-perseverance-and-global-support.
7. Stephen Kalin, "Saudi Women's Rights Activists Stand Trial in Criminal Court," Reuters, March 13, 2019, https://www.reuters.com/article/us-saudi -arrests/saudi-womens-rights-activists-stand-trial-in-criminal-court-idUSKBN 1QU0WN.
8. Margherita Stancati and Summer Said, "Jailed Women's Rights Activists Tell Saudi Investigators of Torture," *Wall Street Journal*, March 21, 2019, https://www .wsj.com/articles/jailed-womens-rights-activists-tell-saudi-investigators-of-torture -11545074461.
9. Abtahaj Meniaoui, "A 'Pornographic' Activist Embraces Rahaf in Canada," *Al Madinah*, January 17, 2019, https://www.al-madina.com/article/609797; "There is al-Madinah newspaper . . . ," Mona Eltahawy tweet, posted January 19,

2019, https://twitter.com/monaeltahawy/status/1086636497397342212?lang=en.

10. “I was accused of masterminding . . . ” Mona Eltahawy, @monaeltahawy, Twitter, February 8, 2019, https://twitter.com/monaeltahawy/status/1093882099 067686913?s=12.

11. Tara John, “How Teenage Girls Defied Skeptics to Build a New Global Cli-mate Movement,” CNN.com, February 13, 2019, https://www.cnn.com/2019/02/13/uk/student-climate-strike-girls-gbr-scli-intl/index.html.

12. Greta Thunberg Facebook post, February 11, 2019, https://www.facebook .com/gretathunbergsweden/photos/as-the-rumours-lies-and-constant-leaving-out -of-well-established-facts-continue-/773673599667129.

13. John, “How Teenage Girls Defied Skeptics to Build a New Global Climate Movement.”

國家圖書館出版品預行編目（CIP）資料

女人與女孩的原罪：以滿口髒話、粗魯行為訴諸憤怒，是女性可以擁有的嗎?／莫娜・艾塔哈維（Mona Eltahawy）著；聞翊均譯.
-- 初版. -- 新北市：臺灣商務印書館股份有限公司, 2021.06
320面；14.8×21公分
譯自：The seven necessary sins for women and girls : a manifesto for disrupting, disobeying and defying patriarchy.

ISBN 978-957-05-3324-8（平裝）

1. 女性主義　2. 女權

544.52　110005977

人文

女人與女孩的原罪

以滿口髒話、粗魯行為訴諸憤怒，是女性可以擁有的嗎？

The seven necessary sins for women and girls:
A manifesto for disrupting, disobeying and defying patriarchy

作　　者—莫娜・艾塔哈維（Mona Eltahawy）
譯　　者—聞翊均

發 行 人—王春申
選書顧問—林桶法、陳建守
總 編 輯—張曉蕊
責任編輯—廖雅秦
校　　對—楊蕙苓
封面設計—蕭旭芳
內頁設計—黃淑華

行銷組長—張家舜
影音組長—謝宜華
營業組長—何思頓
出版發行—臺灣商務印書館股份有限公司
23141 新北市新店區民權路 108-3 號 5 樓（同門市地址）
電話：（02）8667-3712　傳真：（02）8667-3709
讀者服務專線：0800056193
郵撥：0000165-1
E-mail：ecptw@cptw.com.tw
網路書店網址：www.cptw.com.tw
Facebook：facebook.com.tw/ecptw

局版北市業字第 993 號
初版一刷：2021 年 6 月
印刷廠：鴻霖印刷傳媒股份有限公司
定價：新台幣 380 元

法律顧問—何一芃律師事務所